U0616753

示范性职业教育重点规划教材

乡村旅游服务 1 2 3

Xiangcun Lüyou Fuwu Yi Er San

主 编⦿计晓燕　陈　健
主 审⦿李炳昌
参 编⦿（按编写顺序排列）
　　　赵　璟　计晓燕　刘艳丽
　　　毛慧姝　杨　涛

西南交通大学出版社
·成 都·

图书在版编目（ＣＩＰ）数据

乡村旅游服务 123 / 计晓燕，陈健主编. —成都：
西南交通大学出版社，2015.1（2018.1 重印）
ISBN 978-7-5643-3262-4

Ⅰ.①乡… Ⅱ.①计…②陈…Ⅲ.①乡村–旅游服
务–高等职业教育–教材 Ⅳ.①F590.63

中国版本图书馆 CIP 数据核字（2014）第 180256 号

乡村旅游服务 123

计晓燕　　陈健　主编

责 任 编 辑	张慧敏	
封 面 设 计	何东琳设计工作室	
出 版 发 行	西南交通大学出版社 （四川省成都市二环路北一段 111 号 西南交通大学创新大厦 21 楼）	
发行部电话	028-87600564　　028-87600533	
邮 政 编 码	610031	
网 址	http://www.xnjdcbs.com	
印 刷	成都蓉军广告印务有限责任公司	
成 品 尺 寸	185 mm × 260 mm	
印 张	13.5	
字 数	327 千	
版 次	2015 年 1 月第 1 版	
印 次	2018 年 1 月第 4 次	
书 号	ISBN 978-7-5643-3262-4	
定 价	29.50 元	

课件咨询电话：028-87600533
图书如有印装质量问题　本社负责退换
版权所有　盗版必究　举报电话：028-87600562

贵阳职业技术学院教材编写委员会名单

主　任　杨彦峰　陈贵蜀

副主任　杨　献　柴忠元　刘路明

　　　　秦祖豪　吴学玲　陈开明　张正保

委　员　熊光奎　高　军　彭明生　宋　波

　　　　胡　然　代　琼　姜治平　刘裕红

　　　　陈　健　彭再兴　李明龙　陈桂莲

　　　　冯钰雯　倪　伟　凌泽生　杨兴国

　　　　张书凤　王　鑫

前　言

欧美开展乡村旅游的历史达百年以上，一些发达国家的乡村旅游已具相当规模，并走上了规范发展轨道。他们在乡村旅游发展的资源保护、产品开发、管理体系等方面，总结出了许多成功经验。我国乡村旅游起步较晚，萌芽于20世纪50年代，开始于20世纪80年代末90年代初，是在市场需求的促动下，在农业发展调整产业结构、找寻新的经济增长点的情况下产生的。随着经济的飞速发展，乡村旅游业得以日益壮大与成熟，呈现出明显的产业化发展趋势，乡村旅游企业的竞争也越来越激烈。如果能够随时掌握市场动向、设计出适销对路的乡村旅游产品，不断提高乡村旅游的服务和管理水平，逐步增强自身的应变能力和核心竞争力，乡村旅游企业就能够从容面对挑战，就能够脱颖而出并保持自己的优势地位。乡村旅游的竞争是人才的竞争，实用技能型人才、管理操作人才是乡村旅游企业得以生存和发展的关键。

《乡村旅游服务123》共分为五个章，教材内容由乡村旅游的基本服务延伸到管理，层层递进，由浅入深。每个章由2到4节组成，每节又由"任务描述—任务组织与实施—案例导读—基本知识—实训环节—思考与练习"六个环节构成。

第一章——乡村旅游概述，由三节组成，即乡村旅游的产生与发展；乡村旅游的概念、特点、类型；发展乡村旅游的意义。该节在基本知识学习的基础上分为组织学生收集乡村旅游案例和图片，收集当地周边乡村旅游点的历史背景、旅游环境、发展状况，分析发展乡村旅游对当地居民生产、生活的积极影响等实训。

第二章——乡村旅游开发，由三节组成，即乡村旅游资源的调查与评价；乡村旅游开发模式；乡村旅游产品设计。该章在基本知识学习的基础上分为组织学生进行乡村旅游资源实地调查、收集当地某区域乡村旅游开发资料、对当地某一乡村旅游景区旅游产品提出整改设计方案等实训。

第三章——乡村旅游市场营销，由两节组成，即乡村旅游市场调查与乡村旅游市场营销。该章在基本知识学习的基础上分为组织学生进行乡村旅游市场调查，完成市场调查报告、选择一个乡村旅游市场项目、进行目标市场定位，形成目标市场定位方案等实训。

第四章——乡村旅游服务，由四节组成，即乡村旅游标准化服务、乡村旅游导游服务、乡村旅游住宿服务、乡村旅游餐饮服务。该章在基本知识学习的基础上分为组织学生收集整理国内外乡村旅游标准，实地模拟导游演练，在实训室进行中式铺床、客房清洁整理、餐巾折花和摆台的实操训练，设计乡村美食菜谱等实训。

第五章——乡村旅游企业管理，由四节组成，即认识乡村旅游企业管理、乡村旅游企业组织管理、乡村旅游企业人力资源管理、乡村旅游企业服务质量与安全管理。该章在基本知识学习的基础上分为组织学生深入乡村旅游企业，了解企业经营、管理、培训、招聘等状况，帮助企业设计组织结构图，选择合适的员工招聘渠道，设计相应的服务质量评价表，对企业的经营和管理提出改进意见和建议等实训。

《乡村旅游服务123》的资料丰富、案例多样，图文并茂，通俗易懂；注重内容的实用性，注重理论与实际相结合，突出管理和实际操作，让学生学以致用，培养学生团队合作意识、规范服务和个性化服务意识、管理意识等；针对性强，突出职业目标和职业能力，以就业为导向，与企业的服务、管理、经营等实际紧密结合，有针对性地开展多样化的"实训"活动，使学生能够在理解知识的基础上运用知识，提高学生的动手能力和适应实际岗位的能力，提高学生的观察能力、收集信息能力、分析问题能力、创新能力、沟通能力、团队管理和合作能力。

《乡村旅游服务123》可以作为高等职业院校、应用型本科、中等职业学校旅游管理类专业课程教材，也可作为社会乡村旅游从业者的业务参考书和职业培训教材。

《乡村旅游服务123》的主编计晓燕，为贵阳职业技术学院教授，负责对教材的体系进行设计，并完成第二章的编写和对全书进行统稿工作；副主编陈健，为贵阳职业技术学院副教授，对教材的编写进行策划、修改、编辑、校对，负责教材的出版事宜；主审李炳昌教授，现为贵阳幼儿师范高等专科学校副校长，原为贵阳职业技术学院副院长，帮助和指导教材的编写，全面地审阅了教材的初稿并提出了许多有价值的修改意见；贵阳职业技术学院的副教授赵璟老师编写了第一章，高校讲师刘艳丽老师编写了第三章，副教授毛慧姝老师编写了第四章，副教授杨涛老师编写了第五章。

《乡村旅游服务123》参考了近年来出版的相关论著、教材和图片资料，在此对相关作者及资料提供者表示衷心感谢！对未及注明之处，在此表示深深的歉意和致谢！由于水平、时间等条件的限制，书中可能存在不足和疏漏之处，敬请读者、学者、同行和专家批评指正。

编　者

2014 年 12 月

目　录

第一章　乡村旅游概述

模块描述

　　本章学习的主要内容是乡村旅游的起源与发展，乡村旅游的概念、特点与类型，发展乡村旅游的意义。通过本章的学习与训练，主要掌握乡村旅游的概念、特点与类型，知道国内外乡村旅游的起源与发展的状况，清楚发展乡村旅游的意义何在。最终使学生能界定何为乡村旅游，能对周边地区乡村旅游的发展状况做出评价。

【知识目标】

　　1. 了解国内外乡村旅游的起源与发展，国内外对乡村旅游概念的研究；了解发展乡村旅游的意义。

　　2. 掌握传统乡村旅游与现代乡村旅游的区别，掌握乡村旅游的定义、特点，以及乡村旅游的分类。

【能力目标】

　　能按要求收集现阶段国内外乡村旅游的案例与图片，并能区分类型；能对周边地区乡村旅游点的发展状况做出评价。

【素质目标】

　　1. 培养学生个体动手与分析能力与团队协作意识。

　　2. 培养学生关注时事的意识。

第一节　乡村旅游的产生与发展

任务描述

　　通过本节的学习与训练，掌握国内外乡村旅游的起源，传统乡村旅游与现代乡村旅游的区别，并了解国内外乡村旅游的发展状况，达到学生能够按要求收集现阶段国内外乡村旅游相关案例与图片的目的。

【知识目标】

1. 了解各国对乡村旅游的研究，国内外乡村旅游的发展阶段；了解国外乡村旅游发展的典型案例，以及国内乡村旅游的发展现状。

2. 掌握乡村旅游的起源、传统乡村旅游与现代乡村旅游的区别。

【能力目标】

能按要求收集现阶段国内外乡村旅游的案例与图片。

【素质目标】

1. 培养学生个体动手与分析能力。
2. 培养学生关注时事的意识。

任务组织与实施

1. 知识讲解。通过对国内外乡村旅游的起源、发展状况的讲解，使学生对乡村旅游有一定的认识。

2. 组织学生实训。使学生能够理论联系实际。

3. 任务评价。对学生实训的结果进行评价，指出学生存在的不足。

案例导读

相约贵州，"乡"恋桐梓

2011 年 4 月 8 日上午，在巍峨的娄山关下，以相约贵州"乡"恋桐梓为主题的 2011 中国·贵州乡村旅游节暨"四在农家"研讨会，在娄山关脚下的桐梓县"花海"小坝村隆重开幕（如图 1-1-1），贵州省旅游局局长傅迎春参加开幕仪式并发表讲话，桐梓县委书记等有关领导及来自周边城市的重庆代表队参加了开幕仪式。

开幕式上，举行了精彩的文艺演出，同时，国家农业部、国家旅游局向桐梓县颁发了"全国休闲农业与乡村旅游示范县"称号奖牌（如图 1-1-2）。并举办黄河沟、娄山关、小西湖旅游度假区签约仪式，举办黄连度假区、尧龙山度假区推介会和自驾游启动仪式等活动。

旅游节期间，桐梓县 410 个旅游型、种养型、庭园型的乡村旅游景点，3 000 多户别具黔北建筑特色的农家小院，准备了可口的黔北美酒、农家美食等游人品尝。同时，热爱汽车拉力比赛的游客可在此观摩一场刺激的娄山关 72 拐汽车爬坡拉力赛（即 2011 年贵州汽车锦标赛〈桐梓站·72 弯〉——"神州第一弯"汽车爬坡赛）。在县城周边的茅石朝门村、九坝镇堡山村等多个村寨，还将举办垂钓活动、乡村歌手大赛、农民趣味运动会、旅游特色商品及农产品展示、畅游花海等丰富多彩的活动。

　　桐梓县位于贵州省北部，与重庆市接壤，距贵阳市 260 公里，车程两个半小时，素称"黔北门户""川黔锁钥"，有"天然空调、绿色氧吧"美誉。从 2002 年开始，这里开展了以"富、学、美、乐"为核心的"四在农家"创建活动，助推乡村旅游快速发展。

　　据了解，桐梓县乡村旅游按照多层次、多元化的发展思路，已逐步形成了集山庄避暑、农家休闲、田园度假、自然观光、户外旅游以及"住农家屋、吃农家饭、品农家菜、干农家活、购农家货、享农家乐"为一体的乡村旅游产品。于 2010 年被评为"全国休闲农业与乡村旅游示范县"。2011 年，桐梓共接待近百万人次的旅游者，其独具特色的乡村旅游已成为贵州省开展乡村旅游的典范。

　　资料来源：刘尧：《相约贵州"乡"恋桐梓》，贵州旅游在线，http://www.gz - travel. net，2011 年 4 月 9 日。

【思考】

如何理解乡村旅游？

基本知识

一、国外乡村旅游的起源与发展

（一）国外乡村旅游的起源

　　关于乡村旅游的起源，当前学术界说法不一。乡村旅游在欧洲有悠久的历史，有学者认为，它起源于法国。1855 年，一位名叫欧贝尔的法国参议员带领一群贵族来到巴黎郊外农村度假。他们品尝野味，乘坐独木舟，学习制作肥鹅肝酱馅饼，伐木种树，清理灌木丛，挖池塘淤泥，欣赏游鱼飞鸟，学习养蜂，与当地农民同吃同住。通过这些活动，使他们重新认识了大自然的价值，加强了城乡居民之间的交往，增强了城乡居民的友谊。此后，乡村旅游在欧洲兴起并兴盛起来。另有学者认为，乡村旅游最早可追溯到 19 世纪中叶。1865 年，"农业与旅游全国协会"在意大利成立。这个协会的成立，在世界乡村旅游发展史上意义重大，它标志着该类旅游的诞生。可见，大家的普遍共识是乡村旅游发源于欧洲。

　　西班牙学者 Rosa Marya Yaggue Perales（2001）将乡村旅游分为传统乡村旅游（Home-coming or Traditional Rural Tourism）和现代乡村旅游（Modern Rural Tourism）两种。

　　传统乡村旅游出现在工业革命以后，主要源于一些来自农村的城市居民以"回老家"度假的形式出现。虽然传统的乡村旅游对当地会产生一些有价值的经济影响，并增加了城乡交流机会，但它与现代乡村旅游有很大的区别，主要体现在：传统乡村旅游活动主要在假日进行；没有有效地促进当地经济的发展；没有给当地增加就业机会和改善当地的金融环境。实际上，传统的乡村旅游在世界许多发达国家和发展中国家目前都广泛存在，在中国常常把这种传统的乡村旅游归类于探亲旅游①。

现代乡村旅游是在 20 世纪 80 年代出现在农村区域的一种新型的旅游模式，尤其是在 20 世纪 90 年代以后发展迅速，旅游者的旅游动机明显区别于回老家的传统目的。现代乡村旅游的特征主要表现为：旅游的时间不仅仅局限于假期；现代乡村旅游者充分利用农村区域的优美景观、自然环境和建筑、文化等资源；现代乡村旅游对农村经济的贡献不仅仅表现在给当地增加了财政收入，还表现在给当地创造了就业机会，同时还给当地衰弱的传统经济注入了新的活力。现代乡村旅游对农村的经济发展有积极的推动作用，随着现代特色旅游者的迅速增加，现代乡村旅游已成为发展农村经济的有效手段。

可见，传统的乡村旅游开始于工业革命后，现代的乡村旅游开始于 20 世纪 80 年代。目前我们谈论的乡村旅游是指现代乡村旅游。

（二）国外乡村旅游的发展

19 世纪中后期，西方发达国家如英国、法国出现最早的乡村旅游活动。早期的乡村旅游具有明显的贵族化特点，普及性不强。20 世纪 60 年代，西班牙开始发展现代意义的乡村旅游。随后，美国、日本、波兰等国先后推出乡村旅游产品，乡村旅游逐渐盛行开来。

西班牙的 Canoves（2004）等学者认为，在欧洲，从乡村旅游服务接待和活动情况来看，可以将乡村旅游的发展分为三个阶段。

1. 单一化阶段（起步阶段）

早期的乡村旅游几乎毫无例外地都是依靠住宿接待：出租房产所有者自己家中的房屋、独立的住宿设施，或者乡间的露营地。尽管它们可能被打上了不同的标志，有的 B&B（Bed + Breakfast，即床位加早餐，由一个家庭空出几间房屋作为客房出租经营），或者是英国的 "Cottage"（农舍）、法国的 "Gites"（乡村旅社）。这些活动的目的是补充农业收入，它并没有给主要的农业活动造成威胁，因此可以归类为 "绿色旅游"②。

2. 多样化阶段（发展阶段）

为了抓住需求更多样、要求更高的游客并鼓励回头客，乡村旅游已经从简单的接待转到提供更专业化的产品。许多乡村旅游经营者提供与自然相关的活动及乡土活动，如骑马、垂钓、狩猎、乘牛车、短途旅行、竹筏漂流、乡土教育、治疗、采摘水果等，另外一些更高级的当地产品如美食、乡土特产的销售都有了明确的商业目标。当然，经营者也兼顾了游客们希望与农户家庭接触的要求。各种不同活动形式在欧洲不计胜数，每个国家或地区都会强调一种或多种特色。在这个阶段，经营者普遍放弃了农业活动，因为农业盈利少，并且同时开展两项业务也比较困难。比如，在欧洲一些国家的农场，家畜饲养被 "休闲农场" 所取代，那里的农业用地变成了暂时的露营地、马术学校或专项休闲公园，而专项休闲公园则包括宠物园、农业迷宫等。

3. 专业化阶段（成熟阶段）

专业化这一趋势在英国和荷兰已经成熟了，但在法国和意大利萌芽不久。在这个阶段

---

① 李海平，张安民：《乡村旅游服务与管理》，浙江大学出版社 2011 年版。
② 唐代剑，池静：《中国乡村旅游开发与管理》，浙江大学出版社 2005 年版。

中，乡村旅游经营者明确提出了"职业化"的发展要求。学者 Canoves 明确指出，一个乡村目的地的受欢迎程度与当地乡村旅游发展阶段直接相关，游客越多，经营时间越长，集约经营的乡村旅游目的地发展程度往往越高。因此，专业化体现的是乡村旅游业态发展的品质与层次，从这个意义上说，专业化是产业发展的必然①。

（三）国外乡村旅游发展典型案例

欧美开展乡村旅游的历史达百年以上。在欧美一些发达国家，乡村旅游已具相当规模，并走上了规范发展轨道。如爱尔兰、法国、西班牙、德国、美国等国家，政府把乡村旅游作为经济增长、扩大就业、避免农村人口向城市过度流动的重要手段，在资金、政策上给予大力支持。许多国家和地区在乡村旅游发展的资源保护、产品开发、管理体系方面，走出了一条成功之路。

1．法国

（1）发展历程。成立于 1953 年的法国农会（APCA）于 1998 年专门设立了"农业及旅游接待服务处"，并联合其他有关社会团体，建立了名为"欢迎莅临农场"的组织网络，有 3000 多户农民加盟。2004 年，法国农村地区接待了全国 28.2% 的旅游者，本国公民在本国乡村旅游的消费额约为 200 亿欧元，影响甚大。

（2）产品类型。法国乡村旅游产品涵盖了农场客栈、农产品市场、点心农场、骑马农场、教学农场、探索农场、狩猎农场、暂住农场和露营农场等九大系列。法国郊区农业旅游也出现多种形式，包括家庭农场、教育农场、自然保护区、家庭农园等，活动类型多种多样。

（3）经验做法。

①加强宣传。法国出版了专门的宣传和指导手册，大力发展乡村旅游。

②制定相关计划。法国推出的"农庄旅游"计划使 1.6 万户农家建立起了家庭旅馆。

③社区参与，实行本地化策略。法国鼓励农民参与乡村旅游开发，加强了培训和引导。新兴的"绿色度假"每年可以给法国农民带来 700 亿法郎的收益，相当于全国旅游业收入的 1/4。

2．日本

（1）发展历程。日本的乡村旅游创始于 20 世纪 70 年代，近年来得到大规模发展。日本借鉴法国、丹麦、德国等欧洲国家的先进经验，1991 年制定了"市民农园整备促进法"，大型农园的规模较大、设施较齐全。

（2）产品类型。乡村旅游主要类型有观光农园、市民农园、农业公园、乡村休养、交流体验等，主要的活动有农业观光、农事参与、乡村度假、参观学习、品尝购物等。

（3）经验做法。

①农产品直接销售，提高乡村旅游对当地的带动效应。

②日本各地观光农业经营者们成立了协会，有利于行业自律和提高卫生、管理和服务水平。

---

① 唐代剑，池静：《中国乡村旅游开发与管理》，浙江大学出版社 2005 年版。

③注重活动的参与性，达到增长知识、亲近自然、修身养性的目的。

3. 西班牙

（1）发展历程。西班牙从 20 世纪 60 年代开始大力推出乡村旅游，政府出资修建乡村旅游社区，为度假游客提供服务。目前乡村旅游已经是西班牙的主要旅游形式之一。

（2）产品类型。西班牙是欧洲乡村旅游的发源地和世界上著名的旅游大国，最早将废弃的城堡改造后用于开展旅游活动，主要有房屋出租型（room renting）、别墅出租型（cottage renting）、山地度假型、乡村观光型等，开展徒步、骑马、滑翔、登山、漂流等多种休闲活动。85% 的乡村旅游者周末驾车前往 100～150 千米以内的农场休闲度假。

（3）经验做法。

①注重主客交流和生活方式的体验。在农舍内游客可与农场主人共同生活，参与体验性较强。

②经营形式灵活多样。在农场范围内，游客可以把整个农场租下，远离农场主人，自行料理生活上的事务，也可以在农场范围内搭帐篷露营或者利用旅行车旅行。

③重视文化的复兴和传统习俗的结合，保持乡村旅游独特魅力，开拓国际市场。

4. 意大利

（1）发展历程。意大利在 1865 年就成立了"农业与旅游协会"，专门介绍城市居民到农村去体味乡村野趣，参与农业活动，开展骑马、钓鱼、采摘、品尝新鲜食品、欣赏田园风光等乡村旅游活动。2002 年，意大利大约有 1.15 万家专门从事"绿色农业旅游"的经营单位，当年夏天就接待了 120 万人次的本国旅游者和 20 万人次的外国旅游者。目前意大利专供"绿色旅游"者饮食起居的农庄已有 6 500 间。

（2）产品类型。意大利的乡村旅游主要类型有农场度假、农场观光、乡村户外运动、乡村美食旅游等。手工制作、古文化体验、乡村节日之旅、乡村美食、骑马等都是很受欢迎的项目。

（3）经验做法。

①根据资源特色，推出专题旅游线路。

②成立旅游协会和行业互助组织。

③农业部门对乡村旅游进行资助，形成合力。

④把政府的干预机制与市场经济整合起来发展乡村旅游[①]。

二、国内乡村旅游的起源与发展

（一）国内乡村旅游的起源

我国乡村旅游起步较晚，萌芽于 20 世纪 50 年代。当时为外事接待的需要，在山东省石家庄村率先开展了乡村旅游活动。

另有学者认为，我国乡村旅游始于 20 世纪 80 年代末 90 年代初，是在市场需求的促动下，在农业发展急需调整产业结构、寻找新的经济增长点的情况下产生的，是供给与需求两

---

① 百度文库：《乡村旅游讲座》，2012 年 6 月。

个方面共同推动的结果。从供给的角度看，我国乡村旅游业的兴起主要是农村产业结构调整的需要；从市场需求的角度看，则主要是城市化进程加快的结果。20 世纪 80 年代，随着农村产业结构的调整，农业观光旅游项目的设计与开发成为农村地区发展旅游业的重要渠道，并为第一产业与第三产业的结合找到了一个重要的切入点。

追溯历史，我国乡村旅游的诞生时间应该更早。因为，首先，旅游活动最早出现于原始社会末期，而城市在我国最早出现于春秋战国时期。那么，在原始社会末期至春秋战国时期以前的这段时期内，旅游活动的客体无疑是乡村的风物、风情以及荒野风光。这种以原始的乡野农村的风光、风情为活动对象的旅游合乎现代乡村旅游的界定。其次，我国先民早就有到郊野农村去"春游"（即踏青）的习俗。比如，《管子·小问》记载："桓公放春三月观于野。"它就记录了齐桓公到郊野农村娱乐身心、享受明媚春光的情况。这是我国"春游"一词的最早出处。而且，据史载，当时人们外出踏青已较多地使用牛车、马车、旅馆等交通、住宿设施。因而，这种踏青活动已具有现代乡村旅游的特性，应该是一种乡村旅游活动。因此，我国先民的春游活动可视为我国乡村旅游活动的雏形，我国的乡村旅游最迟也应产生于有历史可查的春秋战国时期。正如德国学者 Jurgen H Hohnholz 所说的那样，"乡村旅游这个名词是新创的，但它只是旧的旅游形式的一个部分"。乡村旅游在我国实际上已经有着非常悠久的历史①。

（二）国内乡村旅游的发展阶段

我国旅游产业意义的乡村旅游起步较晚，到目前大致可分三个阶段。

1. 初创阶段

20 世纪 80 年代初~90 年代中期，我国乡村旅游开始兴起，有这样几个方面可以考证。

（1）1982 年贵州省开发了黄果树附近的石头寨民族风情旅游。

（2）以 1984 年开业的珠海白藤湖农民度假村为主要标志，开放地区的农民率先兴办了旅游类企业。

（3）经济较发达的都市郊区为了接待洽谈业务的客人，形成农家服务点，如 20 世纪 80 年代中后期成都郫县农科村的"农家乐"——农户庭院接待等。

（4）由文化项目演变为旅游点，代表是贵州雷山郎寨。1986 年被确定为该省首批重点保护的民族村寨，省、州、县相继将其作为民族风情旅游点来发展。

（5）改革开放较早的深圳为了招商引资在 1988 年举办了首届荔枝节，接着又开办采摘园，取得了较好的经济效益。随后各类采摘园和乡村旅游节在各地不断涌现。

这一阶段我国对旅游的认识主要限于观光方面，乡村旅游发展明显表现出自发性和"副业"的特性。1989 年"中国农民旅游协会"正式更名为"中国乡村旅游协会"，是"乡村旅游"这个概念受到广泛关注的标志。

2. 产业成形阶段

20 世纪 90 年代中期~2003 年，乡村旅游蓬勃发展，市场需求旺盛，很多地方的农民积极涉足旅游，企业开始大规模进入这一领域，乡村旅游逐渐成为完整的旅游产品和旅游业中

---

① 贺小荣：《我国乡村旅游的起源、现状及其发展趋势探讨》，见《北京第二外国语学报》，2011 年第 1 期。

内涵和外延都比较清晰的部分。这一阶段出现了几件大事，推动了乡村旅游的发展。

（1）1995 年 5 月开始，我国实行每周五天工作制，使人们在周末有了更多的闲暇时间。加之人们收入的进一步提高，国内旅游迎来了发展的小高潮，短途旅游空前火爆，周末旅游中以乡村生活为主题的旅游项目开始多起来，如采摘、躬耕、捕鱼、垂钓、做客农家等，在城市周边形成了乡村旅游点。

（2）1998 年推出"华夏城乡游"中国旅游主题年，意味着乡村旅游进入国家视野。活动从青山秀水、乡村风情、农村新景和五业兴旺（农业、林业、牧业、副业、渔业）四个方面来反映改革开放 20 年来农村的新面貌。

（3）2002 年的"民间艺术游"主题年，将更多的注意力放在普通老百姓的生活方面，也鼓励了更多中外游客深入中国基层社会（尤其是农村），去探究多样的旅游形式，寻找与城市不同的旅游体验。

（4）2002 年颁布实施《全国工农业旅游示范点检查标准（试行）》，启动了创建全国农业旅游示范点工作，受到各地旅游部门的高度重视和越来越多的农业旅游单位的积极响应。虽然农业旅游示范点不完全是乡村旅游点，但仍然标志着我国乡村旅游的发展开始走上规范化的轨道。

3. 全面发展阶段

2004 年至今，主要有以下几个背景事件和乡村旅游的发展举措深刻地影响了乡村旅游的进程。

（1）乡村旅游和"三农"问题在政策上的联系更加明确。2004 年，中央 1 号文件将"三农"问题提到了国家发展战略重点的高度，乡村旅游作为解决"三农"问题的一种有益尝试，受到了各地的高度重视。

（2）推出"2006 中国乡村游"主题年，宣传口号为"新农村、新旅游、新体验、新风尚"；"2007 中国和谐城乡游"主题年，宣传口号是"魅力乡村、活力城市、和谐中国"。大力提倡科学利用农业生产、农民生活和乡村风貌等乡村旅游资源，推动乡村旅游深度发展。

（3）2006 年国家旅游局发布《关于促进农村旅游发展的指导意见》，2007 年国家旅游局和农业部发布《关于大力推进全国乡村旅游发展的通知》，提出充分利用"三农"资源，通过实施"百千万工程"，在全国建成具有乡村旅游示范意义的 100 个县、1000 个乡（镇）、10000 个村，进一步推动乡村旅游的发展，加快传统农业转型升级，促进农村生态和村容、村貌改善，吸纳农民就业，增加农民收入，为新农村建设做出积极贡献[①]。

（三）国内乡村旅游的发展现状

（1）我国乡村旅游地主要分布在经济较发达、交通便利的大中型城市周边地带及景区周围。在我国大中型城市如北京、上海、广州等地周边农村，由于具有广大的客源市场、便利的交通条件，且靠近旅游风景区，乡村旅游发展最快。如北京郊区"九五"初期开始发展乡村旅游，现在乡村旅游项目已超过 2 000 个，年接待游客超过 4 000 万人次，实现综合收入接近 30 亿元。

---

① 盘晓愚：《中国乡村旅游的发展阶段和新趋势》，见《河北农业科学》，2009 年第 13 卷第 9 期。

（2）乡村旅游的开发项目与景区观光、农业生产的收获活动和传统的节庆活动相结合。在我国的国内旅游市场上，乡村旅游表现出与旅游景区、农业生产的收获活动和传统节庆活动的极大关联性。目前游客参加频率最高和重游率最高的项目是以"住农家屋，吃农家饭，干农家活，享农家乐"为内容的民俗旅游和以收获各种农产品为主要内容的采摘旅游，如北京昌平县十三陵旅游区向游人开放观光果园，游客可自行采摘、品尝鲜桃、梨、杏子等果品，深受游人欢迎。

（3）乡村旅游国内市场的特点大多为短期游、近地游。我国乡村旅游的国内客源地主要在大中城市，该地区的上班族大多利用周末和短期假日来放松身心，从而形成了近距离、短时间的出游。北京市有四成左右的人把中短途旅游作为双休日的第一选择。这是因为，一是我国上班族的闲暇时间以双休日为主，适于短途、短时旅行；二是我国工薪阶层的薪水不能负担通常的长途旅游；三是我国旅游业的配套交通设施如公路、铁路等并不发达，限制了短时间内的长途旅游。由此看出，由于闲暇时间、工资、交通条件的制约，我国出游者大多选择交通便利的城郊乡村景点[1]。

实训环节

【实训目的】

1. 通过实训进一步理解乡村旅游的范畴。
2. 培养学生独立思考能力。
3. 发现问题，及时补救。

【实训要求】

要求学生通过各种方式收集现阶段国内外乡村旅游的案例和相应图片，以作业的形式完成。

【实训组织】

1. 全体学生各自独立完成。
2. 每个学生将案例和图片有机结合，写出介绍性文字，以电子文档的形式上交。

【实训成绩评定】

对每个学生交上来的案例和图片进行比较、评价，并将该成绩作为该学生的实训成绩。

思考与练习

1. 国外乡村旅游是怎样产生和发展起来的？

---

① 杨艳：《我国乡村旅游发展现状与对策研究》，见《现代企业文化》，2008年第35期。

2. 如何理解传统乡村旅游与现代乡村旅游？
3. 谈谈我国乡村旅游的起源与发展状况。

第二节　乡村旅游的概念、特点、类型

任务描述

通过本节的学习与训练，掌握乡村旅游的概念，理解乡村旅游的特点，熟悉乡村旅游的各种类型；能清晰界定乡村旅游。

【知识目标】

1. 了解国内外对乡村旅游概念的界定。
2. 掌握乡村旅游的概念、特点、类型。

【能力目标】

能按要求完成各类型乡村旅游图片的收集。

【素质目标】

1. 培养学生个体动手与分析能力意识。
2. 培养学生关注时事的意识。

任务组织与实施

1. 知识讲解。通过乡村旅游概念、特点、类型的讲解，使学生能够界定何为乡村旅游，理解乡村旅游的特点，熟悉乡村旅游的各种类型。
2. 组织学生实训。让学生学以致用，理论联系实际。
3. 任务评价。对学生实训的结果进行评价，指出学生存在的不足。

案例导读

乡村旅游　贵在"村"味

住冬暖夏凉的农家房，观小桥流水的农家景，听俚语乡言的农家情，享祥和温馨的农家乐，作为一种新兴的旅游休闲形式，乡村旅游在中国已经渐成时尚。

有位学者曾这样评价：乡村旅游的兴起，凸显了市场经济沟通城乡社会的神奇力量，它为打破计划经济时代遗留下来的城乡分治的二元社会结构的樊篱，提供了又一种有效形

式。它是城乡文化的一个交汇点，开辟了一条文化交流的新渠道，必将加深城乡相互的理解与认同。

此言并非虚妄，乡村旅游确实是意义非凡，魅力无限。对生活在钢筋水泥"丛林"的城市人而言，在现代化进程中面临着诸如土地资源紧张、住房狭窄、交通拥挤、污染严重等一系列"城市病"困扰，造成生活紧张、压抑，人际关系日渐冷漠与疏离。乡村绿色旅游提供了不同于一般休闲度假的体验，不仅可以解决城市居民周末无处可去的烦恼，也满足了人们享受野外新鲜空气、田野风光、放松紧张心情的需求。旅游者不再抱怨旅游景点人满为患、人头攒动了。相反，他们能够借此机会更多地接触到大自然。同时，乡村旅游取法自然，富有农家居家特点。它主要以农家院落为依托，竭力营造出中国传统农耕社会外有田园，内有书香，衣食富足，天人和谐的理想境界，展现出改革开放后殷实农家特有的风貌。到这个回归自然的人性化环境，融入乡野，放飞心灵，以张扬自己的个性，旅游者所感受到的那份恬静、惊奇，实在是妙不可言。

世界经济合作与发展委员会对乡村旅游的定义是：在乡村开展的旅游，田园风味是乡村旅游的中心和独特的卖点。其实，农村传统文化包括古旧建筑都是农村的独特旅游资源，大部分的民族村寨，本来就已经是一个完整而成熟的景区，有时候不建设，保留一些原生态的东西，反倒能吸引人。即使建设，也只需要在进入的道路、安全保障、卫生条件等方面作一些改善就可以满足外来者的需要，并不需要大量的基建投资。保持村寨的原始风貌以及当地居民仍有的传统社会风尚、淳朴厚道的自然秉性，就是成功的乡村旅游开发。

改变这种城市化倾向需要科学的引导和专业的指导，政府主管部门或行业协会可以邀请专业人士，定期培训经营户和服务人员，强化经营的特色和差异性——突出农村天然、朴实、绿色、清新的环境氛围，强调天趣、闲趣、野趣，尽力展现乡村旅游的吸引魅力。

乡村旅游在中国虽然才刚刚起步，已显示出巨大潜力和永恒的魅力。相信通过各方努力，在不断壮大中逐步规范，一定会形成气候和规模，走向成熟。

资料来源：道客巴巴网：《乡村旅游贵在"村"味》，http://www.doc88.com，2012年11月。

【思考】

乡村旅游之"村"味何在？

基本知识

一、乡村旅游的概念

（一）国内外学者对乡村旅游概念的界定

国外学者相当重视对乡村旅游概念的研究，认为这涉及乡村旅游理论体系的构建，但目前对乡村旅游概念的界定尚未取得一致意见。

欧洲联盟（EU）和世界经济合作与发展组织（OECD，1994）将乡村旅游（Rural tourism）定义为发生在乡村的旅游活动。其中乡村性（Rurality）是乡村旅游整体推销的核心和独特卖点。因而乡村旅游应该是发生于乡村地区，建立在乡村世界的特殊面貌，经营规模小，空间开阔和可持续发展的基础之上的旅游类型。

英国的 Bernard Lane（1994）曾对乡村旅游的概念作了较为全面的阐述，认为乡村旅游的概念远不仅是在乡村地区进行的旅游活动那么简单。相反，由于乡村旅游是一种复杂的、多层面的旅游活动，不同的国家和地区乡村旅游的形式不同。有些城市和景区旅游并不仅限于城市地区，也扩展到乡村；而有些在乡村的旅游却并不是乡村的，如主题公园和休闲宾馆。Bernard Lane 界定纯粹形式的乡村旅游是：位于乡村地区，旅游活动是乡村的，且建立在小规模经营企业，开阔空间，与自然紧密相连，具有文化传统和传统活动等乡村世界的特点。规模是乡村的，即无论是建筑群，还是居民点都是小规模的；社会结构和文化具有传统特征，变化较为缓慢，旅游活动常与当地居民家庭相联系，乡村旅游在很大程度上受当地控制；由于乡村自然、经济、历史环境和区位条件的复杂多样，因而乡村旅游具有不同的类型①。

以色列的 Arie Reichel，Oded Lowengart 和美国的 Ady Milman（1999）简明扼要地指出：乡村旅游就是位于农村区域的旅游。具有农村区域的特性，如旅游企业规模要小、区域要开阔和具有可持续发展性等特点②。

世界旅游组织（WTO）（1997）对乡村旅游的解释：是指旅游者在乡村（通常是偏远地区的传统乡村）及其附近逗留、学习、体验乡村生活模式的活动。

国内有多位学者对乡村旅游的概念进行了诠释。现将国内部分专家、学者关于乡村旅游的概念性定义罗列如下。

杨旭（1992）：所谓乡村旅游，就是以农业生物资源、农业经济资源、乡村社会资源所构成的立体景观为对象的旅游活动。

马波（1996）：乡村旅游是以乡村社区为活动场所，以乡村独特的生产形态、生活风情和田园风光为客体的类型。

杜江和向萍（1999）：乡村旅游就是农户为旅游者提供住宿等条件，使其在农场、牧场等典型的乡村环境中从事各种休闲活动。

熊凯（1999）、陈文君（2003）：乡村旅游是以乡村社区为活动场所，以乡村独特的生产形态、生活风情和田园风光为对象系统的一种旅游类型。

王兵（1999）：乡村旅游是以农业文化景观、农业生态环境、农事活动及传统的民俗为资源，融观赏、考察、学习、参与、娱乐、购物、度假为一体的旅游活动。

肖佑兴等（2001）：乡村旅游是指以乡村空间环境为依托，以乡村独特的生产形态、民俗风情、生活形式、乡村风光、乡村居所和乡村文化等为对象，利用城乡差异来规划设计和组合产品，集观光、游览、娱乐、休闲、度假和购物为一体的一种旅游形式。

贺小荣（2001）：乡村旅游是指以乡村地域上一切可吸引旅游者的旅游资源为凭借，以满足观光、休闲、度假、学习、购物等各种旅游需求为目的的旅游消费行为及其引起的现象

---

①② 唐德荣：《乡村旅游开发与管理》，中国农业出版社 2011 年版。

和关系的总和。

乌恩（2002）：乡村旅游是指在传统乡村地区开展的，以乡村自然环境、风景、物产及乡村生活为旅游吸引物的，不过多依赖资本和高度技术，较少使用专用接待服务设施的旅游活动形式，并认为"乡村旅游"只是"农业旅游"的一种类型。

何景明和李立华（2002）：狭义的乡村旅游是指在乡村地区，以具有乡村性的自然和人文客体为旅游吸引物的旅游活动。乡村旅游的概念包含了两个方面：一是发生在乡村地区，二是以乡村性作为旅游吸引物，二者缺一不可。

张洁（2005）：在乡村地区，以具有乡村性的乡村自然和人文景观为旅游吸引物，以城镇居民为主要目标市场，通过满足旅游者的休闲、求知和回归自然等多种需求而获取经济和社会效益的一种旅游方式。

李开宇（2006）：在对"乡村性"含义认知的基础上，认为乡村旅游是根据旅游者对"乡村性"空间和"乡村性"意象感知而形成的"乡村性"旅游资源进行开发的基础上，进行旅游活动的一种旅游方式。

可以看出，学者们从不同的侧面分析了乡村旅游的含义和特征，从不同的侧面给出乡村旅游的定义，但都是各有侧重。有的着重于从旅游主体出发来界定乡村旅游，而忽略乡村旅游目的地的资源；有的强调乡村旅游的具体活动，偏重于农业的观光；有的干脆从农业的角度出发来定义乡村旅游；有的虽然兼顾到乡村旅游主体和客体，但过于将旅游主体或客体局限在一定的范畴。总体来看，学者们就"乡村旅游的开展是在乡村地区"已经达成了共识。

（二）乡村旅游的定义

古代汉语中，"城"是指用土墙围着的地方，土墙之内为"城"。城的外围加筑的一道城墙为"郭"，郭外为"郊"，郊外为"野"，野中有"乡"。"乡"是指从事农业的、人口比较分散的地方。"乡"还是我国行政区划的基层单位，由县所辖。"村"是指农民聚居的地方；"寨"最初是指古代驻兵的地方，后指四周有栅栏或围墙的村子。

从旅游学的角度讲"乡村旅游"比较复杂，它包括：田园风光、自然山水、乡村聚落、村寨建筑、节事节庆、农耕采撷、乡风民俗、农村饮食、民族风情、民间制作、土特产品、乡野活动等等。最直观地讲"乡村旅游"，就是到从事农业的、人口分散的、农民聚居地去休闲活动。所以与其称"乡村旅游"，莫如称"乡村休闲"[①]。

本书认同刘艳红（2005）对乡村旅游的定义：是以乡村社区为其活动场所，以乡村自然生态环境景观、聚落景观、经济景观、文化景观等为旅游资源，以居住地域环境、生活方式及经历、农事劳作方式有别于当地乡村社区的居民为目标市场的一种生态旅游形式。

二、乡村旅游的特点

（一）乡村性

这是乡村旅游的本质特征。乡村性是乡村旅游的核心吸引力和独特卖点。乡村旅游基本

---

① 杨眉，杨绍先：《论贵州乡村旅游的发展》，见《贵州大学学报》，2012 年第 30 卷第 5 期。

依托的是自然山水、田园风光，也加上人为设计的建筑设施，如草舍、篱笆，组织活动项目如戏水、攀岩、狩猎等，增添了浓郁的野趣，构成一幅"悠悠古韵、浓浓乡情"的田园画卷，使游客置身于湖光山色、绿水碧波的世外桃源中。这些极具乡土气息、乡村特色的自然资源和文化资源，是乡村旅游的核心吸引物。从游客的需求角度来看，乡村旅游正迎合了游客回归乡土、亲近自然的旅游需求。所以乡村性是乡村旅游与一般旅游相比，所独具的特点。

（二）自然性

乡村地域具有独特的自然生态风光，人口相对较少，受工业化影响程度低，保存着生态环境的相对原始状态，并且乡村区域的生活方式和文化模式也相对保留着自然原始状态。水光山色、耕作习俗、民俗风情等无不体现了人与自然的和谐统一。

我国乡村地域辽阔，种类多样，加上受工业化影响较小，多数地区仍保持自然风貌和风格各异的风土人情、乡风民俗。古朴的村庄作坊，原始的劳作形态，真实的民风民俗，土生的农副产品使乡村旅游活动对象具有独特性。这种在特定地域所形成的"古、始、真、土"，具有城镇无可比拟的贴近自然的优势，为游客回归自然、返璞归真提供了良好条件①。

（三）分散性

乡村旅游在时空结构上具有分散性。中国的乡村旅游资源，因上下五千年，十里不同俗，且大多以自然风貌、劳作形态、农家生活和传统习俗为主，受季节和气候的影响较大。因此，乡村旅游，尤其是那些观光农业在时间上具有的可变性特点，也导致乡村旅游活动具有明显的季节性。而乡村旅游资源多分布于有特色气息的乡村、农庄以及城市周边等地。这种空间上的分散扩大了旅游环境容量，可以避免城市旅游出现的拥挤和杂乱，缓解游客游览时的紧张情绪，最大限度地激发游客的旅游热情。另外，由于自然环境和文化传统的差异，不同地域乡村的农业生态、文化景观风格各异，吸引了不同的旅游者前往旅游。

（四）体验性

体验性是乡村旅游的重要特点之一。乡村旅游活动体验是让游客参与乡村生产生活的某一过程，通过观察模仿习作使游客获得满足感、自豪感和成就感。乡村旅游是现代旅游业向传统农业延伸的一种新型旅游活动，它不是单一的观光游览活动，而是涵盖了访祖、民俗、科考、娱乐、康体疗养等多种形式的复合型旅游活动。其复合型旅游导致游客在游乐行为方面具有很大程度的参与性。它把旅游项目由陈列式提升到参与式，让游客体验乡村民风民俗、农家生活和劳作形式，在大汗淋漓的农耕农忙中体会到劳动所带来的全新生活，在劳动的欢快之余购得满意的农副产品和民间工艺品，不仅观赏了优美的田园风光，而且还满足了参与的欲望。

（五）雅俗共赏性

乡村旅游以朴素的产品给游客带来高雅的体验，呼吸乡间清新的空气，品尝原生态、无

---

① 李海平，张安民：《乡村旅游服务与管理》，浙江大学出版社 2011 年版。

污染的农家水果,感受农家居民的淳朴,给游客带来净化心灵、沉淀烦躁的机会。在这浮躁的世界,这样的机会实属难得,也是因为这个特点,乡村旅游变得独一无二。

【资料链接】

千亩荷花带动夏日乡村游

市郊最大的荷花种植基地——上海市郊的松江新浜镇推出了"荷花节",不仅邀请市民游客前往观赏百余种珍稀荷花,还围绕荷花进行了深度开发,同时打造10多道莲藕菜肴,让大家玩得开心、吃得高兴。

新浜镇荷花品种已达15多种,种植面积近千亩。新浜镇有关负责人告诉记者,新浜镇每年还将围绕荷花进行深度产品开发。

一朵荷花"牵"出了生机勃勃的夏日乡村游。据介绍,镇内上海之根雪浪湖度假村、忆江南园林景区、荷花公社、渔乐码头和森鲜农园等10多个景点,已被串成了一条特色鲜明的乡村旅游线路,吸引市区游客周末来感受浓浓的乡土气息。

资料来源:《千亩荷花带动夏日乡村游》,人民网,http://culture.people.com.cn,2013年7月7日。

三、乡村旅游的类型

(一) 按乡村旅游活动目的分类

1. 观光型

观光型乡村旅游是以乡村景象为依托,以绿色景观和田园风光为主题,包括单纯自然的农业风光吸引物的旅游。

这种类型的农业风光开发需要有较大的体量,比如油菜花田、百草园等。依据其主要内容和位置特征可细分为农业观光、古镇村落观光、乡村自然景区观光等。

2. 休闲康乐型

休闲康乐型乡村旅游在我国的发展并不理想,但是国外发展最早、最成熟的乡村旅游产品就是休闲康乐型乡村旅游。休闲康乐型乡村旅游以康体疗养和健身娱乐为主题,通过乡村休闲运动的开发,比如林中远足、采蘑菇、挖竹笋、采茶、山地野营、森林滑草、滑雪、游泳、漂流、森林探险、徒步、攀岩等,实现游客强身健体的目的[1]。

3. 度假型

度假型乡村旅游也称为"住宿旅游型乡村旅游"。城市居民对乡村生活的悠闲和恬静十分向往。到乡村小住几天,这是一种吃农(渔、牧)家饭,住农(渔、牧)家屋,干农(渔、牧)家活,感受鸟语花香,享乡村居民之乐的休闲度假旅游形式。随着城市居民收入的不断增长,周五工作制和清明、端午、中秋小长假的推行及社会主义新农村建设进程的推

---

① 张海良:《乡村旅游建设的类型、机制与原则》,见光明网,2013年6月。

进，城市居民到郊外去休闲旅游度假的需求日益增长。度假型乡村旅游，根据旅游者的不同取向还可分为山村度假、渔村度假、林场度假、农场度假、草原度假等类型①。

4．体验型

21世纪是"体验经济"时代，旅游者更注重在消费过程中的参与和体验。参与体验型乡村旅游就是强调旅游者在旅游过程中的体验感知，通过开发主题活动的方式来满足旅游者的体验要求，比如采摘果品、品尝美食、参与农事活动、节庆活动、购买土特产品等。通过这些活动，使游客感受到自己融入了乡村的环境和氛围中，这对那些寻觅纯朴乡情的游客具有无限的吸引力。根据体验的内容不同可分为采摘旅游、务农旅游（农家乐）、垂钓渔业旅游、民俗旅游等。

5．求知型

乡村旅游集学习知识、游览、娱乐于一体，对旅游者起着拓宽视野和增长见识的作用，尤其对于青少年学生，知识教育型乡村旅游为旅游者提供了一种深入了解农村、农业和农民的途径。知识教育型乡村旅游可以通过农业教育园、农业科普示范园、农具陈列馆、农业博物馆为载体，开展以农业科普为主的休闲娱乐活动，在轻松愉快的氛围中让游客的求知欲得到满足。

6．购物型

购物型乡村旅游以乡村旅游产品为依托。乡村旅游产品主要是乡村特色食品、绿色食品、怀旧物品、手工艺品、民族纪念品、地方标识纪念品、地方著名商品以及地方文化商品。许多来乡村旅游的游客在游玩时喜欢把这些凸显地方特色和体现乡村性的乡村旅游产品留作纪念、馈赠亲朋，或者是放在家里使用、收藏观赏等。

（二）按旅游对象来划分

1．田园型

这一类型的乡村旅游主要以农业生产活动、农业文化景观、农业生态环境为旅游对象，主要存在于富有特色的种植业、渔业、牧业、果业和副业中，具体表现为甘蔗林、香蕉园、苹果园、花卉园、瓜果园、基塘地、油菜花、刀耕火种、水车灌溉、围湖造田、渔鹰捕鱼、采藕摘茶以及"人—村落—农业事象"构成的和谐生态环境等，如广西桂林的阳朔渔村、滇西南的刀耕火种。国外的农场和牧场乡村旅游，以及我国大中城市附近的"农家乐"，如北戴河集发观光园乡村旅游，都属于田园型乡村旅游。

2．居所型

这一类型的乡村旅游以建筑形式和聚落形态为旅游对象。主要表现为聚落景观、乡村民居、乡村宗祠和其他建筑形式，有团状、带状、环状、点状、帐篷、水村、土楼和窑洞等聚落形态，如黄土高原的窑洞、东北林区的板屋、客家的土楼和居民信仰的祠堂、塔、寺庙等。

3．复合型

这一类型乡村旅游的旅游对象不是以某一种类型为主，而是包括多种内容，如农业景

---

① 张学根：《乡村旅游的类型探析》，见《管理观察》，2009年第9期。

观、民族风俗、各种建筑、聚落形态，甚至包括附近的山水景观和周边优美的生态环境。这是一种内容较丰富、活动最多样的类型①。

（三）按对资源和市场的依赖程度来划分

1. 资源型

资源型乡村旅游对资源的依赖程度较高。这种旅游地资源品位一般较高，特色较浓。典型的如云南丽江的泸沽湖、安徽徽州的呈坎村等。

2. 市场型

市场型乡村旅游对市场的依赖程度较高。一般来说，位于经济发达、人口众多、交通方便的地方，特别是在大中城市的内部或附近分布较多，如城市内部的民俗村、城市附近的农家乐等。

3. 中间型

中间型乡村旅游对资源和市场没有明显的偏向。这种又可以分为两种类型：一是资源很丰富、市场较广阔，如江苏昆山市的周庄；二是资源较丰富，市场较狭小，如井冈山的拿山乡、皖南黔县的西递村等②。

（四）按地理位置来划分

1. 城郊型

这类乡村旅游主要位于大中城市附近，其中有些乡村旅游是为了满足大中城市巨大的旅游需求，在原有的农业和现代农村聚落景观基础上，融入现代科技、现代美而发展起来的各种观光农业，如上海浦东的孙桥、北京的韩村河、江苏的张家港、广东的东莞、苏州的"未来农业大世界"等。另外，这种类型中还有相当一部分资源丰富，如湖北的随州等。此外，还有一些将乡村的民俗习惯搬进城而建的民俗村、民俗馆等。

2. 边远型

边远型的乡村旅游一般交通不便，这种类型或者有丰富的旅游资源，对游客有巨大的吸引力，借此来发展旅游，如江西乐安县的流坑村，或者资源很丰富，依靠国家的各种扶贫政策发展起来，如江西井冈山的拿山乡、安福的边塘村等。

3. 景区边缘型

这类乡村旅游在著名风景区的边缘，一般结合风景区、依靠现有一些旅游资源和景区的客源来发展，是风景区旅游的伴生物。虽然著名风景区既可位于城市内部、城郊，亦可位于边远地区，但这种类型比较特殊，故把它归为一类，如云南丽江的黄山乡③。

（五）按科技含量来划分

1. 现代型

这种类型的乡村旅游科技含量高，一般位于大中城市附近，有着巨大的客源。在原有农业的基础上，融入现代科技，进行人工设计而成的一个"自然——人工"系统。主要是利用

①②③ 百度文库：《乡村旅游的发展研究》，2011年12月。

现代高科技手段建立小型的农、林、牧生产基地，既可以生产农副产品，又给旅游者提供了游览的场所。如将高科技农业与旅游相结合，兴建农业科技园。

2. 传统型

这种类型的乡村旅游科技含量较低，以较为自然化的乡村旅游资源为吸引物，主要以不为都市人所熟悉的农业生产过程作为卖点，特别是特色农产品生产过程。传统型乡村旅游产品要想具有长久的生命力，必须突出特色，需要充分利用当地独特的旅游资源优势以塑造特色产品，如滇西南的刀耕火种、丽江的泸沽湖等。

此外，乡村旅游根据活动载体可分为：农业园型、森林型、渔场型、畜牧型、民俗村寨型、古村落型；根据开发项目可分为：观光农园型、市民农园型、农业公园型、教育农园型、休闲农场型、民宿农庄型、民族村寨型，等等。

实训环节

【实训目的】

1. 通过实训进一步理解乡村旅游的特点，熟悉乡村旅游的类型。
2. 培养学生独立思考能力。
3. 发现问题，及时补救。

【实训要求】

要求学生通过各种方式收集各类型乡村旅游点图片，以作业的形式完成。

【实训组织】

1. 全体学生各自独立完成。
2. 每个学生收集三种类型的乡村旅游服务点的图片，并对图片写出简短的介绍性文字，以制作演示文稿（PPT）的形式上交。

【实训成绩评定】

对每个学生交上来的演示文稿（PPT）进行比较、评价，并将该成绩作为该学生的实训成绩。

思考与练习

1. 如何界定乡村旅游？
2. 乡村旅游的特点有哪些？其本质特征是什么？
3. 乡村旅游的类型有哪些？

第三节　发展乡村旅游的意义

任务描述

通过本节的学习与训练，理解发展乡村旅游的意义，了解周边地区发展乡村旅游带来的积极影响。

【知识目标】

理解发展乡村旅游的意义。

【能力目标】

能按要求完成周边地区乡村旅游点的历史背景、旅游环境、发展状况的收集，能分析各地区发展乡村旅游对当地居民生产、生活的积极影响。

【素质目标】

1. 培养学生团队协作意识。
2. 培养学生关注时事意识。

任务组织与实施

1. 知识讲解。通过对发展乡村旅游意义的讲解，使学生了解发展乡村旅游对当地居民生产、生活的积极影响。
2. 组织学生实训。让学生学以致用，理论联系实际。
3. 任务评价。对学生实训的结果进行评价，指出学生存在的不足。

案例导读

广西阳朔　乡村旅游绽放异彩

2006 年以来，阳朔重抓新农村建设，始终以"农村发展，农业增效，农民增收"为目标，深刻挖掘地缘文化优势，把广袤农村的一草一木、民居和农耕场景发展成旅游资源，乡村旅游经济展现出别样风采。

阳朔历村借得月亮山美丽风光，村周围的山水田园景色令人目不暇接。据了解，全村有一半人能进行简单英语交流，80% 的人吃上了"旅游饭"，其中还有著名传奇导游"月亮妈妈"李秀珍。

以旅促农，农旅结合的乡村旅游模式，依靠周边旅游资源搞农家乐，把家当成旅馆、把厨房当成了农家饭店，山水、田园和民居巧妙地揉在一起经营，农村自然环境、生态环境的保护和基础设施的建设得到重视。文化内涵和服务品质落到了细处，以质朴的民风、纯正的绿色餐饮、悠闲的住宿等特色乡村风情，吸引着游客的到来。

村中农民导游告诉记者："现在我们已经不怎么种田了，种树的多了，经济主要还是靠旅游。"从发展乡村旅游至今，月亮山下的阳朔历村办起60余家农家乐饭店，年接待游客达200万人次，先后被国内外旅游机构评为"广西农业示范点""全国农业旅游示范点"和"中国社区旅游典范"。据相关部门透露，1998年以前村民以种养为主，人均年收入仅1000多元，在这之后，旅游业成为农民的主要收入来源，仅旅游年人均收入达8000余元，90%的村民盖起了新楼房。

据了解，月亮山集原始生态和原始风情于一山，是广西原始生态和原始文化的瑰宝，同时，也集旅游、科研、考古、探险、探奇于一山。当地人巧妙地结合了原生态的乡土和民俗文化，增加了乡村旅游市场的竞争力。

阳朔县宣传部外宣科李慧告诉记者："阳朔县利用四通八达的公路网，将历村资源优化并深度开发，协同和放大旅游资源的吸引力。此外，全县6个乡3个镇依靠当地的自然资源、历史文化资源和民族民俗风情旅游资源开发了侗乡世外桃源、朗梓村壮族古寨、阳朔七仙峰生态茶园等一系列精品乡村旅游文化。"

在旅游和农业相互协调可持续发展的基础上，阳朔历村做到"精耕"和"细作"，深刻挖掘文化价值，凸显"小青瓦、坡屋面、白粉墙、木窗门、吊阳台、石板路"桂北民居之风韵。

"月挂高峰"的天然景观以及田园乡村组合出的一片福地，农民辛勤耕作的是乡村经济和民俗文化，收获的是人文与自然和谐发展。及时调整了旅游产业结构走上旅游文化创意发展的道路，实行多元化投资渠道，乡村经济得到更好更快的发展。

资料来源：彭丽芳：《广西阳朔——乡村旅游绽放异彩》，见《中国产经新闻报》，http://www.cien.com.cn，2012年8月16日。

【思考】

广西阳朔发展乡村旅游的启示是什么？

基本知识

一、乡村旅游的发展有利于解决"三农"问题

（一）发展乡村旅游有利于建设社会主义新农村

发展乡村旅游，可以有效配置农村各种资源，引导生产要素回流农村，带动农村基础设施建设和生产发展，改善农村发展环境和村容村貌。同时，城市居民把现代城市的政治、经济、文化等信息辐射到乡村，促进了当地农民思想观念、行为方式、生活习惯的改变，促使

农民对现代文明的自然融和与认同，有助于农民素质的提高。游客对旅游目的地服务质量需求的日益提高，激发了村民的求知欲，促使广大农民主动学习和掌握现代农业科技知识、经营管理知识、法律知识和先进文化，增强民主意识，提高组织化程度，培养一大批有文化、懂经营、会管理的新型农民，从而整体带动农业生产水平、农民生活水平和乡风文明水平的提高，推进社会主义新农村建设。

（二）发展乡村旅游有利于调整农村产业结构

游客"食、住、行、游、购、娱"六大要素的客观要求，一方面，直接增加了农产品的需求量，为农村专业化经营提供发展的机会；另一方面，推动广大乡村交通、通讯、电力等硬件环境的建设，加快人员、信息、观念、文明等多要素的流动频率，完善软环境的建设，为商业、服务业等第三产业发展和地区资本积累奠定基础，并进一步促进第一产业的发展，带动农村产业结构调整，实现产业结构升级和"资源节约型、环境友好型农业生产体系"的形成，完成"农村人居和生态环境明显改善"的农村改革 2020 年目标。如昆明西山区团结乡，利用距昆明市城区较近、生态环境较好的优势，大力发展"农家乐"乡村旅游。不仅带动了全乡粮食、禽蛋、水果、蔬菜等农副产品的流通和销售，而且培育了一批"绿色养殖业"专业户，加大了油葵、玉米、水果、蔬菜等新品种和种植现代技术的引进和推广，促进了袋装野菜系列旅游商品的开发和加工，发展了多家酱菜、果品、肉食腌腊加工厂，推动了农业产业结构向高产、优质、高效、生态、安全和深度开发和加工的方向调整和发展[①]。

（三）发展乡村旅游有利于增加农民收入，提高农民生活水平

当前，在我国实现粮食及主要农产品有效供给的基础上，提高农民生活水平已经成为农业农村经济工作面临的主要任务。十七届三中全会提出 2020 年"农民人均纯收入比 2008 年翻一番"，这是一个宏伟的目标。为实现这一目标，农村发展除了"加强农村制度建设"和"积极发展农村公共事业"外，"积极发展现代农业"成为主要途径。"现代农业"不仅仅是农业生产方式的改变，更应该是农村生活方式和农业生产观念的改变。乡村旅游恰恰是充分利用农村资源开展的旅游活动，其依托的资源主要是广大农村地带的自然景观、田园风光和农业资源等，而这些资源的所有者和创造者都是农民。农民可以将一般的生活资料和生产资料转化为经营性资产，具有投资少、风险小、门槛低、经营灵活的特点。农民作为所有者、经营者和劳动者三位一体，劳动力与土地、资本相结合，自主经营，创造财富，从乡村旅游发展中直接受益，避免了传统旅游开发中因土地和资源被占用而返贫或受益不均的问题。云南梅里雪山下的明永村，本是一个非常贫困的边远山区乡村，梅里雪山景区开发以后，吸引村民参与景区服务，仅通过驮马运送游客，每户年均收入就达 1．5 万元，最高的超过 4 万元，不仅摆脱了贫困，而且初步走上了致富的道路[②]。

（四）发展乡村旅游有利于农村经济的可持续发展

发展农村经济最重要的一点就是避免走"先污染、后治理"的老路，必须坚持走可持续

①② 于成国：《基于新一轮农村改革基础上的乡村旅游发展新探》，中国论文下载中心，2009 年 11 月。

发展的道路。旅游业向来有"阳光产业"的美誉，发展乡村旅游必将从长远发展的角度出发，以保护有限资源为前提，充分合理地利用资源，力求使经济效益、生态效益和社会效益相统一，既满足当今社会经济发展，又保证未来社会经济发展的需要。乡村旅游发展依托的就是当地人和自然和谐共生的乡村环境，通过乡村旅游的规范开发，可以更好地保护农村耕地等农业资源，保持乡村生态环境系统的可持续性，进而促进农业乃至整个农村经济、社会的可持续发展。

二、乡村旅游的发展有利于促进城乡一体化建设

（一）发展乡村旅游有利于缩小城乡社会经济差距

乡村旅游是一个与地方经济关联度最高、综合性最强、辐射面最广的产业，它以投资的乘数效应拉动了地方餐饮、娱乐、购物、交通等行业的发展，为农村剩余劳动力提供了大量的就业机会，增加了农民收入。农民通过参与乡村旅游的开发，为旅游者提供观赏、品尝、购物、娱乐等系列服务，从中直接获得高额经营收入。同时，通过城市居民在农村的旅游消费，可以实现国民收入在城乡的再分配，缩小城乡居民收入差距。

（二）发展乡村旅游有利于农村基础设施建设和精神文明建设

一般说来，旅游者期望目的地有便利的交通设施、舒适的住宿条件、完备的健康救护机构、顺畅的通信联络、便捷的购物场所等。所以发展乡村旅游要求目的地综合性基础配套设施完善，这与建设社会主义新农村的"加强农村基础设施建设"的要求也是并行不悖的。发展乡村旅游，对农村基础设施建设提出了要求，同时也为农村基础设施建设提供了资金来源。在一些乡村旅游发展较好的地方，农民认识到了投资乡村旅游基础设施建设后可以带来更高的旅游收益回报，先后以集资方式投资本地区乡村旅游设施建设，改善乡村旅游硬件设施，乡村旅游越办越火。

乡村旅游的特有卖点就是乡村民俗、乡村风情以及传统乡土文化，它们是吸引城镇居民对乡村的静谧、祥和、神秘、淳朴氛围产生好奇与体验冲动的重要源泉。对反映乡村民俗、民族风情、乡土文化等的载体，比如乡村古建筑、乡土民歌、乡民集体活动等的维护与修复、挖掘与适应性改造，就显得非常重要了，而这些行为对乡风文明建设无疑具有潜移默化的效能。如乌鲁木齐南山风景区各族农牧民，在发展乡村旅游过程中根据游客的需求，在南山搭起具有民族特色的帐篷、举行传统的叼羊比赛、马术表演和民族歌舞表演等活动，吸引了国内外游客到新疆旅游，旅游收入成为当地农牧民重要收入来源。同时，各族农牧民在共同开发乡村旅游活动中感受到相互合作、共同致富的重要性，民族气氛融洽和睦①。

三、乡村旅游的发展对社会文化有积极影响

"文化"在《辞海》中的定义有广义和狭义之分。广义的文化指人们在社会实践中获得

---

① 王娟，李文岳：《浅析发展乡村旅游在社会主义新农村建设中的作用》，见《浙江旅游职业学院学报》，2006年第4期。

物质财富和精神财富的总和，如生活方式、生活环境。发展乡村旅游会使得社会文化的表现更加丰富多彩。

（一）乡村旅游本身存在的传统文化对旅游者产生的影响

旅游者（主要是城市居民）离开居住地到乡村地区旅游的最大起因，就是城乡之间在自然景观、生活方式、文化特征等方面具有差异性。因此，决定了传统乡村文化在旅游产品的生产和组合中可以作为最重要的素材和着眼点的地位。天人合一的环境，健康、朴素、简单的生活，这些正是传统乡村地区所独有的魅力。因此可以说，乡村传统文化是乡村活动的最大特点。乡村旅游注重传统事物和传统价值，将旅游活动和旅游者融入乡村生活之中，就能够为旅游者创造一个安静、自然和原原本本的乡村生活体验。

（二）乡村旅游有助于保护乡村文化和历史遗产，增强乡村社区的自豪感

有些观点认为，发展乡村旅游将对旅游地造成较大的文化冲击，破坏传统的乡村文化。同时，游客的大量涌入将对旅游地的古建筑等历史遗产造成破坏。而国外的很多研究案例表明的情况则恰恰相反。在乡村旅游开发之前，乡村社区的一些独特文化和历史传承很少为人所知，处于逐步衰微的状态。乡村旅游的开发不仅没有破坏乡村的独特文化，而且在保留历史传承、发掘乡村文化上起到了较好的作用。开发乡村旅游，通过发掘、包装和宣传当地的历史传承和独特文化，提高了乡村的知名度，增强和复兴了乡村社区的自豪感。事实上，乡村旅游的经营者和当地政府总是会逐渐认识到乡村文化在旅游业中的核心作用而加以保护开发。某些乡村文化和历史遗产，其最好的保护方法是让它成为乡村旅游项目的组成部分[①]。

实训环节

【实训目的】

1. 通过实训进一步理解发展乡村旅游的意义。
2. 培养学生良好的团队合作精神。
3. 发现问题，及时补救。

【实训要求】

要求学生通过周边地区乡村旅游点的历史背景、旅游环境、发展状况的收集，分析各地区发展乡村旅游对当地居民生产、生活的积极影响，以调查报告的方式完成。

【实训组织】

1. 将全体学生分成四个小组，并由小组成员推举一名小组长。

---

① 杨金丹，方益群：《论乡村旅游与农村经济的可持续发展》，见《安徽农业科学》，2011年第39卷第15期。

2．由各小组长带领本组成员，完成对当地某一区域乡村旅游点的调查及信息收集，并编写一份调查报告。

【实训成绩评定】

对四个小组的调查报告进行比较、评价，并将该成绩作为该学生的实训成绩。

思考与练习

结合身边事例，谈谈为何要发展乡村旅游？

第二章　乡村旅游开发

模块描述

　　本章学习的主要内容是乡村旅游资源的调查与评价、乡村旅游开发模式和乡村旅游产品设计。通过本章的学习与训练，主要掌握乡村旅游资源调查与评价的内容及方法、各乡村旅游开发模式的特点和乡村旅游产品设计的方法等，达到使学生能够进行乡村旅游资源调查与评价、判断乡村旅游开发模式和进行乡村旅游产品设计的目的。

【知识目标】

　　1．了解乡村旅游资源的分类、乡村旅游资源的特征以及乡村旅游资源调查与评价的目的；了解不同的乡村旅游开发模式产生于不同的乡村旅游环境、条件和发展阶段；了解乡村旅游产品设计的原则。

　　2．掌握乡村旅游资源调查与评价的内容及方法、各乡村旅游开发模式的特点和乡村旅游产品设计的方法。

【能力目标】

　　能按要求进行乡村旅游资源调查与评价、判断乡村旅游的开发模式和进行乡村旅游产品的设计。

【素质目标】

　　1．培养学生团队合作意识、创新意识及良好的环境保护意识。

　　2．培养学生分析问题、解决问题的能力。

第一节　乡村旅游资源的调查与评价

任务描述

　　通过本节的学习与训练，掌握乡村旅游资源的概念，了解乡村旅游资源的分类、乡村旅游资源的特征以及乡村旅游资源调查与评价的目的，掌握乡村旅游资源调查与评价的内容及方法，使学生能够按要求对乡村旅游资源进行调查和评价。

【知识目标】

1. 了解乡村旅游资源的分类、乡村旅游资源的特征以及乡村旅游资源调查与评价目的。
2. 掌握乡村旅游资源的概念、乡村旅游资源调查与评价的内容及方法。

【能力目标】

能按要求对乡村旅游资源进行调查和评价。

【素质目标】

1. 培养学生资源、环境意识。
2. 培养学生互助协作精神。

任务组织与实施

1. 知识讲解。通过对乡村旅游资源的定义及分类、乡村旅游资源的特征和乡村旅游资源的调查与评价三大内容体系的讲解，使学生逐渐掌握乡村旅游资源调查与评价的内容及方法。
2. 组织学生实训。使学生能够将课堂上学到的乡村旅游资源调查与评价的方法运用到实际之中。
3. 任务评价。对学生实训的结果进行评价，指出学生存在的不足。

案例导读

乡村旅游资源

江苏省常熟市支塘镇蒋巷村是一个典型的全国文明村，农业、村办工业、生态环境、居民居住条件和村容村貌建设，都超过了全国农村现代化建设示范村的各项考核指标，国务院总理温家宝曾来村里视察。蒋巷村在发展乡村旅游的定位上，突出了社会主义现代化新农村的形象，在开发利用其资源上有独创性。

生态湿地、鱼塘——生态养鸭塘、垂钓休闲区、脚踏船、九曲桥、江南石拱桥、荷花荡、水乡风光、农民乐园、主楼茶室游憩。

四季花香——春桃花、垂柳、菜花，夏芙蓉、荷花，秋菊花、红枫，冬香樟、翠竹、腊梅，生态种养园、果园观赏。

阡陌良田——江南田园风光、农耕劳作场景、无公害粮油生产基地观赏。

禽蛋瓜果——优质有机大米、生态家禽（蛋品）、乳鸽、油桃、雪枣、冬笋、鱼虾品尝与选购。

新农村风貌——村民新家园（乡村别墅群）、村民蔬菜园、老年公寓、工业园、蔬菜园、小学、幼儿园、服务中心、医疗保健中心、村宾馆、农民剧场、商业服务区、禽兽养殖场、生活污水处理站考察。

村史风俗——传统教育展览馆、民俗馆、地方戏曲小调、邻里友善关系考察与欣赏。

资料来源：杨永杰，耿红莉：《乡村旅游经营管理》，中国农业大学出版社 2011 年版。

【思考】

在乡村这个广阔天地里发展旅游，可以利用哪些资源？何为乡村旅游资源？

基本知识

一、乡村旅游资源的定义及分类

（一）乡村旅游资源的定义

乡村旅游资源是发展乡村旅游的基础，但关于乡村旅游资源的定义学术界众说纷纭。2003 年 2 月 24 日，经国家质量监督检验检疫总局正式批准、颁布的中华人民共和国国家标准《旅游资源分类、调查与评价》（GB/T 18972－2003），对旅游资源的概念进行了界定，使旅游产业实践领域中"旅游资源"这一概念得以明确，其定义为："旅游资源是指自然界和人类社会凡能对旅游者产生吸引力，可以为旅游业开发利用，并可以产生经济效益、社会效益和环境效益的各种事物和因素"。由此可以将乡村旅游资源定义为：乡村旅游资源是指乡村地域范围内凡能对乡村旅游者产生吸引力，可以为乡村旅游开发利用，并可以对乡村产生经济效益、社会效益和环境效益的各种事物和因素。乡村旅游资源的多寡、特色、赋存和分布状况，直接影响地区乡村旅游的发展。

（二）乡村旅游资源的分类

乡村旅游利用农业景观和农村空间吸引游客前来观赏、游览、品尝、休闲、体验、购物等，融合生产、生活和生态功能，紧密联结农业、农产品加工业和服务业，横跨农村一、二、三产业，涉及农业、农村和农民。乡村旅游资源种类多样。

1. 按乡村旅游资源基本属性的分类法

（1）农业资源。

农业资源包括种植业、林业、牧业、副业和渔业五业的农事活动、农民生活、农业生态和农业收获物等。受地理条件和历史条件的影响，人们在生产生活中逐渐形成了适合不同地域特点的生产生活方式。如北方粮食作物以小麦为主，南方粮食作物以水稻为主；北方经济作物以甜菜、大豆、谷子、棉花、玉米、花生为主，南方经济作物以油菜、甘蔗、天然橡胶、柑橘、茶为主；面食是北方人的主食，米饭是南方人的主食；北方人粗犷，而南方人细腻。南、北方呈现出的不同生产、生活特点，再加上农作物品种的不同，呈现出不同色块、季相、层次等变化、动态美景，形成了别样的风光，极富观赏价值。

农业生产有传统农业生产与现代农业生产之分，主要区别在于采用不同的生产方式、使用不同的劳动工具、具有不同的生产效率。现代的农业生产代表了现代化生产的方向与科技的强大力量，但游客到乡村感受以精耕细作为主要特点的传统农业生产，却能够在"天人合一"的景象中感受传统文明的气息，并在参与耕种、栽树、放牧、捕鱼、农产品收摘和加工中，在深入到乡村生活"吃农家饭、住农家屋"与农民同劳动中，享受农村自然恬静的生活，并在离开时还能够将原汁原味的、用传统生产方式生产的新鲜农产品带回家。

在我国许多地方都还保留着刀耕火种、水车灌溉、围湖造田、鱼鹰捕鱼、采藕摘茶等传统地方性的生产生活方式。这是一种自然型的生产、生活活动，其悠然自得的状态非常适合城市人缓解紧张情绪的要求。

无论是什么样的乡村田园风光，也无论是什么样的农业生产方式，只要能够吸引城市游客到乡村来进行旅游活动的吸引物，都是重要的乡村旅游资源。

（2）乡村自然景观资源。

乡村自然景观资源基本上是天然赋存的，包括乡村地质地貌、水文、气象气候景观、土壤及乡间丰富的动植物资源等。不同的乡村自然景观资源及其组合构成了乡村景观的基底和背景。它们往往具有地带性分布规律，并对乡村景观的形成起了巨大的作用。

地质地貌对乡村的宏观外貌起着决定作用，海拔的高低、地形的起伏决定了乡村景观的类型，如江南平原地区的水乡景观、云贵高原山区的梯田景观等。自然起伏形成的岭谷，不仅让视觉形象相互映衬，而且也为登山、采蘑菇、采野果等活动提供了场地。

水文条件影响了农业类型、水路交通、聚落布局等。水是乡村旅游中的点睛要素，包括景观用水和游憩用水两个部分。清洁、明亮的水体不仅能吸引旅游者的目光，还能引得他们嬉戏其中，而且好的水质也能佐证当地良好的生态环境。乡村的小溪、沟渠、坝塘、湖泊都可以开发成为吸引乡村旅游者的资源。

气候条件影响着动植物分布、土地类型、耕作制度及民居类型。乡村地域清新的空气蕴藏着泥土的芳香，往往成为旅游者留恋的条件之一。因此在很多气候条件好的地区，利用气候资源发展了乡村旅游。例如，贵州省遵义市桐梓县大河镇七二村地处 210 国道桐梓县凉垭路段，因村民聚居在号称"神州第一弯"的七十二道拐而得名。为帮助村民致富，当地充分挖掘生态、气候条件，转变村民观念发展乡村旅游，面朝重庆卖凉爽。至 2012 年 9 月底，七二村已有乡村旅游避暑点 32 家。据大河镇党委副书记吴昊介绍，2012 年暑期 3 个月，七二村共计接待重庆游客 4 000 余人，乡村旅游收入 2 400 万元，平均每户收入超过 80 万元①。

土壤条件直接影响农业生产的布局，形成了各具特色的森林景观、农田景观、草原景观等。我国地域辽阔，各个地区的气候、温度、水分等自然地理条件的差异较大，土壤所含的矿物质也不同，导致了各地土壤呈现的颜色不同。北方地区多黑土和黄土，南方地区多红壤、黄壤，四川盆地的土壤呈紫色。不同的土壤类型也能吸引乡村旅游者的视线，如云南东川红土地就以其广袤的砖红壤成为摄影爱好者的天堂。

乡村生物资源除了可以用于旅游观赏外，还可以用于旅游体验。如在农家乐主题活动中，可以瓜果时节为主题，如南瓜艺术节、西瓜艺术节、珍奇蔬菜文化节、盆景艺术节、樱桃节等。在学习体验之旅中，学生也可充分利用乡村动植物资源，水果采摘、品尝，看红

---

① 《昔日问题村寨——今变避暑山庄》，见《贵阳晚报》，2012 年 10 月 2 日。

叶，观看农作物切片的组织培养，辨别蝴蝶、飞蛾、杂草等动植物的标本，种花、种植蔬菜，收割稻麦，摘棉花，掰玉米，挖土豆等。利用各种乡土植物、动物开展生态教育、科普教育，成为近年来很多地区开展新兴旅游活动的主题。

（3）乡村文化资源。

乡村文化资源包括地方上的历史人物、知名人士，有特色的农村聚落，民俗活动、宗教信仰活动，当地的服饰、语言，当地传统手工艺，当地传统特色产品，当地的环境，当地居民对旅游者的态度等，都是乡村旅游资源中最具个性和魅力的成分。其中，乡村聚落，由众多单体构成，是旅游者了解乡土文化的实物形式，而且能够形成对乡村旅游者视觉上的冲击，不同的居住形式如帐篷、水村、土楼、吊脚楼和窑洞，成为地区之间的重要区别。乡村民族服饰，由于具有较强的适用性和地方特色，往往成为销路较好的旅游商品。不同的穿着打扮，如苗族妇女多穿百褶裙、布依族男性多穿青色或蓝色对襟上衣和长裤、彝族无论男女老幼经常披羊毛织的披衫"瓦拉"，构成了多样化的、丰富多彩的乡村旅游景观。少数民族的语言，特别是美好的祝词，往往是乡村旅游者学习的"热点"。经营者、服务人员较浓的乡音，既是区别于城市的符号，又是乡村特色的体现。乡村环境，包括各种基础设施、精神风貌、人文环境、社会治安及环境卫生等，决定着旅游者的旅游体验，是吸引、留住旅游者的重要因素，也是旅游活动得以顺利开展的基础。

2. 按乡村旅游资源存在形态的分类法

（1）有形乡村旅游资源。

有形乡村旅游资源是乡村旅游资源中游客能够亲身观察到的具体的事物和现象，如乡村山水、植被、农业梯田、渔场、牧场等有形景观；农作物、牲畜、林木、聚落、交通工具、人物、服饰等有形物质。不同资源及其组合，形成了不同乡村景观的外部特征，如竹楼、大榕树、水稻田、水牛，身着对襟短袖衫和宽肥长裤的男子，身穿浅色窄袖大襟短衫和筒裙的女子，小乘佛教寺庙等，构成了傣族乡村特有的景观；又如山、水、风雨桥、鼓楼、吊脚楼、筒裙、水田等构成了侗乡独有的民族风情。

（2）无形乡村旅游资源。

无形乡村旅游资源是乡村旅游资源中不能被人们直接通过感官感知的、无形的、非物质的成分，如乡村居民的思想意识、道德情操、价值观念、心理特征、思维方式、民族性格、历史沿革、风俗习惯、宗教信仰等。这些东西虽然是无形的，但游客可以亲身体会到它们的魅力。它们构成了乡村旅游资源的核心，是乡村旅游资源的灵魂和精髓所在。

3. 按乡村旅游资源环境的分类法

根据乡村旅游资源环境，可将乡村旅游资源分为五大类。

（1）山水环境资源。

山水环境资源是以山岳、河流、溪谷等地质、地貌、水文等自然环境为基础形成的山水景观资源。这类资源构建了"山水型旅游新农村"。

（2）生态环境资源。

生态环境资源是以绿色植被为依托形成的环境资源。特别是有较好森林覆盖的乡村，成为了天然氧吧，形成了良好的生态环境基础，构建了"生态型旅游新农村"。

（3）田园环境资源。

田园环境资源是以乡村田园的农耕风貌为特色形成的田园景观资源。田园环境资源形成的优美乡村田园农耕景致，构建了"田园型旅游新农村"。

（4）村落环境资源。

村落环境资源是以古村落、古街、古巷、古民居、特色民居、特色村庄建筑、新型特色村落建筑、民俗风俗习惯等文化为基础构成的独特的村落景观资源。村落环境资源形成了村落景观基础，构建了"村落型旅游新农村"。

（5）经济产出资源。

经济产出资源是以果林、花卉、大棚、药材、牛羊牲畜、鱼塘、简单副食品加工等农作物、经济作物、农副产品加工、畜牧业、渔业等为依托，形成的独特的景观环境和经济产出基础资源。这类资源构建了"新农产业型旅游新农村"。

4. 按旅游资源国家标准的分类法

2003年2月24日，我国国家质量监督检验检疫总局发布了国家标准《旅游资源分类、调查与评价》（GB/T 18972-2003），并于2003年5月1日开始实施。该标准规定了旅游资源类型体系，以及旅游资源调查、等级评价的技术与方法。在该标准中，旅游资源被划分为8主类、31亚类、155种基本类型（见表2-1-1）。

表 2-1-1　旅游资源分类表

主类	亚类	基本类型
A 地文景观	AA 综合自然旅游地	AAA 山丘型旅游地　AAB 谷地型旅游地　AAC 沙砾石地型旅游地　AAD 滩地型旅游地　AAE 奇异自然现象　AAF 自然标志地　AAG 垂直自然带
	AB 沉积与构造	ABA 断层景观　ABB 褶曲景观　ABC 节理景观　ABD 地层剖面　ABE 钙华与泉华　ABF 矿点矿脉与矿石积聚地　ABG 生物化石点
	AC 地质地貌过程形迹	ACA 凸峰　ACB 独峰　ACC 峰丛　ACD 石（土）林　ACE 奇特与象形山石　ACF 岩壁与岩缝　ACG 峡谷段落　ACH 沟壑地　ACI 丹霞　ACJ 雅丹　ACK 堆石洞　ACL 岩石洞与岩穴　ACM 沙丘地　ACN 岸滩
	AD 自然变动遗迹	ADA 重力堆积体　ADB 泥石流堆积　ADC 地震遗迹　ADD 陷落地　ADE 火山与熔岩　ADF 冰川堆积体　ADG 冰川侵蚀遗迹
	AE 岛礁	AEA 岛区　AEB 岩礁
B 水域风光	BA 河段	BAA 观光游憩河段　BAB 暗河河段　BAC 古河道段落
	BB 天然湖泊与池沼	BBA 观光游憩湖区　BBB 沼泽与湿地　BBC 潭池
	BC 瀑布	BCA 悬瀑　BCB 跌水
	BD 泉	BDA 冷泉　BDB 地热与温泉
	BE 河口与海面	BEA 观光游憩海域　BEB 涌潮现象　BEC 击浪现象
	BF 冰雪地	BFA 冰川观光地　BFB 常年积雪地

续表 2-1-1

主类	亚类	基本类型
C 生物景观	CA 树木	CAA 林地　CAB 丛树　CAC 独树
	CB 草原与草地	CBA 草地　CBB 疏林草地
	CC 花卉地	CCA 草场花卉地　CCB 林间花卉地
	CD 野生动物栖息地	CDA 水生动物栖息地　CDB 陆地动物栖息地　CDC 鸟类栖息地　CDD 蝶类栖息地
D 天象与气候景观	DA 光现象	DAA 日月星辰观察地　DAB 光环现象观察地　DAC 海市蜃楼现象多发地
	DB 天气与气候现象	DBA 云雾多发区　DBB 避暑气候地　DBC 避寒气候地　DBD 极端与特殊气候显示地　DBE 物候景观
E 遗址遗迹	EA 史前人类活动场所	EAA 人类活动遗址　EAB 文化层　EAC 文物散落地　EAD 原始聚落
	EB 社会经济文化活动遗址遗迹	EBA 历史事件发生地　EBB 军事遗址与古战场　EBC 废弃寺庙　EBD 废弃生产地　EBE 交通遗迹　EBF 废城与聚落遗迹　EBG 长城遗迹　EBH 烽燧
F 建筑与设施	FA 综合人文旅游地	FAA 教学科研实验场所　FAB 康体游乐休闲度假地　FAC 宗教与祭祀活动场所　FAD 园林游憩区域　FAE 文化活动场所　FAF 建设工程与生产地　FAG 社会与商贸活动场所　FAH 动物与植物展示地　FAI 军事观光地　FAJ 边境口岸　FAK 景物观赏点
	FB 单体活动场馆	FBA 聚会接待厅堂（室）　FBB 祭拜场馆　FBC 展示演示场馆　FBD 体育健身馆场　FBE 歌舞游乐场馆
	FC 景观建筑与附属型建筑	FCA 佛塔　FCB 塔形建筑物　FCC 楼阁　FCD 石窟　FCE 长城段落　FCF 城（堡）　FCG 摩崖字画　FCH 碑碣（林）　FCI 广场　FCJ 人工洞穴　FCK 建筑小品
	FD 居住地与社区	FDA 传统与乡土建筑　FDB 特色街巷　FDC 特色社区　FDD 名人故居与历史纪念建筑　FDE 书院　FDF 会馆　FDG 特色店铺　FDH 特色市场
	FE 归葬地	FEA 陵区陵园　FEB 墓（群）　FEC 悬棺
	FF 交通建筑	FFA 桥　FFB 车站　FFC 港口渡口与码头　FFD 航空港　FFE 栈道
	FG 水工建筑	FGA 水库观光游憩区段　FGB 水井　FGC 运河与渠道段落　FGD 堤坝段落　FGE 灌区　FGF 提水设施
G 旅游商品	GA 地方旅游商品	GAA 菜品饮食　GAB 农林畜产品与制品　GAC 水产品与制品　GAD 中草药材及制品　GAE 传统手工产品与工艺品　GAF 日用工业品　GAG 其他物品

续表 2-1-1

主类	亚类	基本类型
H 人文活动	HA 人事记录	HAA 人物　HAB 事件
	HB 艺术	HBA 文艺团体　HBB 文学艺术作品
	HC 民间习俗	HCA 地方风俗与民间礼仪　HCB 民间节庆　HCC 民间演艺　HCD 民间健身活动与赛事　HCE 宗教活动　HCF 庙会与民间集会　HCG 饮食习俗　HCH 特色服饰
	HD 现代节庆	HDA 旅游节　HDB 文化节　HDC 商贸农事节　HDD 体育节

资料来源：国家质检总局：《旅游资源分类、调查与评价》（GB/T l8972—2003），2003 年 2 月 24 日。

以上《旅游资源分类表》（表 2-1-1）基本涵盖了旅游资源的种类，各地乡村旅游资源也多被包含其中，但因地区不同而种类有所差异。

我国地域辽阔、地域类型多样，造就了丰富多彩的乡村旅游资源，为我国乡村旅游的发展奠定了坚实的基础。

二、乡村旅游资源的特征

（一）地域性

由于地球上自然环境和社会环境的地域差异，形成了乡村旅游资源明显的地域性特征。无论是乡村农业资源、乡村自然景观资源，还是乡村文化资源的种类、分布都受到自然环境、社会环境的影响。例如，南、北方生产生活特点不同；农作物品种不同，呈现出的色块、季相、层次不同。黄土高原的窑洞、内蒙古草原的帐篷和毡房、西南山区的吊脚楼、华北平原的四合院等，都打上了地域差异特征的烙印。由政治、宗教、民族、文化、人口、经济、历史等要素组成的社会环境的差异，形成了不同地域的乡村民俗文化，如民族服饰、信仰、礼仪、节日庆典等。

（二）多样性

乡村旅游资源内容丰富，类型多种多样，既有乡村自然景观资源，又有乡村文化资源；既包括有形的乡村旅游资源，又包括无形的乡村旅游资源。农区、林区、牧区、渔村的建筑、生物资源、耕作习俗、农业产品、生活生产用品、手工艺品等不同的农业景观、聚落景观，自然界水光山色、森林草原、奇石异洞、荒漠戈壁，不同民族、不同文化丰富多彩的民俗风情等，都为乡村旅游的发展提供了多样的旅游资源。

（三）民族性

在很多少数民族地区，地理环境闭塞，交通不便，给各族人民的交流带来了不少困难。同时，也形成了即使是一个相同的民族，分布在相距很远的两地，但因长期缺乏交流，各自保持和延续着各自的文化传统和生活习惯，形成了形形色色的、各不相同的风俗习惯。这使传统的原汁原味的民族文化能较完整地保留下来，导致乡村民俗文化的多样性，而民族文化是乡村旅游资源的重要内容，越是民族性强的旅游资源，对乡村旅游者越具有吸引力。

（四）季节性

随着四季的变化，自然环境、农业生产和社会生活都会呈现季节变化，具有明显的季节性。春耕、秋收；夏夜蛙鸣、蝉噪，秋天虫唱、鸟鸣；春天山花烂漫，冬季白雪皑皑；四月梧桐花，五月洋槐花，六月楝子花；"三月三"节、"四月八"节、"六月六"节；端节、卯节、"火把节""盘王节"，等等，都在周而复始。乡村旅游资源的季节性丰富了乡村旅游的内容，为乡村旅游一年四季的开展奠定了基础。

（五）文化性

各种乡村旅游资源都具有一定的文化内涵，都蕴藏着一定的科学性和自然的或社会的哲理。乡村特色元素将乡村的特色文化和传统文化展示出来，增强了乡村旅游的魅力和吸引力，为城市游客到乡村学习科学知识、探索自然奥秘和丰富历史知识提供了条件。如农园（田园、果园、茶园、花卉植物园、林园等）、农业科技示范园、农业生态示范园、科普示范园，在使乡村旅游者感受真切的自然生机、田园风光的同时，以浓缩的典型农业模式，传授农业知识；民族服饰、乡村生产工具、历史文化遗迹，能够使乡村旅游者了解乡村特有的文化背景，了解民族风情；古镇老街、乡村古民居、现代新型民居，能够使乡村旅游者了解乡村建筑文化、地域文化和民族文化。

三、乡村旅游资源的调查和评价

乡村旅游资源的调查和评价是乡村旅游资源开发的前提。

乡村旅游资源的调查是乡村旅游资源评价的前期工作，是为了查明可供乡村旅游利用的资源状况而对乡村旅游资源单体进行的研究和记录，注重对乡村旅游资源单体的深入了解和基本信息的掌握，其目的在于全面、系统地掌握乡村旅游资源的数量、质量、分布、组合、成因、开发利用状况以及价值功能等，为乡村旅游资源的评价打下基础。

乡村旅游资源的评价是在乡村旅游资源调查的基础上进行的深层次研究工作；是在注重对乡村旅游资源单体分析的基础上相互比较、综合分析，从而得出对乡村旅游资源整体认识的过程；是从合理开发、利用和保护乡村旅游资源以取得效益最大化的角度出发，采取一定的方法，对乡村旅游资源本身的价值以及外部开发条件等进行综合评判和鉴定的过程。通过对乡村旅游资源的评价确定乡村旅游资源的质量水平，评估乡村旅游资源在旅游地开发建设中的地位，确定旅游地的性质，为乡村旅游地的发展提供决策性依据。

无论是乡村旅游资源的调查，还是乡村旅游资源的评价，都必须具有科学性、客观性、准确性、联系性和整体性。在进行乡村旅游资源调查和评价时，不仅需要注重乡村旅游资源单体的调查与评价，而且更需要联系生态环境和社会环境，并把乡村旅游资源和生态环境、社会环境作为一个整体来进行分析和评价。只有这样才能为决策者提供有意义的开发信息。

乡村旅游资源调查和评价包括三方面的内容，即对乡村旅游资源单体、生态环境、社会环境的调查和评价。

（一）乡村旅游资源单体的调查和评价

1. 乡村旅游资源单体调查

（1）调查内容。

乡村旅游资源的单体调查，主要是对乡村旅游资源单体的性质和特征的调查，包括对乡村旅游资源的外观形态和结构、内在性质、组成成分、规模与体量、成因机制与演化过程，以及与乡村旅游资源形成、演化、存在有密切关系的历史人物与事件等关联事物的调查。由于乡村旅游资源的单体各异，调查时应因地而异进行。

（2）调查程序。

乡村旅游资源调查通常分三个阶段进行。

第一阶段，准备阶段。调查准备阶段是整个调查工作的基础，主要包括以下步骤。

①成立调查小组。调查小组一般由承担乡村旅游资源调查工作的部门或单位，如旅游局、科研机构、调查机构等负责组建，吸收旅游、环境保护、地学、生物学、建筑园林、历史文化、旅游管理等方面的专业人员参与。

②收集有关资料。在调查之前，一是收集现有的与调查区相关的各种背景资料，包括调查区的自然条件及地理环境资料、环境质量资料、现有基础设施资料、社会经济资料等；二是收集调查区内与旅游资源有关的二手资料，包括各种书籍、报刊、宣传材料上的有关旅游资源的资料和旅游主管部门或研究人员保留的有关资料等；三是收集调查区的地图资料，包括地理区位图、地形图、土地利用现状图等。

第二阶段，实地调查阶段。这一阶段的主要任务是在准备工作的基础上，由调查人员获得调查区域内旅游资源详尽的第一手资料。按照调查目的和要求的不同，旅游资源调查可以分为旅游资源普查和旅游资源详查。

旅游资源普查，即对调查区内的旅游资源进行详细、全面地调查，从而形成对区内的旅游资源状况的总体认识，并在地图上标出各旅游资源的位置。

旅游资源详查，即在旅游资源普查的基础上，对具有开发潜力的旅游资源进行详查。不但要查明旅游资源的成因、开发价值等，还应对旅游资源开发所需要的外部条件进行系统调查，以便确定旅游资源的开发重点和方向。

第三阶段，整理总结阶段。在此阶段，要对收集到的资料和数据进行整理，查漏补缺。然后，完成旅游资源地图的编制和旅游资源调查报告的编写工作，为下一步的旅游评价提供基础资料[①]。

2. 乡村旅游资源单体评价

正确、客观、科学地评价乡村旅游资源单体是乡村旅游开发的基础和前提，评价的准确

---

① 赵长华，吴本：《旅游概论（第3版）》，旅游教育出版社2008年版。

性将直接关系到开发前景。

（1）一般评价。

对乡村旅游资源的一般评价，可从以下方面进行。

①美学观赏性。旅游的基本形式是观光，观光是旅游者鉴赏美的活动。乡村旅游也同样如此，优美的自然环境和事物是其开发的首要条件。任何一个旅游者进行旅游的首要目的就是观赏目的地自然的美和事物的美。都市人来到乡村旅游首先是体验田园风光的美和事物的纯洁美。

②规模与组合。旅游资源的规模表现在数量、质量及占地面积的大小等方面。一定规模的旅游资源才具有较高的旅游价值。旅游资源组合是指各类资源在地域上的组合状况。一是指自然资源与人文资源的结合与补充情况；二是指各要素的组合与协调性；三是指景观的集聚程度。旅游资源的组合程度越高，其开发价值越大。

③旅游功能。旅游功能是指旅游资源能够满足某种旅游活动需要的作用，如观赏、探险、体验等。一项旅游资源若兼有两种或两种以上的旅游功能，能够吸引多个游客群体，宜于进行多种旅游活动，那么其价值就更大。

（2）特色评价。

特色是旅游之魂，也就是"与众不同""唯我独有""人有我优""人优我特"的特征，是旅游资源之所以能吸引旅游者前往的关键性因素。因此，要达到对资源的综合利用并进行重点开发，需要在资源中寻找特色资源。旅游吸引物及其周围环境与客源市场的差异越大，特色就越鲜明，对旅游者的吸引力就越强，旅游资源的价值就越高。一般来说，能够满足以下四种特性中任何一项的都可以被列入当地特色资源并实施重点开发。

第一，独特性。有××（全国、全省、地区等）之最的资源。

第二，类型丰富性。旅游区内拥有较完备的各种类型资源，能够充分满足游客单位时间内最大信息接收量的要求。

第三，质量高。具有较高的美学价值和保护价值，可以从独特性、珍稀度、古悠度、知名度、保存度等方面进行衡量。

第四，"名人效应"。能够挖掘出历史上或现实生活中与人们耳熟能详的相关事物[1]。

当然，强调特色不等于开发单一性的旅游资源，应在突出特色的基础上，围绕重点项目，不断增添新项目，丰富旅游活动内容，以满足旅游者多样化的消费需求。

（3）旅游资源共有因子综合评价。

《旅游资源分类、调查与评价》（GB/T 18972－2003）国家标准规定了8主类、31个亚类、155个基本类型的旅游资源类型体系及旅游资源调查、等级评价的技术与方法，是进行旅游资源调查的实用性、可操作性和科学性都很强的技术标准。在乡村旅游资源单体调查的基础上，可根据该系统的评价赋分标准和评价等级进行评价，详见《旅游资源评价赋分标准表》（表2-1-2）。

---

[1] 唐代剑，池静：《中国乡村旅游开发与管理》，浙江大学出版社2005年版。

表 2-1-2　旅游资源评价赋分标准表

评价项目	评价因子	评价依据	赋值
资源要素价值（85分）	观赏游憩使用价值（30分）	全部或其中一项具有极高的观赏价值、游憩价值、使用价值	22～30
		全部或其中一项具有很高的观赏价值、游憩价值、使用价值	13～21
		全部或其中一项有较高的观赏价值、游憩价值、使用价值	6～12
		全部或其中一项具有一般观赏价值、游憩价值、使用价值	1～5
	历史文化科学艺术价值（25分）	同时或其中一项有世界意义的历史价值、文化价值、科学价值、艺术价值	20～25
		同时或其中一项有全国意义的历史价值、文化价值、科学价值、艺术价值	13～l9
		同时或其中一项有省级意义的历史价值、文化价值、科学价值、艺术价值	6～l2
		历史价值、或文化价值、或科学价值，或艺术价值具有地区意义	1～5
资源要素价值（85分）	珍稀奇特程度（15分）	有大量珍稀物种，或景观异常奇特，或此类现象在其他地区罕见	13～l5
		有较多珍稀物种，或景观奇特，此类现象在其他地区很少见	9～12
		有少量珍稀物种，或景观突出，或此类现象在其他地区少见	4～8
		有个别珍稀物种，或景观比较突出，或此类现象在其他地区较多见	1～3
	规模、丰度与几率（10分）	独立型旅游资源单体规模、体量巨大；集合型旅游资源单体结构完美、疏密度优良级；自然景象和人文活动周期性发生或频率极高	8～10
		独立型旅游资源单体规模、体量较大；集合型旅游资源单体结构很和谐、疏密度良好；自然景象和人文活动周期性发生或频率很高	5～7
		独立型旅游资源单体规模、体量中等；集合型旅游资源单体结构和谐、疏密度较好；自然景象和人文活动周期性发生或频率较高	3～4
		独立型旅游资源单体规模、体量较小；集合型旅游资源单体结构较和谐、疏密度一般；自然景象和人文活动周期性发生或频率较小	1～2
	完整性（5分）	形态与结构保持完整	4～5
		形态与结构有少量变化，但不明显	3
		形态与结构有明显变化	2
		形态与结构有重大变化	1
	知名度和影响力（10分）	在世界范围内知名，或构成世界承认的名牌	8～10
		在全国范围内知名，或构成全国性的名牌	5～7
		在本省范围内知名，或构成省内的名牌	3～4
		在本地区范围内知名，或构成本地区名牌	1～2

续表 2-1-2

评价项目	评价因子	评价依据	赋值
资源要素价值（85分）	适游期或使用范围（5分）	适宜游览的日期每年超过 300 天，或适宜于所有游客使用和参与	4～5
		适宜游览的日期每年超过 250 天，或适宜于 80% 左右游客使用和参与	3
		适宜游览的日期每年超过 150 天，或适宜于 60% 左右游客使用和参与	2
		适宜游览的日期每年超过 100 天，或适宜于 40% 左右游客使用和参与	1
附加值	环境保护与环境安全	已受到严重污染，或存在严重安全隐患	-5
		已受到中度污染，或存在明显安全隐患	-4
		已受到轻度污染，或存在一定安全隐患	-3
		已有工程保护措施，环境安全得到保证	3

资料来源：国家质检总局：《旅游资源分类、调查与评价》（GB/T 18972—2003），2003 年 2 月 24 日。

通过《旅游资源评价赋分标准表》（表 2-1-2）对旅游资源单体进行评价后，根据旅游资源获得的评价总分，将其分为五级，从高级到低级为：

五级旅游资源，得分值域≥90 分；

四级旅游资源，得分值域≥75～89 分；

三级旅游资源，得分值域≥60～74 分；

二级旅游资源，得分值域≥45～59 分；

一级旅游资源，得分值域≥30～44 分。

其中，五级旅游资源称为"特品级旅游资源"；四级、三级旅游资源被通称为"优良级旅游资源"；二级、一级旅游资源被通称为"普通级旅游资源"；得分≤29 分的，为未获等级旅游资源。

（二）乡村旅游资源生态环境的调查和评价

乡村旅游生态环境指依托乡村旅游目的地的大气、水体、土地、生物及地质、地貌等组合而成的综合体。环境优美，气候宜人，乡村旅游生态环境良好，是吸引游客到乡村来旅游的重要因素。而气候恶劣，灾害频繁，乡村旅游生态环境差，将直接影响游客的生命财产安全，直接影响旅游资源的开发及其效益，是游客进行乡村旅游的限制性因素。乡村旅游资源生态环境的调查与评价，可参考《乡村生态环境质量评价表》（表 2-1-3）中的因素、因子及评价指标。

表 2-1-3 乡村生态环境质量评价表

因 素	因 子	评价指标
气象气候条件	温度	平均气温、日温差、年积温、年均温度和月均温度
	湿度	年平均相对湿度、旅游季节平均相对湿度
	太阳辐射	辐射强度、冬季与夏季太阳辐射、季节分布、日照天数和平均日照时间
	气象灾害	沙尘暴、暴雨、暴雪、霜冻和冰雹等
生物资源条件	动物	动物数量与密度、物种丰富度与多样性指数、自然增长率、当地动物特产
	植物	植被覆盖率、植物丰富度与多样性指数、林木蓄积量、人工/天然植被组成、当地农作物及植物特产
水源条件	地面水	水域面积、总量、水质、水体气味
	地下水	地下水总量、水位、水质及供需状况
	降水	年降水量、季节分布
	污水废物处理情况	当地污水废物年产量、当地处理设施及处理能力
环境污染	大气污染	有害微生物、大气悬浮颗粒等
	土壤污染	有机污染物、土壤重金属含量、土壤污染强度
	水污染	水体污染率、污染指数
	噪音污染	生活噪声、交通噪声、昼间与夜间及突发性噪声
	环境保护措施	环保设施占有量、资金投入量、环保人员比例、游人与当地公众环保意识
土地条件	土地利用	土地总面积、各种性质土地比例情况、农田转为旅游设施面积
	农业生产	资源利用率、投入产出比
	农产品生产	劳动生产率、农产品商品率、粮食单产、人均粮食占有率、食品安全性、农产品绿色及无公害程度

资料来源：唐代剑，池静：《中国乡村旅游开发与管理》，浙江大学出版社 2005 年版。

（三）乡村旅游资源社会环境的调查和评价

乡村旅游资源社会环境主要是指乡村旅游资源依托地的政治局势、社会治安情况、卫生及健康情况、当地居民对游客的态度以及各项配套服务情况等。稳定的政治局势，良好的社会治安，整洁干净的卫生状况，热情好客的当地居民，古朴、具有亲情味和乡土味的食宿服务，完善的交通、水电、邮电通信等，对乡村旅游资源的开发和乡村旅游业的发展有积极的促进作用。乡村旅游资源社会环境的调查与评价，可参考《乡村社会环境质量评价表》（表2-1-4）中的因素、因子及评价指标。

表 2-1-4　乡村社会环境质量评价

因　素	因　子	评价指标
社会因素	当地社会状况	人口密度与素质、文盲率、贫困率、参与人数、农村脱贫速率、居民文化素质提高速率、人口增长率
	人文环境	地方文化习俗、民族文化多样性、民族习俗、历史人文景观
	社会地域容量	游人满意度、当地人民适宜度
	公共卫生	环境整洁情况、卫生监督合格率、患病率、公共卫生设施设备
	社会安全	旅游地犯罪率
经济因素	生活水平	人均 GDP、旅游收入、农副产品收入、恩格尔系数
	效益水平	旅游产值比率、人均利税率、资源利用率、研究与开发经费比率
	科技管理	科技投入、科技成果转化率、服务水平及服务质量

资料来源：唐代剑，池静：《中国乡村旅游开发与管理》浙江大学出版社 2005 年版。

一般来说，"环境的质量和容量"是评价乡村旅游资源生态环境、乡村旅游资源社会环境的重要指标。吸引旅游者到乡村来旅游的不仅是乡村旅游资源本身，更重要的是乡村旅游资源环境。远离城市嚣尘的旅游者来到大自然的怀抱是要体验乡村的悠闲和自在，而贫瘠的土地、污染的河流、肮脏的环境是不会让旅游者产生兴趣的。但是，乡村旅游目的地对旅游者的接待并非越多越好，超过了合理的旅游环境容量，最终只会得不偿失。旅游环境容量是指在不致严重影响旅游资源特性、质量及旅游者体验的前提下，旅游资源的特质和空间规模所能连续维持的最高旅游利用水平。当然，在充分满足上述条件下，旅游环境容量大者，旅游资源价值就高。

实训环节

【实训目的】

1. 学以致用，将课堂上学到的乡村旅游资源调查与评价方法运用到实际之中。
2. 培养学生良好的资源认知能力和与人相处的能力。
3. 及时发现学生存在的疑难问题，并进行及时补救。

【实训要求】

完成当地某一乡村旅游地的农业资源、乡村自然景观资源和乡村文化资源的调查与评价，以《乡村旅游资源调查计划书》《乡村旅游资源调查表》和《乡村旅游资源调查报告》的形式完成实训任务。

【实训组织】

1. 将全体学生分成三个小组，并由小组成员推举一名小组长。
2. 三个小组长随机抽取调查任务，每一小组负责对农业资源、乡村自然景观资源和乡村文化资源中的一种资源进行调查和评价。

3. 各组针对所调查的资源类型写出《乡村旅游资源调查计划书》，设计《乡村旅游资源调查表》和进行乡村旅游资源调查和评价，写出《乡村旅游资源调查报告》。

【实训成绩评定】

对三个小组的《乡村旅游资源调查计划书》《乡村旅游资源调查表》和《乡村旅游资源调查报告》进行比较、评价，并将各组这三项成绩的平均成绩作为本组每个学生的实训成绩。

思考与练习

1. 如何定义乡村旅游资源？怎样对乡村旅游资源进行分类？
2. 乡村旅游资源有哪些特征？
3. 为什么要对乡村旅游资源进行调查和评价？
4. 怎样进行乡村旅游资源的单体调查和评价？
5. 乡村旅游目的地对旅游者的接待是越多越好吗？为什么？

第二节　乡村旅游开发模式

任务描述

通过本节的学习与训练，掌握各乡村旅游开发模式的特点；了解不同的乡村旅游开发模式产生于不同的乡村旅游环境、条件和发展阶段；判断乡村旅游开发模式；理解旅游目的地应该结合自身资源环境、社会经济等各方面情况，选择适合当地乡村旅游发展、能促进当地农民增收、实现乡村旅游可持续发展的开发模式。

【知识目标】

1. 了解乡村旅游开发模式的类别和合理选择乡村旅游开发模式的意义。
2. 掌握各乡村旅游开发模式的特点。

【能力目标】

能够判断乡村旅游开发模式。

【素质目标】

1. 培养学生乐于探究的意识。
2. 培养学生具体问题具体分析的能力。

任务组织与实施

1. 知识讲解。通过对参与形式不同的乡村旅游开发模式、开发协调机制两大内容体系的讲解，使学生逐渐掌握各乡村旅游开发模式的特点，了解不同的乡村旅游开发模式产生于不同的乡村旅游环境、条件和发展阶段，理解旅游目的地应该结合自身情况，选择适合当地乡村旅游的开发模式。

2. 组织学生实训。让学生学以致用，理论联系实际。

3. 任务评价。对学生实训的结果进行评价，指出学生存在的不足。

案例导读

天龙屯堡的开发模式

贵州省安顺市平坝县天龙镇从 2001 年 9 月开始开发乡村旅游，政府负责乡村生态旅游的规划和基础设施建设，优化发展环境；旅游公司负责经营管理和商业运作；旅行社负责开拓市场，组织客源；农民旅游协会负责协调公司与农民的利益，负责组织村民维护和修缮各自的传统民居，负责组织村民参与乡村旅游服务；农户负责维护和修缮各自的传统民居，参与地方戏的表演，提供住宿餐饮、导游、工艺品制作等旅游服务。

乡村旅游的开发，推进了天龙镇农村产业结构的调整，提供了就业机会，提高了农户的收入，并最大限度地保存了当地文化的真实性，使古老的民族文化呈现出勃勃生机。

资料来源：郑群明：《我国西部乡村旅游开发研究——参与式乡村旅游开发的意义与模式》。

【思考】

在天龙镇的乡村旅游开发中，有哪些开发主体参与开发？各主体的责任是什么？这样分工有什么好处？

基本知识

对于"模式"一词有多种说法，《现代汉语词典》将它解释为"某种事物的标准形式或使人可以照着做的标准样式"。在乡村旅游的发展过程中，各地已经总结的乡村旅游开发模式，都有一定的发展规律和特点。成功的乡村旅游开发模式其共同点大致在于合理利用了各方面的资源优势，兼顾了各利益主体的利益，成功调动了各方的积极性，满足了乡村旅游者不同的旅游需求，有效地推动了乡村旅游的持续发展。了解乡村旅游的开发模式，不是为了照着某种模式去开发，而是为了在了解各种模式发展规律和特点的基础上，根据当地特色资源和市场需求，尊重各地农民的首创精神，保持乡村旅游发展的多样性，探索出适合本地发展的乡村旅游开发模式，避免开发同质化、建设标准化、模式单一化。

一、参与形式不同的乡村旅游开发模式

根据我国现有的乡村旅游开发情况，并借鉴国外乡村旅游开发模式，从乡村旅游参与的角度可将乡村旅游的开发模式分为以下七种。

（一）"分散、自主经营"模式

乡村旅游的分散、自主经营模式，就是由乡村旅游资源的所有者来直接经营，在自发的基础上，以单体业户为单位，分散自主经营，项目的所有权、经营权合一的一种乡村旅游经营模式。其表现往往是在一个村庄，由许许多多的个体业户各自经营乡村旅游业务，一般是提供餐饮、住宿或休闲、娱乐服务。业户多了，则由小业户形成大组群，而村庄一般没有统一的乡村旅游管理机构。

乡村旅游分散、自主经营模式，一般是乡村旅游发展初期的一种参与经营模式。因投入较少，门槛低，许多地方在财力有限的情况下，被较多的经营者所接受，如乡村旅游发展初期涌现出的四川成都"农家乐"、北京"民俗游"以及沿海地区的"渔家乐"等形式。这种模式，因为经济的直接性，有效调动了农户参与的积极性，使乡村旅游个体经营者不断涌现。因为没有通过委托，或者租赁等方式交给外来企业经营，在一定程度上减少了由于所有权和经营权分离而导致的委托代理问题，以及由此产生的一系列纠纷，避免了与外来经营者的冲突，有利于乡村旅游资源的保护。这种模式因接待量有限而最大限度地保持了乡村文化的原真性，游客低花费就能体验最真的本地习俗和文化，是受欢迎的乡村旅游形式。但是由于受自身经营理念、经济实力等条件的限制，许多经营者面对竞争时无力应对，最终难以经营，或者采取恶性压价等不正当的竞争手段导致经营恶性循环，并在扩大经营规模、产品花样翻新，以及后续发展等方面缺乏资金，难以形成规模化发展。通常该模式旅游的带动效应有限，比较适合小规模的乡村旅游开发。

【资料链接】

上世纪90年代后期（1998年以前），随着北京城市化的迅速发展，城市的生态环境质量不断下降，不少蜗居都市的现代人开始将目光转向具有清新田园风光和浓郁乡土文化气息的乡村，北京的乡村旅游悄然兴起。这一时期北京市乡村旅游的主要特点是：旅游形式以郊区农村观光、学生郊游和农家乐为主；经营方式以农民自主经营为主；乡村旅游所需的基础服务设施极不完善；尚未出现与乡村旅游相关的规范、标准和制度，乡村旅游处于自发发展状态。

资料来源：《北京市乡村旅游发展模式研究》，2009年。

（二）"农户+农户"的伴生模式

"农户+农户"的伴生模式是由农户带动农户、农户间自由组合共同参与乡村旅游开发经营的一种初级早期模式。在一些地区，由于环境相对封闭，村民们的观念比较传统保守。由于缺乏必要的了解，许多农户对企业介入乡村旅游开发有一定的顾虑，不愿把资金或土地

交给公司来经营。他们更希望参与风险最小的旅游开发，更信任那些"示范户"或"开拓户"。所谓"示范户"或"开拓户"，是本村那些较早通过发展乡村旅游富裕起来的农户。在他们的示范带动下，其他的农户陆续加入到乡村旅游的经营中。农户们最初可能只是给这些"示范户"或"开拓户"打工。但当通过向"示范户"或"开拓户"学习，掌握了必要的经验和技术，并有一定的资金积累后，他们开始自己独立经营乡村旅游接待项目。而还没有能力搞接待的农户，就跟这些规模较大的"示范户"或"开拓户"联系，为他们提供接待游客所需的蔬菜、禽蛋、肉食等，形成一个供应链。在经过农户与农户的短暂磨合后，"农户+农户"的乡村旅游开发模式逐渐形成。

这种模式的乡村旅游是在本地"示范户"或"开拓户"的带动下发展起来的，所以不存在与外界企业的利益冲突或文化差异的问题。因此，这种模式的特点与"分散、自主经营"模式相似，只是当村民内部在资源、利益分配不均时，会产生矛盾和冲突。但总的来说，风险比较小。

【资料链接】

在湖南省常德市汉寿县的"鹿溪农家"，从2001年7月起开始开发乡村旅游，最初参与的两户村民成为了当地乡村旅游的"开拓户"。在不到一年的旅游接待中，"开拓户"获纯利8000元，产生了巨大的示范效应。到2003年全村30多户中就有14户条件较好的农户参与了旅游接待服务，还有不少农户为旅游提供特种家禽、绿色蔬菜、山里野菜、生态河鱼等农产品和参与民俗表演，逐渐形成了"家禽养殖户""绿色蔬菜户""水产养殖户"等专业户和旅游服务组织，吸纳了大量富余劳动力，形成了"一户一特色"的规模化产业，顺利调整了农村产业结构，实现了农村经济良性发展。

资料来源：郑群明：《我国西部乡村旅游开发研究——参与式乡村旅游开发的意义与模式》。

（三）"现代个体农庄"的帮带模式

"现代个体农庄"的帮带模式，是以"规模农业个体户"发展起来，以"旅游个体户"的形式出现，通过对自己经营的农牧果场进行改造和旅游项目建设，使之成为一个完整意义的旅游景区（点），能完成旅游接待和服务的旅游开发模式。通过个体农庄的发展，吸纳附近闲散劳动力，并以手工艺、表演、服务、生产等形式加入到服务业中，形成以点带面的发展格局，产生旅游辐射效应。

这种模式可以说是"农户+农户"经营模式中的那些"示范户"的发展方向，或者说是"自主经营户"在规模扩大后的发展道路。虽然没有模式上的更多创新，但也不失为乡村旅游经营综合化的一个方向。

【资料链接】

我国从2007年12月1日起，允许台湾农民在海峡两岸农业合作试验区和台湾农民创业园申办个体工商户，江苏省扬州市、昆山市两地成为首批试验地区。2008年的3月底，江苏省第一个台湾农民个体户詹境福在扬州维扬区创办的"台农农庄"正式对外迎客。

宽阔的水塘，搭建的金黄色垂钓木楼，栽种着莴苣、青菜、豆苗和油菜的田野，正在结果的草莓大棚……詹境福的这个"台农农庄"，租期 20 年、占地 50 亩，在明媚的春日里，散发着浓浓的田园气息。詹境福投资 200 余万元，兴办垂钓、烧烤、草莓采摘等项目，引进台湾的葫瓜、丝瓜、巨峰葡萄等。

扬州有近千台商，过去晚上常常只能在 KTV 消磨时光，现在台商们口口相传，都知道了"台农农庄"这个好去处，一到周末就会带着家人，在土窟上烤烤地瓜，尝一尝家乡的姜母鸭、麻油鸡、鲢鱼火锅，其乐融融。上海人、南京人也来，最多的一天接待了 100 多人。

目前，"台农农庄"已成为扬州人和附近台商们休闲的好去处。

资料来源：中国台湾网：《一纸文件生速效——江苏诞生首个台农民个体农庄》。

（四）"公司＋农户"模式

"公司＋农户"模式是公司直接与农户进行合作，签订合作协议，明确各自的责任、权利和义务的一种乡村旅游开发模式。模式的特征如下。

（1）公司负责开拓客源市场，进行经营管理和销售，根据国家相关规定或公司制订的相关标准，对农户的服务设施进行规范，为农户提供培训、指导、销售等一系列服务，使整个生产和销售"散而不乱"，有组织有计划地进行。

（2）农户充分利用闲置资产、富余劳动力、丰富的农事活动，向游客展示真实的乡村文化，负责提供特色的乡村旅游商品，负责按公司的要求提供服务设施和入户接待服务等生产活动。

（3）开发所需资金，可以通过协商按比例出资，由公司和农户共同承担，也可以采取入股的形式，将农户的房屋等个人财产作价入股，按股份分红。

这种模式，通过公司对农户接待设施和接待服务的规范，实施统一的管理，定期检查，避免了农户的不良竞争和对游客利益的损害，解决了农户小规模经营与市场经济条件下的大市场运作之间的矛盾，把生产、加工、销售有机结合起来，满足农民家庭经营的需要，克服了农户不懂市场的弊端，也解决了公司不易打入乡村内部的短处，扩大了当地的就业，提高了农业生产的技术层次，提高了农民的技术、文化素质。但是，在乡村旅游发展中由于信息的不对称，公司通常处于优势地位，而农户处于弱势地位，加上公司对利润的追求，往往会出现对农户利益的损害。当双方利益产生冲突时，可能以违约方式保证各自的利益，致使模式不稳定性增加。

【资料链接】

毛家峪村位于天津市蓟县东北部，是一个地处深山的小山村，是一个名不见经传的穷沟沟。全村 46 户 168 口人，由于偏僻，交通不便，加上山地多，耕地少，只能靠"春种几垄地，秋摘几筐果"来维持生计，2001 年全村年人均收入还不足 2000 元。但是，毛家峪村在农家院旅游发展过程中，没有盲目跟风，没有盲目效仿，没有盲目照搬，而是充分发挥资源优势，结合实际，因地制宜，走出了一条特色发展之路、旅游致富之路，发展为全国生态旅游示范村。

在乡村旅游的发展过程中，村两委班子利用当地优势，发挥山区特点，大力发展家庭旅游业，制定了"开发资源办旅游，办好旅游促增收"的发展思路，并邀请专家到村考察论证。先后筹集 90 万元，修建恢复了 20 多处旅游景点，推出了果品采摘、睡热炕头、吃农家饭、当山里人等农家旅游项目。2002 年"十一"黄金周期间，旅游取得了"开门红"。全村当年人均收入翻了一番，达到 4 000 元。群众尝到了搞旅游的甜头，发展农家旅店的热情一下子高涨起来。

2005 年，毛家峪村进行大胆尝试，发挥资源优势，利用土地等资源入股，与天津永泰红磡集团达成了合作协议，成立了毛家峪旅游发展有限公司，不仅引进了大量资金，而且引进了该公司一批优秀的管理人才和现代经营理念。同年，永泰红磡集团就在毛家峪村投入资金 1900 万元，开发建设了拓展训练基地，修建了高标准的旅游专用路，完善了全村的供水、供电、通讯、污水处理等基础设施。大公司、大集团的介入，为毛家峪村旅游的发展提供了强大的资金保证，推动了农家院旅游的快速发展。毛家峪全村 46 户全部从事农家院旅游接待，而且还吸纳了部分外村劳动力就业。在经营管理上，毛家峪村对农家院旅游户实行"公司＋农户"的统一管理模式，客源由公司统一管理、统一分配。公司负责组织旅游经营者和接待服务人员进行接待礼仪、客房服务和农家菜肴制作等方面的培训。在日常经营中，严格执行县政府下发的《农家院旅游管理暂行规定》和县旅游局下发的《蓟县农家院旅游服务质量标准》，取得了较好的效果。2005 年，全村接待游客 10 万多人次，旅游收入 500 万元，人均纯收入达到了 1.7 万元，集体积累达到了 1 亿元，全村存款额达到了 600 万元，彻底摆脱了贫困。

资料来源：

1. 国家旅游局：《发展乡村旅游典型案例》，中国旅游出版社 2007 年版。
2. hppt：//baike.baidu.com/。

（五）"政府＋公司＋农户"模式

"政府＋公司＋农户"模式，实际上是在乡村旅游的开发中考虑到"公司＋农户"模式中的风险，强化政府作用的模式。与"公司＋农户"模式相比，"政府＋公司＋农户"模式中的政府作用的发挥范围更广。

在"公司＋农户"中，政府给予乡村旅游宏观的协调和指导，为公司和农户提供良好的环境，对于具体的开发事宜一般不干涉，给公司更大的自主经营权。而在"政府＋公司＋农户"的模式中，县、乡各级政府和旅游主管部门会按市场需求和全县的旅游总体规划，来确定乡村旅游开发的时间、地点和内容，发动当地村民动手实施开发，并在开发过程中进行必要的指导和引导，可以说是政府强化下的"公司＋农户"模式。

在一些偏远的山区发展乡村旅游，当地村民的经验有限、获取信息的能力有限，相对于公司来说处于弱势地位。"政府＋公司＋农户"这种政府指导下的"公司＋农户"的模式，恰好能够在一定程度上克服了上述弱点，因而成为了开发乡村旅游的一种主要模式。

【资料链接】

肇兴侗寨，位于贵州省黔东南苗族侗族自治州黎平县，是黔东南州侗族地区最大的侗族村寨，也是侗族的民俗文化中心。2012 年，肇兴侗寨占地 20 万平方米，居民 1 200 余户，6 000

多人，号称"侗乡第一寨"。肇兴侗寨四面环山，寨子建于山中盆地，一条小河穿寨而过。寨中房屋为干栏式吊脚楼，鳞次栉比，错落有致，全部用杉木建造，古朴实用。肇兴侗寨全为陆姓侗族，分为五大房族，分居五个自然片区，当地称之为"团"，即仁团、义团、礼团、智团、信团。

2002 年，贵州省黔东南苗族侗族自治州黎平县县政府提出了"旅游兴县"战略，把发展旅游业作为促进农民脱贫致富的重大战略来抓。肇兴侗寨成为了第一批实施战略的村寨之一，县政府引进的贵州世纪风华旅游投资有限公司成为了肇兴侗寨旅游开发企业。在旅游开发中，政府负责规划、管理及协调，企业投入资金实行市场运作，同时由政府主导，召集企业、群众共同协商，签订了政府、企业、群众三方公平合理的利益分配协议，形成了"政府主导、企业投资、群众参与"的"政府＋公司＋农户"的乡村旅游开发模式。

这种模式，由企业投资解决了政府在旅游开发上投资不足的问题，用利益分配方式将群众与企业捆在一起，带动了当地群众对乡村旅游业的投资和参与，形成了旅游开发新活力，提高了当地群众保护侗族文化旅游资源的积极性和自觉性，有力地推动了当地经济的发展，促进了农民增收。肇兴侗寨旅游开发前，人均收入为 1 250 元，而到了 2009 年，肇兴乡村旅游经营户就发展到 500 户，占全村总户数的 8.0%，旅游接待量 63 263 人次（其中，国外游客 897 人次），旅游总收入 341.52 万元，旅游总收入占全村总产值的 20.0%，旅游经营户均总收入 30 000 元，户均总收入占全村旅游收入的 27.7%。肇兴侗寨的成功塑造，对乡村群众从事乡村旅游业起到了很好的示范带动作用。

资料来源：

1. 农博网：《离土不离乡——乡村旅游扶贫的"贵州模式"》，http：//www. aweb. com. cn，2011 年 12 月 9 日。

2. http：//baike. baidu. com/view/496331. htm。

3. 《民族村寨乡村旅游开发与社区参与研究——以黔东南苗族侗族自治州肇兴侗寨为例》，http：//www. docin. com/p－441058776. html。

（六）"社区（协会）＋公司（村办企业）＋农户"共生模式

"社区（协会）＋公司（村办企业）＋农户"的共生模式，是"公司＋农户"模式的提升或改进模式。

在这种模式中，"社区"是指作为社区代表的乡村旅游协会，由全部乡村旅游经营农户参加，一户一名代表。其职权相当于旅游公司董事会，决定村内一切有关乡村旅游开发的重大事件，任命并考核、监督旅游公司管理人员，审查财务状况等。"公司"是指村办企业，而不是外来企业。它要接受协会委托，具体负责本村乡村旅游的经营业务，包括基础设施建设、对外营销、接待并分配游客、监督服务质量、定期与经营业户结算等，是管理和营销机构，不从事直接的接待和服务。"农户"是乡村旅游的具体服务单元，是服务的主体，接受公司的安排接待游客，并定期与公司结算。

其模式的特点如下。

（1）社区、公司、农户三者职责明确，利益分配均衡。社区给予乡村旅游开发以引导和支持；公司主要负责选择项目，设计旅游产品；农户是生产者，负责生产高质量的旅游产品，提供优质的旅游服务。三者职责明确，相互配合。利益分配均衡，能够充分保障经营户的收益。

（2）社区、公司、农户之间相互制约的关系，保证了经营机会的公平与均等。相当于董事会的乡村旅游协会可以监督公司管理人员，而公司管理人员通过对农户经营实施规范化管理来保障旅游产品的质量，这种相互制约的关系，既保证了管理人员的公平性，同时也保证了乡村旅游产品的质量。

（3）经营管理的规范化、标准化。农户如果要从事经营，需要按照公司规定的标准进行房间的装修和改造，并要通过公司的检查。团队、会议、散客的预订、接待任务等，统一由公司负责。采购、结账、菜单设计等也采取了统一的管理。

（4）财务制度透明化。接待价格由公司统一制订；每一次接待，农户从公司统一领取原材料，并对游客人数、游客规格作详细记录；公司与农户每月结清一次。

这种模式，由于开发者、管理者、实施者都是本地人，能够使乡村文化得到较好的保护和传承，能够保证乡村资源的本土特色，真正把原汁原味的东西呈现给游客，使乡村旅游更具魅力。社区、公司、农户相互制约的关系有利于管理过程的公平、公正，实现共赢。但是，随着旅游人数的增加，接待规模需要扩大，档次需要提升，新项目需要开发，资金缺乏可能成为后续发展的瓶颈。而公司管理权过于集中，公司与农户之间也可能因为游客安排等问题产生矛盾，这些矛盾的产生成为了这种模式的不稳定因素。

【资料链接】

河口村位于山东省威海荣成市的成山卫镇，离威海市 40 千米，是胶东半岛最东端的小渔村，祖祖辈辈以捕捞、养殖为主，是一个非常典型和传统的"胶东渔村"。

从 2001 年春开始，河口村决定走渔业捕捞向农户"渔家游"转型的新路子，并请山东大学旅游管理系为他们制定了专门的乡村旅游开发规划，策划了"胶东渔村"这个乡村旅游品牌，并投资 500 多万元铺设了户户相连的地下排水管道、巷巷相连的鹅卵石硬化道路，安装了遍布全村的路灯，建起了集美化、绿化于一体的街心花园、多功能游乐场，对达标的"渔家游"的第一批 10 多家业户无偿给予 6 000 元的资金支持，由全部乡村旅游经营户（一户一名）组成了乡村旅游协会（社区），成立了村办河口渔业公司，实行了企业化管理，通过"社区（协会）＋公司（村办企业）＋农户"的模式开发经营乡村旅游。

在"胶东渔村"乡村旅游的"社区＋公司＋农户"经营模式中：

"社区"（河口村乡村旅游协会），充当了产业管理者的角色，参与乡村旅游发展的具体目标和措施的制定，组织农民，参与基础设施建设，确保旅游公司的开发建设，保障业户的利益，监督旅游公司的管理人员，协调农民与旅游公司的相关事宜等。

"公司"（河口旅游开发公司），充当经营者的角色，接受乡村旅游协会委托，负责经营管理和商业运作，负责开拓市场，组织客源，具体包括基础设施建设、对外营销、接待并分配游客到农户家、服务质量监督与保障、为游客出具票据、定期与经营业户结算等，对参加经营的业户进行定额投资，以形成公司与业户之间的契约关系，成为利益共同体。

"农户"（河口村乡村旅游经营户），充当生产者的角色，并按公司规定的标准对自家经营单元的改造，负责游客的餐饮住宿，使得业户的生产环节与公司的销售环节得到有效衔接。

"胶东渔村"在经营管理中强调规范化和标准化，实施统一管理、统一安排。原材料统一采购，菜单统一配置，财务统一结算。由于村民经营户在旅游开发中担当了主人翁和当局者的角色，获得了参与社区旅游发展决策权和公平获得旅游收益的机会，防止了外来人员与本地居民争夺商业机会和就业机会，避免了外来企业文化对本土文化的侵入，使传统文化得以传承，保证了核心旅游产品的本土化，使乡村旅游更具魅力。

从 2002 年 5 月 1 日河口"胶东渔村"正式开业接待来自济南的团队游客开始，到 2007 年经过 5 年发展的"胶东渔村"，全村乡村旅游经营户从最初的 10 多户发展到 50 户，共接待全国各地的游客 6 万人次左右，直接收入 500 多万元，每户平均经营收入达 10 万元。

资料来源：彭燕平：《乡村旅游经营模式》，山东大学：硕士学位论文，道客巴巴网。

（七）"政府 + 公司 + 旅行社 + 农村旅游协会 + 农户"链状模式

在"政府 + 公司 + 旅行社 + 农村旅游协会 + 农户"模式中，政府负责乡村旅游规划和基础设施建设，优化发展环境；乡村旅游公司负责经营管理和商业运作；旅行社负责开拓市场，组织客源；乡村旅游协会负责组织村民参与乡村旅游，并协调公司与农民的利益；农户参与旅游服务，提供住宿餐饮、导游、工艺品制作等。

因为这种模式涉及了乡村旅游发展的几个关键主体要素，使旅游产业链中各环节优势得到发挥，即发挥了公司的经营和管理优势、旅行社市场开拓优势、政府的有效规制优势、农村旅游协会代表村民并维护和保障村民利益的优势等。通过合理分享利益，使各方能够密切协作，避免了因分配不公引起的利益冲突，避免了乡村旅游开发过度商业化，保护了本土文化，增强了农户自豪感，从而为旅游可持续发展奠定了基础。

【资料链接】

天龙屯堡文化旅游区是贵州省西线旅游上的著名景区，属安顺市平坝县天龙镇管辖。东距省会贵阳市 60 千米，距离安顺市 20 千米，是贵阳至安顺的必经之地，与西线上的四个国家级风景区黄果树、龙宫、红枫湖、织金洞相邻。天龙屯堡是一个典型的屯堡村寨，全村 3.5 平方千米，人口 4 080 人，人均耕地面积只有 0.7 亩，是安顺市众多屯堡村寨中开发屯堡文化旅游条件较好的村寨之一。天龙屯堡居住着的是 600 年前朱元璋征南战争的屯军后裔，至今仍固守着明代江南汉族移民的民风民俗，"戏剧活化石"——地戏是屯堡文化的代表；景区的国家级重点文物保护单位"天台山伍龙寺"是屯堡古寺庙建筑的杰作。2005 年 3 月天龙屯堡被评为第二批省级风景名胜区。

1999 年，在外工作的本村村民陈云对天龙村进行多次摸底调研，并提出旅游开发可行性研究报告和计划书。2001 年，陈云、郑汝成、吴比 3 人共同投资 100 万元组建"天龙旅游开发投资经营有限责任公司"，平坝县政府同意授权经营 50 年。公司与镇政府、村委会达成协议，旅游企业负责旅游经营管理和商业运作；镇政府、村委组织组建"屯堡文化保护与开发办公室"，作为行政管理机构进行管理，负责乡村生态旅游的规划和基础设施建设，优化发展环境；旅行社负责开拓市场，组织客源；村民成立旅游协会，由协会代表村民参与旅游开发事务，负责组织村民参与地方戏的表演、导游、工艺品的制作、提供住宿餐饮等，并组织村民维护和修缮各自的传统民居，协调公司与农民的利益。

据天龙旅游公司 2004 年统计，共投资 490 万元，其中：公司投入资金 260 万元，占总投入的 53.06%，主要用于旅游所需要的设施建设，如餐饮、住宿、活动演出场所，各类陈列馆、各种所需设备、村民培训、管理经营费用等。政府投入 130 万元，占总投资的 26.53%，主要用于体育场、停车场、道路、河道等公益基础设施建设。旅行社投入 27 万元资金，占总投入的 5.51%，主要用于宣传促销，对外协调联络费用。村（含协会、村委、村民）投入资金 73 万元，占总投资的 14.90%，主要用于村内公益性建设，农户自家的商铺、小店、村用场所等建设，如路灯、农用停车场、农用机耕道、垃圾场、餐饮店、加工坊等。

2011 年 9 月 23 日，贵州天龙屯堡文化旅游区迎来开展乡村旅游 10 周年。10 年来，旅游区实现旅游综合收入 1.79 亿元，接待海内外旅游者 303 万人次，其中海外游客 69.3 万人次。村民家庭经营总收入约 1.43 亿元，比开发旅游前增长近 3 倍。每户每年平均收入 1 万余元，村干部月工资 1 000 元，充分体现了乡村旅游在扶贫兴黔中的重要作用。

资料来源：

1. 百度文库：《贵州乡村旅游发展模式研究》。
2. 百度文库：《贵州天龙屯堡乡村旅游效益凸显——旅游收入近 1.8 亿元》。
3. 郑群明：《我国西部乡村旅游开发研究——参与式乡村旅游开发的意义与模式》。

除以上几种开发模式外，也有学者提出"股份制"模式。股份制模式，主要是通过采取合作的形式来开发乡村旅游资源，按照各利益主体的股份获得相应收益的一种模式。实际上这种模式与上面多种模式存在交叉，如在"公司＋农户"模式、"政府＋公司＋农户"模式、"社区（协会）＋公司（村办企业）＋农户"共生模式、"政府＋公司＋旅行社＋农村旅游协会＋农户"链状模式中，都可能采取股份制的形式进行运作。可见，在乡村旅游开发中，可采取国家、集体和农户个体合作，把乡村旅游资源、特殊技术、劳动量转化成股本，收益"按股份分红"与"按劳分红"相结合，进行股份合作制经营，体现"风险共担、利益共享、多投入多得"的原则，把责、权、利有机结合起来，引导农户自觉参与他们赖以生存的生态资源的保护，从而保证乡村旅游的良性发展。

二、开发协调机制不同的乡村旅游模式

乡村旅游是农业和旅游业融合的产物。由于宏观经济体制环境、农业经济发达程度、旅游开发条件不同，乡村旅游开发协调机制不同，乡村旅游的开发模式也各有差异，主要分为政府干预型发展模式、旅游企业主导型模式和自主发展模式。

（一）政府干预型发展模式

政府干预型发展模式主要是指在乡村旅游开发中，由于村民的文化素质低、旅游意识薄弱，无论是前期旅游宣传、基础设施建设与完善，还是旅游投入资金的筹集，以及在乡村旅游发展走上正轨后的发展与管理等方面，政府都起到主导作用的一种乡村旅游开发模式。这种模式主要适宜于地处偏远地区、经济落后、交通不便，但村落整体景观特色鲜明，文化底蕴深厚村落的乡村旅游开发。

政府干预型发展模式优点是有效地配置资源，旅游项目的开发和资金筹集得到政府支

持，拓宽了开发渠道。但是政府的过度干预，会导致市场竞争力不足，村民积极性较差，村民旅游开发意识淡薄等，这些都是制约乡村旅游发展的因素。

实际上，在乡村旅游开发中政府都负有一定的责任，但在不同的模式下政府的干预程度不同，所起的作用也不同。在"政府＋公司＋农户"模式、"政府＋公司＋旅行社＋农村旅游协会＋农户"链状模式中，政府的干预程度较高，存在一定的风险，并加大了政府财政的困难程度。在"公司＋农户"模式中，由外来投资者和本地居民合作，政府协调，这种模式对政府而言风险较小，主要承担协调村民与开发商之间关系的责任。在"社区（协会）＋公司（村办企业）＋农户"共生模式中，政府也主要起协调的作用。在"分散、自主经营"模式、"农户＋农户"伴生模式、"现代个体农庄"的帮带模式中，政府直接干预的程度比较低，更多的经营权、价格制定权等都在各自经营业户手中，他们自负盈亏，自主经营。

（二）旅游企业主导型模式

旅游企业主导型模式适宜于旅游资源较丰富、距离中小城市较近，具有一定客源的村落的乡村旅游开发。从投资的角度看，企业的资本雄厚，能建设高档次的旅游综合服务区，能开拓市场，但企业追求的是投资回报率。

旅游企业主导型模式的优点是在旅游资源较丰富、离市场近的地区，由旅游企业主导发展，宜开发适销对路的旅游产品。但是也易产生过度商业化和城市化倾向，企业注重经济效益，易忽略社会效益和环境效益，商业化的开发引发环境污染，企业的持续开发性较弱。这就要求企业必须有一个长远的、可持续发展的乡村旅游规划，不能只看到经济利益，忽略社会效益和环境效益，积极协调好各方的利益关系，开发的同时也要给予相应的保护，只开发不保护的发展策略是违背市场规律的，终究会被市场淘汰。

"公司＋农户""社区（协会）＋公司（村办企业）＋农户"共生模式都属于旅游企业主导型，政府没有直接参与，缺乏协调机构，缺乏对市场的规范、监管机制，会产生责、权、利的不对等，容易造成破坏性开发，破坏生态环境资源①。

（三）自主发展模式

自主发展模式适宜于区位条件较好、与大中城市有几个小时车程、经济基础和基础设施一般，且旅游资源优势不突出的村落的乡村旅游开发。这种类型的村落发展乡村旅游业最大的制约因素就是资金不足。"分散、自主经营"模式、"农户＋农户"伴生模式、"现代个体农庄"的帮带模式都属于自主发展模式。

自主发展模式优点是区位条件较好，与大、中市场毗邻，村民自主参与性强，能充分发挥自身的优势条件。但是经济基础和基础设施一般，村民经济条件差异大，缺乏旅游发展观念，缺乏资金来完善基础设施建设，旅游接待能力差。村内应形成产业布局划分，积极发展多种产业模式，形成"农业—服务—旅游"一条链，使更多的村民从中获得利益。

总之，不同的乡村旅游开发模式，产生于不同的乡村旅游环境、条件和发展阶段，都对乡村旅游发展起到一定的推动作用。乡村旅游开发是以振兴乡村旅游业为前提的各种开发，

---

① 何艳琳，耿红莉：《政府在乡村旅游产业组织模式中的作用》，休闲旅游门户网，2012 年 2 月 16 日。

旅游目的地应该结合自身资源环境、社会经济等各方面情况，选择适合当地乡村旅游发展，能促进当地农民增收，实现乡村旅游可持续发展的开发模式。乡村旅游资源开发得好，价值倍增；开发得不好，则会破坏原有的特色，降低乡村旅游资源的经济价值。因此，在乡村旅游的开发过程中，无论采用什么样的开发模式，都必须把握"符合国家和地区建设的基本方针；充分利用当地资源，不要破坏自然景观和原有氛围；保持历史文物和古迹的固有面貌；突出民族性和地方特色；防止污染，保护生态环境；讲求经济效益，要求投资少、收效快"等原则。必须做好乡村旅游总体规划，避免无序、重复开发；因地制宜"亦农亦旅、农旅结合"，减少对乡村环境的干扰和破坏；突出地域特色、文化内涵，注意整体的多样性与个体的独特性；平衡各种社会因素，调节各种矛盾冲突，兼顾旅游区、周边地区和农民的利益；经济效益、生态效益和社会效益相统一，促进乡村旅游业持续健康发展[①]。

实训环节

【实训目的】

1. 学以致用，将课堂上学到的乡村旅游开发模式的知识运用到实际之中。
2. 培养学生勇于开拓的意识和语言表达的能力。
3. 及时发现学生存在的疑难问题，并进行及时补救。

【实训要求】

完成当地某区域乡村旅游开发资料的收集，并判断该区域所属的乡村旅游开发模式，写出调查报告并进行汇报。

【实训组织】

1. 将全体学生分成四个小组，并由小组成员推举一名小组长。
2. 由小组长带领本组成员，完成当地某区域乡村旅游开发资料的收集，判断该区域所属的乡村旅游开发模式，写出调查报告，并由各组指定的一名成员向全班同学汇报，分享此次调查得失。

【实训成绩评定】

对四个小组的调查报告和汇报情况进行比较、评价，确定每个小组的实训成绩。

思考与练习

1. 乡村旅游开发模式一般可分为哪些类别？
2. 在乡村旅游的开发过程中，无论采用什么样的开发模式，都必须把握什么原则？应该

---

① 唐德荣：《乡村旅游开发与管理》，中国农业出版社 2011 年版。

怎样做?

3. 试举一例,说明一种乡村旅游开发模式的适宜环境和条件。

4. 试举一例,说明一种乡村旅游开发模式的优点和缺点。

第三节 乡村旅游产品设计

任务描述

通过本节的学习与训练,了解乡村旅游产品设计的原则,初步掌握乡村旅游产品景观设计、活动项目设计的内容及其方法,并能够学以致用。

【知识目标】

1. 了解乡村旅游产品设计的原则。

2. 掌握乡村旅游产品设计的主要内容及其方法。

【能力目标】

能按要求对乡村旅游产品进行设计。

【素质目标】

1. 培养学生创新意识和团队合作意识。

2. 培养学生解决问题的能力。

任务组织与实施

1. 知识讲解。通过对乡村旅游产品设计原则和设计内容及其方法两大内容体系的讲解,使学生逐渐了解乡村旅游产品设计原则,掌握乡村旅游产品景观设计、乡村旅游产品活动项目设计的内容及其方法。

2. 组织学生实训。使学生能够将课堂上学到的乡村旅游产品设计方法运用到实际之中。

3. 任务评价。对学生实训的结果进行评价,指出学生存在的不足。

案例导读

乡村旅游

在农家小院区里,有"狗剩家""二丫家""柱子家"等农家味十足的四合院住宅区,也有水上餐厅和清真餐厅。这里可以体验睡农家炕的感觉,欣赏杨柳青年画,感受农家人邻里和睦的亲情。场院里陈列着古老的石磨、石碾、风车、织布机等过去时代的农具，您可以联想推磨拉碾、织布纺线的历史沧桑巨变，回味精心营造的人文景观和田园氛围的深刻内涵。民间婚庆表演另辟新意，新郎身穿红色长袍，胸前佩戴大红花；能说会道的媒婆带领迎亲队伍，鼓乐喧天，喜气洋洋；旅游景区的小乐队奏起欢快的乐曲，热热闹闹地去迎娶美丽的新娘；在一阵阵锣鼓声中，新娘、新郎双双踏过火盆，踩高粱口袋，拜见高堂，进入洞房……

乡村旅游实质上是一种特殊形式的旅游，它将特有的乡村景观、民风民俗等融为一体，因而具有鲜明的乡土特点，以其原汁原味的村野乡土特色来吸引游客。搞农村旅游，"洋"不起，"土"到底，以农招客，以土助兴。农村风光、农舍民情、农家饭菜、农事活动，建筑、住宿的城乡差异和地方色彩，都可以充分体现当地乡土特色和农家氛围。

资料来源：杨永杰，耿红莉：《乡村旅游经营管理》，中国农业大学出版社 2011 年版。

【思考】

乡村旅游的"土"可以从哪些方面来体现？

基本知识

"21 世纪企业经营的最后决战关键，就在设计！"三星集团总裁这样说过。一旦"设计"演化成为战略，旅游品牌的成功也指日可待。

返璞归真，到开阔、优美、静谧、洁净的环境中去感悟大自然，去考察生态、增长阅历、放松身心、提高生活质量，是长期生活在空气污浊、高楼林立、拥挤喧嚣、景观呆板城市中的人们的愿望。乡村有广阔的天地，青山绿水，空气新鲜，自然环境优美，田园景观多样，如果能够再为游客精心设计好"舞台"和"场景"，暗示和引导游客进入特定的角色，并沉浸其中完成旅游活动，对城市居民具有巨大的吸引力。

一、乡村旅游产品设计的原则

（一）突出重点

乡村旅游在同一个地区不能一哄而上，否则将会导致乡村旅游产品同质化，制订发展规划，筛选出重点、亮点和示范点尤为重要。因地制宜，以生态农业观光游或乡村民俗文化游或休闲度假游等为重点，搞好乡村旅游规划，建设乡村旅游精品项目和精品线路，加快打造具有鲜明特色的乡村旅游品牌，对当地乡村旅游的可持续发展具有重大的意义。

（二）注重个性化

市场需求的个性化趋势，要求乡村旅游产品的设计注重个性化，要求乡村旅游产品具有独特性。如果东南西北的乡村旅游产品一个样，对游客不能够产生吸引力，就会使游客失去游览兴趣。因此，乡村旅游必须策划出个性化产品，使景观、活动项目、接待、管理等都具有个性化特征。

（三）注重原真性

乡村原生的自然和人文环境是乡村区别于城市的个性特征，是城市居民前往游览的追寻目标。在乡村旅游产品设计过程中，要注意保持原汁原味的乡土本色，突出田园特色，突出乡村天然、古朴、绿色、清新的环境氛围，强调闲情和野趣，努力展现乡村魅力，增强乡村旅游的吸引力。

（四）注重文化性

乡村旅游产品设计要注重挖掘文化内涵，提高乡村旅游产品的品位和档次。在乡村旅游产品设计中，要以乡土文化为核心，在乡村民俗、民族风情和乡土文化上做好文章，使乡村旅游产品具有较高的文化品位和较高的艺术格调①。

二、乡村旅游产品设计的内容及其方法

从旅游者的角度来说，乡村旅游产品是指旅游者为了实现求新、求美、求知等多方面的文化旅游动机，选择乡村作为旅游目的地，感受和体验乡土特色的旅游过程。因此，构建一个不断更新、丰富且多样的游客体验系统，为游客创造一次难忘的经历，吸引游客重复消费，使旅游地持续发展，成为了乡村旅游开发的重要内容。在有关乡村旅游论坛上，中国专家学者普遍认为我国的乡村旅游产品设计应考虑三个方面的因素：一是以独具特色的乡村旅游民俗文化为灵魂，以提高乡村旅游品位的丰富性；二是以农民为经营主体，充分体现住农家屋、吃农家饭、干农家活、享农家乐的农家特色；三是乡村旅游的目标市场应主要定位为城市居民，以满足都市人享受田园风光、回归淳朴民风民俗的愿望②。

（一）乡村旅游产品景观设计

乡村旅游景观设计是乡村旅游景区最基本的设计，是充分利用当地旅游资源，创设典型场景，使旅游者置身其间，激起旅游者的旅游热情，并把认知活动和情感活动结合起来，从而完成旅游活动的一种手段。乡村旅游景观设计的内容可包括环境景观设计、建筑景观设计、文化景观设计等。

1. 环境景观设计

（1）利用当地现存景观确定当地的意境特色，避免"千人一面"。

无论是现代化的新农村，还是历史久远的古村落古镇；也无论是江南水乡还是塞北风情，每一个乡村都有其独特的意境和特色。充分利用当地现存景观确定当地的意境特色，避免乡村旅游"千人一面"，这是乡村旅游环境景观设计的关键。

例如，湖南省洞庭湖的大水面养殖和捕捞以及大面积的粮、棉、桑、麻种植等，均体现了鱼米之乡的色彩；湘西、湘南和湘东的立体农业、土地多层次利用，以及筒车吸水、石碾

---

① 唐德荣：《乡村旅游开发与管理》，中国农业出版社 2011 年版。
② 李海平，张安民：《乡村旅游服务与管理》，浙江大学出版社 2011 年版。

加工粮食等传统农耕文化，显示了山乡的古、土、真、野风情；湘中河谷平原和丘陵盆地，特别是大中城市郊区的精耕细作农业，使人感受到人类改造自然并与大自然协调和谐的魅力①。

（2）美化环境，提升环境质量，让人置身于清新、安静、优美、安全的环境之中。

城市游客对乡村旅游环境质量的要求比较高，希望置身于清新、安静、优美、安全的旅游环境之中。乡村的室外环境，可根据乡村原有的特点和优势，精心设计。

①注重基础资源利用，创设特色景观。

根据原有的乡村鱼塘、小湖、小溪、河流特色，因地制宜，在其周围种上花、草、树木，设计假山、小桥流水，景区内亭子、指示牌、桌、凳、垃圾桶、厕所古朴，仿若天成，达到湖岸、碧水、绿树、白云、蓝天、倒影共处的如诗似画、与自然融为一体的景观效果，游人在此小憩、垂钓、休闲纳凉一定非常惬意。

②注重乡音设计，凸显人与大自然和谐之美。

"在人们沉睡的暖梦中，忽而就会传出一声雄鸡的啼鸣。这声音冲破黎明前的黑暗，惊醒了熟睡中的世界，随之万鸡和鸣酬唱，前者呼，后者应，此起彼伏，织就出一曲高亢、激越的交响乐。鸡鸣、狗吠、鸭唱、鹅叫、猪哼、马嘶、牛哞……北国乡村的早晨，是一片欢腾的天地。醉听乡音，如痴如梦，童年的情趣，自是美梦一场。"② 毋庸置疑，这是城市游客的精神向往。

乡村的风声、雨声、溪流声，夏夜的蛙鸣、蝉噪，秋天的虫唱、鸟鸣，乡间的吆喝声和噼里啪啦的鞭子声，……这些裹挟着自然天籁的曲子是乡村特色音乐，凸显了人与大自然的和谐之美，相比城市嘈杂的汽车声、大街小巷的叫卖声、商铺里传出的刺耳音乐，使人们对乡村无限向往。可是，在有些乡村旅游景区，却与城市一样，商业街道繁华，叫卖声此起彼伏，商铺播放的摇滚乐声一家比一家大，乡村的宁静荡然无存，游客怨声载道。

③注重嗅觉设计，突出清新、清香和"人情味"。

在乡村，有泥土的味道、庄稼的味道、炊烟的味道、农家的味道，有清新的空气，有淡淡的青草味、浓郁的花香味、清香的蔬菜味，还有醉人的水果味。

山坡上，果树香、青草香；田地里，蔬菜香、庄稼香；鱼塘边，月季、夜来香、栀子花等四处飘香；农家小院中，小花小草，清香可人。

乡村味道沁人心脾、数不胜数，让游客感觉到亲切、惬意和温暖。以"清新、清香"为要点，尽可能避免"生活垃圾臭、粪臭、鱼腥臭"等，以农家热情、好客、质朴的"人情味"打动游客，使游客回到自己梦寐以求的"家园"。

因此，必须加强乡村环境卫生教育和环境设施建设，设置定点垃圾池、垃圾处理场、化粪池；必须加强环境卫生管理，景观区域内只能使用可冲水厕所，不允许设置露天粪池；必须加强环境美化，在鱼塘等容易产生臭味的地方，种植能够散发香味的花，让游客的游赏、垂钓更感舒适、惬意。

2. 建筑景观设计

要使城市游客体验到城市里所没有的情趣，建筑风格必须与城市的不同。乡村的每一块

---

① 杨永杰，耿红莉：《乡村旅游经营管理》，中国农业大学出版社2011年版。
② 百度百科：《乡村好声音》。

砖、每一片瓦、每一处细微的雕琢修饰，都是历史的记忆，展示出人与自然互惠互利、和谐共处的自然生态，是吸引城里人的法宝，能使其心情愉悦。

因地形地貌、气候条件、民族历史文化、生活习惯、建筑材料和所从事的经济活动等的不同，各地从居住习俗到形式都存在着很大的差异，形成了乡村旅游不可多得的景观。东北地区的口袋式民居、华北地区的四合院式民居、西南地区干栏式民居，不同地域的乡村民居代表了当地的景观和意象独色。而不同地域上的祠堂、寺庙、古塔等建筑，也是乡村发展的历史见证，形成了乡村旅游的独特景观。作为乡村旅游景观一大要素实体的乡村聚落，其选址、形态、分布特点、建筑布局、单体建筑特点等都形成了独特而又相对稳定的风格，给游客非常强烈的视觉冲击。

（1）建筑要与当地环境协调，风格统一，错落有致。

乡村建筑景观应加强保护、严格控制现存的乡村聚落，防止其风貌的丧失，对新建建筑的风格、色彩、材质、方位、高度等严格规定，尽量避免"土"与"洋"、"历史"与"现代"建筑的结合，在区域内形成统一的风格、色彩，错落有致，形成赏心悦目的聚落整体形象，尽量避免人为因素对自然环境景观造成的负面影响。

（2）突出乡土气息。

乡村建筑景观应突出乡土特点，营造一个浓郁的乡土农家建筑环境，从"土"字出发，从"新"字着眼，避免与城市风格雷同，不让城市游客看到城市里火柴盒形状的、用五颜六色瓷砖完全包裹起来的砖楼，保持乡村特有的建筑魅力，保持乡村整体环境的和谐美感。

（3）尽量使用当地材料和当地工艺，采用生态建筑。

在乡村旅游建设中，无论是房屋建设，还是道路的铺设，都应尽量选择原有或当地生产的材料，使其与当地环境充分融和，特别是建筑材料，或建成竹亭、石屋、木屋，或建成石板路、山路、田埂路，尽量维护原有生态或创造优良生态环境。

3. 文化景观设计

乡村文化景观是乡村文化的重要载体，应通过能够体现乡村文化的特色元素和传统文化来展示乡村旅游的魅力和吸引力。正如"果园"贵在"花果"，"茶园"贵在"茶香"，"苗乡"贵在"苗文化"，"侗寨"贵在"侗之情"，突出不同地域特色元素和传统文化，增强当地主题氛围，避免雷同，将大大增强乡村旅游的吸引力。

（1）突出民族服饰风情。

民族服饰集中表现了各族人民在服饰审美方面的差异，同时也反映了各民族的经济、文化发展现状。现在民族衣饰已成为了乡村旅游一道亮丽的风景线。例如：被戏称为"封建头，民主肚，节约衫，浪费裤"的惠安女着装形象，成为福建南部惠安地区的著名景观；陕北农民特有的头饰白羊黑裤黑棉鞋及老羊皮大衣相配，成为黄土高原上淳朴农民的典型特征；贵州黔东南苗族妇女的蜡染刺绣短上衣、百褶裙及在各民族首饰中首屈一指的银饰，独具特色，绚丽多彩。

（2）突出乡土生产、生活场景。

乡村旅游位于乡土气息浓郁的农村。游客到农村来，希望看到的是以乡村环境为依托，营造出来的以传统农耕文化为特点的农家闲情逸趣的意境，希望能够寻找到与城市生活完全不同的"农"味、"野"味、"乡土"味，体验乡野之趣、田园之乐。因此，突出乡土生产景观，如一个石头磨子、一台古老的织布机，水车、水磨、石碾、鸡公车；突出乡土生活景观，如一窜辣椒、包谷，斗笠、蓑衣，都会令城市游客新奇不已。贵州黔东南西江千户苗寨的长桌宴，那富有民族特色的菜肴和迎宾、祝酒仪式，为游客制造了惊奇和惊喜，让游客感受到了新的感官冲击。

（3）突出历史文化遗存。

每一个乡村旅游地都有自己的历史遗存，而这些历史遗存就是本地与其他地区相区别的最好材料，是乡村旅游地最具个性和魅力的旅游吸引物，包括地方上的历史人物、知名人士、民俗活动、宗教信仰环境、当地的传统手工艺、当地传统特色产品、独特的歌舞技艺等。深入挖掘乡村历史文化遗存，并适当加以放大，不仅可以避免乡村旅游的"同质化"，还能够使当地更具旅游核心竞争力。例如，侗族大歌，起源于春秋战国时期，至今已有 2 500 多年的历史，是在中国侗族地区一种多声部、无指挥、无伴奏、自然和声的民间合唱形式。1986 年在法国巴黎金秋艺术节上，贵州黎平侗族大歌一经亮相，技惊四座，被认为是"清泉般闪光的音乐，掠过古梦边缘的旋律"。侗族大歌不仅仅是一种音乐艺术形式，对于侗族人民文化及其精神的传承和凝聚都起着非常重大的作用，是侗族文化的直接体现。近年来，贵州省黔东南苗族侗族自治州为了加强民族非物质文化遗产的保护与发展，还将侗族大歌列入当地中小学教程，在青少年中普及、推广，使这一濒临失传的文化遗产重放光芒，并成为了当地重要的旅游吸引物。

在乡村旅游景观设计过程中，要将保护工作放在首要地位，切实加强保护措施，既要保护乡村旅游区域的自然环境，尽量减少对周围环境的污染，又要保护建筑文化和民俗文化，突出乡村特色。因为保护的成果不仅使当地乡村旅游可持续发展，而且还会大大增强乡村环境的震撼力和吸引力，让游客流连忘返，想在这里住下来，生活下去，并解决目前低层次"农家乐"留不住游客的问题。

（二）乡村旅游产品活动项目设计

1. 乡村旅游产品活动项目设计的原则

（1）独创性与特色性原则。

乡村旅游的本质属性是"乡土性"，并以此区别于其他旅游形式。因此，乡村旅游必须突出自己的乡土特色，把握乡土味，不模仿、不复制其他旅游形式，更不能"城市化"，否则便不再是原汁原味的乡村旅游。在乡村旅游活动项目设计中，充分寻找、发掘和利用农家资源，在不"怪异"、考虑企业成本和承受能力的基础上，体现"人无我有，人有我新，人新我精"的特色。只有这样，乡村旅游才能在激烈的市场竞争中独树一帜。

（2）参与性与体验性原则。

"住农家屋、吃农家饭、干农家活"，"当一天农民"，"当一天古镇人"……是许多城市人参与乡村旅游的目的所在，能够享受质朴的田园风光，能够深入到农户家中，与农民同吃同住同劳动，体验真正的农家生活，体验一种新生活方式、一种闲适心情、一种奇特感受。因此，乡村旅游活动项目设计要以乡村旅游者为主角，以兴趣为先导，以参与体验为中心，以农村为舞台，以山林田园景观为布景，以农事活动和农产品为道具，利用游客对乡村旅游已有的兴趣，激活潜在兴奋点，引导游览、娱乐与学习相结合，同劳动操作参与相结合，体现知识性、趣味性、体验性、享受性，影响乡村旅游者对空间、时间和事物的感受，使旅游者从做学中体验美好、体验挑战、体验成功、体验历史、体验快乐、体验不同于平常日子的现实，使乡村旅游更富吸引力。

（3）整体性与综合性原则。

乡村旅游活动涉及的内容多、范围广，食、住、行、游、购、娱面面俱到，在进行乡村旅游活动项目设计时必须全面考虑，根据自身特色突出重点，适应市场需求，适应长远与短期变化情况，适应不同人群的要求，兼顾社会、经济、环境三大效益。

2. 乡村旅游产品活动项目设计的内容及其方法

为了满足旅游者不同层次和不同目的的需要，激发游客的深深眷恋，延长逗留时间、增加花费，提高旅游经济效益，乡村旅游地需要设计出丰富多彩的旅游活动项目，为游客设计多种活动内容，创造各式情景体验。游客在乡村的旅游活动项目一般主要为乡村游览观赏、乡村农事参与、乡村民俗体验、乡村民居生活。

（1）乡村游览观赏。

游览观赏主要是观赏乡村当地的各种自然景观和人文景观，包括乡村环境景观、乡村建筑景观和乡村文化景观。在这个过程中，游客以吸收关于当地特色景观、风土人情、历史典故、趣闻逸事等各种信息为主，并在参观农业科技示范、农业生态示范、科普示范过程中，学习农业知识，满足游客求知的欲望。还可以通过观看乡村露天电影、露天戏剧，寻找到同年的记忆和与城市不一样的快乐。

（2）乡村农事参与。

让游客切身体验农业生产过程，深入乡村生活，感受劳动之美，享受其中乐趣，丰富旅游经历，特别是对于生活在城市里的孩子。

乡村农事参与活动项目可以包括三个方面的内容，即农业劳作、乡村产品制作、乡村商贸。

①农业劳作。

农耕作业：种菜、栽花、割稻、插秧、锄草、施肥、挤牛奶、捕养鱼虾、放牧等。

采摘作业：挖竹笋、采茶、摘水果、收割农作物等。

饲养动物：喂鸟、喂鱼、喂鸡、喂兔、喂羊、喂马、喂猪、喂牛等。

【资料链接】

韩国 Gwangyang Dosunguksa 村的乡村旅游注重乡村旅游劳作体验。春季：采摘野生绿茶和庆祝收获茶叶的仪式，采摘山药，制作木水和豆浆。夏季：采摘韩国李子，精心雕刻李子核。秋季：采摘栗子和柿子，编草帽、做米糕托。冬季：炒栗子等。

而韩国的 Chulwon Odaemi 村是最早的大米的故乡，游客可以亲手种植水稻，放生蜗牛，收割，打谷，制作 Odaeju Odae 合一的米糕。

资料来源：谭小芳：《策动旅游——旅游企业行销实战圣经》，中国经济出版社 2010年版。

②乡村产品制作。

农产品加工品尝：游客自己动手获取农产品原材料后进行加工、品尝，如筑土窑烤地瓜、烧烤鸡鸭鱼虾、地方特色食品制作等。

开展传统手工艺制作：设置专门的手工艺坊，从原料取材、设计、制作都由游客自己完成。如制作干花、植物标本、香精，进行艺术插花、制茶、酿制葡萄酒等。

举办设计制作大赛：以当地的水果、蔬菜等为原材料，游客设计制作，奖励参与。

【资料链接】

提到法国的乡村旅游，不得不提葡萄酒、烤面包、黄油、牛奶、鸡蛋，学习葡萄酒、面包等的制作是他们极具特色的乡村旅游活动项目。游客可通过参观农村的葡萄园和酿酒作坊，参与酿造葡萄酒的全过程，了解酿酒的工艺，学到品尝美酒的学问和配酒菜的知识。

资料来源：谭小芳：《策动旅游——旅游企业行销实战圣经》，中国经济出版社2010年版。

③乡村商贸

出售当地生产品，如出售农户自产品（家禽类、蔬菜类、水果类）、农业园区高科技产品、民族服装服饰产品、当地土特产品、当地手工艺品等；出售游客采摘的农产品；出售游客自己制作的手工艺品。

当地以合适的价格出售产品，一方面满足了乡村游客购物的需求，另一方面通过乡村商贸这种亲切交易的方式回报乡村经济，使当地村民受益。

【资料链接】

目前国内出现的普遍状况是：旅游商品——乏善可陈。一般游客们有一种近乎相同的切身感受就是，在杭州、成都能买到的东西，在天津、广州也同样能买到；产自福建、广西的特产，在北方却随处可见。于是找不到特色旅游商品的游客，也就失去了购物的兴趣。

去韩国济州岛旅游的人，经常会抱个笨重的"石头爷爷"回来。殊不知，这"石头爷爷"不仅是济州岛的吉祥物，更已越过五洲四洋，俨然当起了韩国的形象大使。

济州岛号称"韩国夏威夷"。岛上有著名的"三多"说法，即石头多、风多、女人多，其中石头是指一种独特的黑灰色火山石，用它雕刻成的守护神被当地人亲切地叫做"石头爷爷"。石头爷爷大多是眼睛凸出、鼻子粗大、嘴唇紧闭的样子。传说左手在上的石头爷爷是武官，右手在上的石头爷爷是文官。摸摸石头爷爷的鼻子可以生儿子，摸摸石头爷爷的肚子和手则可以升官发财。据说韩国情侣结婚后，必定要到济州岛，拜石头爷爷，以求多子多福。

一直从事石像雕刻的老艺人张公益说，他做的石头爷爷有很多作为国家礼物送给了外宾，其中仅国家元首级人物就超过30位，如前苏联领导人戈尔巴乔夫、美国前总统克林顿等。

资料来源：谭小芳：《策动旅游——旅游企业行销实战圣经》，中国经济出版社2010年版。

（3）乡村民俗体验。

乡风民俗反映出特定地域上的生活习惯、风土人情，是乡村民俗文化长期积淀的结果，对游客吸引力很大，是城乡之间可供交流的重要资源。

①传统民俗节日活动。利用传统的、俗成的民俗节日，开发成一种观光与参与相结合的

旅游活动，如"苗年""三月三""四月八""六月六"等。

②传统民俗特色主题活动。以传统的民俗为主题，举办专门的文化旅游活动，如赛马节、火把节、龙船节、西瓜节、李子节、杨梅节、登山节、野菜节等。还以当地特色为主题，设置当地特色饮食品尝、服饰穿着、特色交通工具（如牛车）乘坐、婚丧礼俗、娱乐竞技、宗教信仰、民间文学等活动。

（4）乡村民居生活。

"住农家屋、吃农家饭、干农家活"是目前乡村旅游中比较盛行的活动。旅游者在享受质朴的田园风光时，深入到农户家庭，与农民同吃同住，体验真正的农家生活。

①乡村餐饮。

乡村旅游应向城市游客提供制法古朴、用具简单、原汁原味、体现"绿色"风格的全生态的乡土食品。品种多样、特色突出，注重"鲜""土""粗"和烹饪方式的"野"，将农家菜的朴实、味美、爽口的特点体现出来。

农家菜的菜肴应立足于农村，以民间菜和农家菜为主。原料尽量就地取材，选取不施化肥的、以"土"为本的、当地特有的、农家自制的、城里难以见到的各种烹饪原料。老腊肉、土鸡、土鸭、土猪肉、土鸡蛋等"土"原料；白菜、萝卜、菠菜、青菜等农民自家地里的时令鲜蔬；南瓜尖、鲜菌、鲜竹笋、苕菜、红苕藤等当地土特产；蕨菜、折耳根、荠菜、干油菜等野菜；干豇豆、干豆豉、水豆豉、萝卜干、腌菜、泡菜、家常豆瓣等农家自制的烹饪原料以及农家自己点的豆花、自己做的米凉粉等，都是很好的烹饪原料或调料。

乡村餐饮还需要彰显农家人的朴实味、服务浓郁的乡土味，在热情真诚的服务中让游客体验古朴民风、乡村生态。

个性化创意，为游客制造惊奇和惊喜，如每家每户家中都采用不同的成套餐具、茶具，让游客时刻感受到新的感官冲击。

【资料链接】

大宋山风景区位于湖北省宜都市高坝洲镇境内，从宜昌城区过去只需要几十分钟的车程。几年前，风景区推出"农家乐杀年猪体验游"以来，逐渐成为大宋山风景区旅游新品牌，成为朋友相聚、单位团圆的新时尚。

好朋友到大宋山风景区现场指认一头农家方法饲养的猪，过秤之后当场屠宰，农家大嫂按土家农村方式用热的新鲜猪肉做出一桌丰盛的"年猪宴"，其中最引人注目的就是一格大蒸笼的"抬格子"，新鲜的猪肉、猪排骨用农家玉米粉拌匀蒸得金黄，肉下面垫上土豆、南瓜，清香四溢，回家时每人还可以带一份新鲜肉回家与家人分享。

大宋山风景区的年猪全部不食用配合饲料。景区将猪粪熟化为沼气，熟化的猪粪种菜，新鲜的蔬菜作为猪的饲草，使其整个养猪过程生态化。因此，大宋山风景区的年猪肉格外香。

资料来源：谭小芳：《策动旅游——旅游企业行销实战圣经》，中国经济出版社 2010年版。

②乡村住宿。

乡村旅游住宿是乡村旅游发展的基本条件之一，也是重要的旅游服务设施。农户利用自己的住宅改造的乡村旅馆成为了当前许多乡村旅游依赖的住宿点。环境舒适、建筑风格独特、经营方式灵活、服务热情周到的乡村旅馆，能够满足一些季节性强或处于起步阶段的旅游区的接待需要，能够满足旅游者对于价格和融入乡村的心理需求，深受城市游客的青睐。但是，这种乡村住宿往往存在诸多问题，如档次较低、设施不配套、特色不突出、管理服务不规范，特别是卫生条件差，成为了制约乡村旅游发展的重要因素。

乡村住宿必须通过规划，确立农家旅馆业准入条件，具备规定的设施，达到必需的服务要求，并对服务人员健康、卫生情况进行控制，引进较规范的卫生操作程序等。

在乡村住宿设计中应做到如下几点。

第一，住宿环境优美，整个农居清爽大方，通水通电，交通方便。

第二，房屋建筑有当地农村特色、民族特色，如陕北的窑洞、内蒙古的蒙古包、苗族的木结构吊脚楼、侗家木结构的干栏式住宅。

第三，室内装修自然、简洁，突出地方特色、农家特色、乡村情趣，具有别具一格的风格和气氛。如北方的土炕、南方古镇的老式大床，客房内摆设亲切温馨简朴大方，室内挂几串红辣椒、几个斗笠、贴几副春联、特色剪纸，都能够增加游客的兴奋感。

第四，室内厕所、浴室齐全，有较好的卫生条件，特别是厕所一定要有冲水设备，并定期清洗、消毒。

第五，公共活动场所宽敞、明亮、有特色。游客可以在此用餐、看电视、打扑克牌、下棋、交流旅游经历等。

第六，处理好排水系统、垃圾处理系统等基础设施。

第七，有防蚊虫、防盗等安全措施。

【资料链接】

乡村旅游带来的巨大经济增长为许多村民带来了致富的希望。于是，有的破土动工，将自家的院落改造成农家院，而已有的乡村旅游接待户开始将院落装修升级换代。记者在怀柔一家市级乡村旅游接待户看到，原有的土炕只保留了通铺的形式，颇具乡土气息的锅台等不见踪影，墙壁也贴上了"美观"的墙砖，所到之处可以感受到的都是浓厚的"城市气息"。对此，一位姓王的游客在"乡村游"归来之后表示了她的失望："没有农家气息，乡村游还有什么劲儿?"

资料来源：杨永杰，耿红莉：《乡村旅游经营管理》，中国农业大学出版社2011年版。

除以上活动项目之外，各乡村旅游地应根据自身的特点，有自己的个性化设计。应该重视不同人群的偏好，在同一个乡村旅游目的地应当对市场提供不同的产品，在同一种产品中应当为不同人群设计不同细节，满足个性化的需要。

例如，与水有关的活动是人们喜爱的项目，特别是儿童。因此在有水域的地方，尽可能开辟划船游览、游泳等项目供人们亲水戏水，让人们陶醉在与水的亲密接触中。在无论小河还是人工池塘，提供游戏工具如水枪（水枪，可以由游客自己制作，也可作为商品直接出售给游客），打水仗嬉戏一定会成为年轻游客和儿童特别喜爱的游戏；在小溪旁，堆上干净的沙子，提供几个小桶、小铲，让孩子们堆"雪人""造房子"，半天甚至一天美好的时光孩子们就可以这样度过了，家长也不需要为孩子的去处担心。当然，这些活动必须在有安全保障的前提下进行，在有安全设施设备保证的条件下进行，在有专门人员的监管下进行。

【资料链接】

当前，在现代化与城市化的进程中，有的地方出现了急功近利、盲目扩张的倾向。

与此形成鲜明对照的，是发生在欧洲的一个意味深长的故事：据说，当年罗马军队带着葡萄种子到达位于高卢的博纳时，发现这里充沛的阳光与肥沃的砾石土地特别适合葡萄的种植，于是他们便和当地农民一样，边种植葡萄边酿酒。谁知三年后，当军队要开拔时，有近半的士兵都留了下来，因为这里的葡萄美酒俘获了他们的心，他们宁可留下来当酒农也不愿意再去南征北战、拓展帝国的疆土了。为此查理曼大帝后来还不得不颁布法令，禁止军队经过博纳。甚至在临终前，他还说过这样的话"罗马帝国靠葡萄酒而昌盛，又因葡萄酒而毁于一旦。"难怪莎士比亚会借李尔王之口说出"罗马帝国征服世界，博纳征服罗马帝国"。

应该看到，在这里征服罗马帝国的，不是博纳，而是生活。

资料来源：熊培云：《到乡村去找生活和灵魂》。

实训环节

【实训目的】

1. 学以致用，将课堂上学到的乡村旅游产品设计方法运用到实际之中。
2. 培养学生动手能力。
3. 及时发现学生存在的疑难问题，并进行及时补救。

【实训要求】

以当地某一乡村旅游景区为对象，调查旅游产品现状，找出旅游产品存在的问题，设计旅游产品整改方案并进行汇报。

【实训组织】

1. 将全体学生分成四个小组，并由小组成员推举一名小组长。
2. 各小组根据所调查的乡村旅游景区，写出调查提纲，并且分头组织实施调查，找出旅游产品存在的问题，设计旅游产品整改方案。
3. 各组指定一名成员向全班同学汇报，分享旅游产品设计成果。

【实训成绩评定】

对两个小组设计方案的完成情况进行比较、评价，以各组设计方案的最后得分确定本小组每个学生的实训成绩。

思考与练习

1. 乡村旅游产品设计应遵循哪些原则？应考虑哪些因素？

2. 在乡村旅游产品设计中，如何体现乡村旅游产品的"土"味?

3. 试举例说明，怎样进行乡村旅游产品景观设计?

4. 试举例说明，怎样进行乡村旅游产品活动项目设计?

5. 试举例说明，在乡村旅游产品设计中，如何进行个性化设计?

第三章　乡村旅游市场营销

模块描述

　　在本章中，我们将学习乡村旅游市场调查的内容与方法，学习对调查资料进行简单实用的数据整理和加工分析；了解乡村旅游市场营销的方法、手段和技巧，并学会实际的市场操作与运用。

【知识目标】

　　1. 了解乡村旅游市场调查的方法。

　　2. 掌握乡村旅游市场调查的资料分析。

　　3. 掌握乡村旅游市场营销策略的运用。

　　4. 了解现代乡村旅游市场营销理论。

【能力目标】

　　1. 能初步掌握乡村旅游市场调查的方法。

　　2. 能按要求对需要进行乡村旅游市场调查的课题进行调查问卷的设计。

　　3. 对收集到的乡村旅游市场资料进行整理和分析。

　　4. 能正确使用不同的营销策略对乡村旅游企业的市场运作进行指导。

【素质目标】

　　1. 初步建立起学生的乡村旅游市场调查意识。

　　2. 培养学生对乡村旅游的敏锐市场意识。

　　3. 锻炼学生对乡村旅游市场营销的基本策划与操作过程的掌握。

第一节　乡村旅游市场调查

任务描述

　　通过本节的学习与训练，了解乡村旅游市场调查的方法，初步掌握乡村旅游市场调查的实施，以及对乡村旅游市场调查资料的分析方法。

【知识目标】

1. 了解乡村旅游市场调查的基本方法。
2. 能够对乡村旅游市场收集到的资料进行整理与分析。

【能力目标】

1. 能初步按规范编制乡村旅游市场调查问卷。
2. 能够根据设计的乡村旅游市场调查问卷对乡村旅游市场资料进行收集。
3. 能够对收集上来的乡村旅游市场原始资料进行整理和分析。

【素质目标】

1. 初步建立学生乡村旅游市场调查意识。
2. 锻炼学生良好的乡村旅游市场认知能力。

任务组织与实施

1. 知识讲解。通过有关乡村旅游市场调查理论知识的讲解，结合本部分学生的相关实际训练，使学生能够掌握乡村旅游业的相关市场调查理论、程序、方法和具体实施步骤。

2. 组织学生实训。学生采用分组练习的方法，学会乡村旅游市场调查问卷的设计、实际调查的实施及收集资料后的汇总和分析。

3. 任务评价。通过总结学生实际训练中对知识和技能的掌握程度完成本任务的评价。

案例导读

关于安顺屯堡文化发展的思考
——深入开展市场调查，探索一条屯堡文化的保护之路

在今天的贵州省安顺市，聚居着一支与众不同的汉族群体——屯堡人，他们的语言、服饰、民居建筑及娱乐方式都沿袭着明代遗风，充分展示了明朝汉民族的多彩文化。屯堡文化是我国一笔宝贵且丰富的历史文化遗产，是古汉民族勤劳与智慧的结晶，也是进一步研究古代汉民族的最佳标本。然而，随着现代文明的发展，屯堡文化这一古老而神秘的民族文化遗产正面临着严重的冲击，亟须开发与保护。屯堡民居——"石头房"——遭到破坏，戏剧活化石——"地戏"——面临失传，屯堡服饰——"凤阳汉装"——受到挑战……屯堡文化生存和发展面临危机。欲从根本上保护屯堡文化，需从屯堡人自身的观念改变入手，辅之以当地政府的支持，加之相关学界的帮助，进行乡村旅游开发的市场调查，深入开展对屯堡文化进行保护与开发的探索和研究，才能从根本上保护好屯堡文化，才是屯堡文化得以传承和延续的发展之路。

1. http：//blog. sina. com. cn/mzwhbh。
2. 民族文化保护协会。

【思考】

1. 在本案例的市场调查中，调查内容可以如何安排？
2. 若从保护和传承屯堡文化的角度，对其进行旅游开发，可以哪些方面为立足点？
3. 本案例中的调查对象如何界定？
4. 试拟写一份调查方案或者调查计划。

基本知识

一、乡村旅游市场调查概述

（一）乡村旅游市场调查的概念

以市场调查相关的理论原则和市场调查科学方法为依据，有计划、有组织、有目的、系统地对乡村旅游市场各种问题进行相关信息资料的收集、整理和分析。

（二）乡村旅游市场调查的内容和意义

通过对乡村旅游行业相关资料的收集，对乡村旅游行业发展态势、发展现状进行研究。

1. 了解乡村旅游行业发展的总规模、水平及乡村旅游行业目前的旅游接待等各项总量指标

随着我国近年来城市化进程不断加快，城市居民生活水平日益提高，以城市居民为主的消费群体对乡村旅游、休闲旅游的需求表现得越来越强烈。在这样的市场大环境下，乡村旅游行业日益得以壮大与成熟，在很多地方成为乡村区域经济新的增长点，同时呈现出日益明显的产业化发展趋势。这样发展变化的实际情况，需要通过对乡村旅游市场的调查，来反映乡村旅游行业的总体发展规模和水平，对乡村旅游市场现实情况的第一手资料进行总体把握和了解，从而为乡村旅游企业制定各项决策提供依据。

要了解和掌握乡村旅游行业的总体发展规模和水平，就必须对乡村旅游行业的几个经济总量指标进行调查和了解，比如某一特定时期乡村旅游行业的客流总量、旅游总收入等。通过这些资料，对行业的整体发展水平和态势进行分析和掌控。

2. 了解乡村旅游行业各类产品需求情况

乡村旅游企业不能盲目投资，必须对乡村旅游市场各类产品的市场需求情况有一个准确的认识。了解各类乡村旅游产品的市场需求现状，未来市场可能发生的改变，现在城市居民对于乡村旅游需求的空缺，以及乡村旅游市场发展的趋势等。

3. 了解乡村旅游行业内部的竞争情况

随着乡村旅游业的发展，行业规模不断扩大，乡村旅游企业在发展的同时，也出现了各企业之间的激烈竞争。因此，乡村旅游企业如何能够充分发挥各自的优势，以形成特色，增

强发展的可持续性。这些问题在很大程度上依赖于乡村旅游企业对市场情况和信息的全面了解和掌控。

4. 了解国家及地区政府对乡村旅游行业的各项政策

任何行业的发展都离不开国家和地方政府的政策支持，乡村旅游行业也不例外。作为乡村旅游企业，必须对政府的相关政策有一个全面的了解和把握，才能够涉足本行业。各乡村旅游企业只有在符合政府各项规划和政策的前提下，调整企业自身的发展计划和各项安排与举措，才能在国家和地方政府政策允许和保护的范围内使企业自身得到发展。

5. 了解乡村旅游产品目前所表现出的产品形式、类型及各种产品的需求数量

我国乡村旅游产品的表现形式存在着很多问题。要解决这些问题，必须要挖掘产品的文化内涵、开发乡村旅游企业自身的特色化产品，不断丰富边缘产品，强化乡村旅游企业产品的差异化。只有通过对现有的乡村旅游市场产品信息进行全面了解，才能开拓思路，开发新产品。

6. 了解乡村旅游行业存在的潜在可开发产品

乡村旅游行业在我国仍然存在很大空间，其中乡村旅游行业的经营模式还可以改变，产品类型还有待开发，旅游资源还存在更为高效利用的问题。在这样的情况下，详细而深入地掌握乡村旅游行业相关信息和资料就显得尤为重要。

7. 了解乡村旅游业游客的消费水平、重游情况和停留时间

为了全面掌握乡村旅游行业和企业的相关资料，除需要对乡村旅游行业的相关总量资料有所了解和掌握之外，还需对乡村旅游行业的游客相关资料进行收集和了解，了解游客的消费水平、重游率以及在某一乡村旅游景点的停留时间等资料。只有在掌握这些相关资料的前提下，才能调整乡村旅游企业的经营思路、调整经营模式、开发旅游产品，使乡村旅游企业得到切实的发展。

8. 了解乡村旅游企业的规模情况、经营模式和营销理念

了解乡村旅游企业的规模水平、经营模式、营销理念，指导乡村旅游企业在自身的发展过程中不断调整，适应市场。

二、乡村旅游市场调查方案的编写

（一）乡村旅游市场调查方案的概念

乡村旅游市场调查方案是乡村旅游市场的调查计划，是指在正式实施乡村旅游市场调查之前，调查者根据此次乡村旅游市场调查的目的和要求，对此次调查的各个方面和各个阶段可能面对的问题所采用的各种技术方法和技术手段，以及对调查工作的组织和实施过程所作的通盘考虑和安排。

（二）乡村旅游市场调查方案的内容

1. 明确本次乡村旅游市场调查的目的和要求

当市场调查的目的和要求不同，每次市场调查的内容及市场调查过程中所采用的方法、手段、技术等各方面都会有很大的差异。因此，在着手实施乡村旅游市场调查之前，首先要

明确此次市场调查的目的和要求，以期在这样的目的和要求的指引下，高效地完成后期乡村旅游市场调查的整体工作。

例如：同样是对贵州省贵阳市乌当区的温泉业市场进行调查，如果第一次调查的目的是了解贵阳乌当区的温泉产品价格水平，第二次调查目的是了解消费者对乌当区温泉的产品品质信任程度，那么两次调查无论是在调查对象、调查方法、调查内容、调查经费等各方面都会存在巨大的差异。

2. 明确本次乡村旅游市场调查的调查对象和调查单位

在调查目的明确之后，接下来就必须清楚此次乡村旅游市场调查的具体对象。调查的对象是此次调查要具体登记的群体。调查对象的确认，关系到收集到的资料是否能够切实有效地说明想要了解的问题。而调查单位指的是组成调查对象的每一个具体的个体。

例如：如果调查的目的是了解贵州省黔南州都匀市家庭人均月收入 2 000 ~ 3 000 元的居民家庭每年用于乡村休闲游的费用情况，同时采用纯随机的方式在市内各居民小区抽取 200 户居民进行问卷的发放和资料收集。则此次调查的对象为都匀市内家庭人均月收入在 2 000 ~ 3 000 元的居民家庭，其中的每一个家庭就是此次的调查单位。

3. 明确本次乡村旅游市场的调查项目

调查内容具体以调查项目的形式进行表现，因此必须根据乡村旅游市场调查的目的确定具体的调查项目。

例如：想要了解居民的经济状况，可以具体设计这样一些调查项目：某年家庭人均年收入、某年全家总收入、家庭人口数（包括劳动力人口、非劳动力人口）等。

4. 完成本次乡村旅游市场调查问卷的设计

无论什么调查项目最终都要通过一定的具体形式得以反映。在调查项目的各种表现形式中，调查问卷是最常见也是最通用的一种。通过问卷的设计，可以使前期设计的调查项目科学而有序地呈现在调查对象的面前。

5. 确定本次乡村旅游市场调查的时间

调查时间的涵义有三个方面：

（1）资料所属的时间，即资料是反映什么时间的资料；

（2）调查登记时间，即资料是具体在什么时间进行登记的；

（3）调查期限，从第一天调查登记时间开始，到最后调查资料登记完成上报为止，这一段时间称为调查期限。

比如，在 2013 年 7 月 1 日—2013 年 7 月 15 日对某旅游企业在 2013 年上半年的经营情况进行了调查。在本次调查中：

资料所属的时间是 2013 年上半年，即 2013 年 1—6 月；

调查登记时间是 2013 年 7 月 1 日—15 日；

调查期限是 15 天。

6. 确定本次乡村旅游市场调查资料整理的方案

资料整理是对本次乡村旅游调查资料的审核、订正、编码、分类、汇总等作出具体的安排。大型的乡村旅游市场调查还应对计算机信息系统自动汇总软件开发或购买作出相应安排。

7. 确定本次乡村旅游市场调查分析研究的方案

乡村旅游市场调查资料的分析研究是对乡村旅游调查数据进行进一步深度加工的过程，其目的在于从原始数据引出结论，从结论的分析最终找到对策的研究。

【资料链接】

关于桂林××大学××××学院学生旅游消费水平调查计划书

一、前言

当代大学校园，出外旅游的大学生逐渐增多。他们作为思想最活跃、接受新生事物能力最强的一个群体，已经成为旅游行列中一支不可忽视的队伍。为了更好地了解博文学生在校期间外出旅游消费水平的情况，必须对博文学生的旅游消费情况进行分析，才能掌握其旅游消费水平。

二、调查目的

（1）全面了解在校大学生的节假日安排。
（2）全面了解在校大学生的生活费情况。
（3）了解在校大学生旅游费用的来源。
（4）了解在校大学生的家境状况。
（5）了解在校大学生的消费承受范围。

三、调查内容

1. 调查学生在节假日选择外出旅游的比例——进而了解学校学生总体的情况。
2. 调查学生的家庭富裕程度——影响消费观念和消费水平。
3. 调查学生每月生活费用情况——资金是外出旅游的关键因素。
4. 调查学生可以承受的旅游消费范围——学生是非收入群体。
5. 调查学生想去并会落实的旅游地点——地点的不同会影响消费水平。

四、调研对象及抽样

本次调查的对象主要是桂林理工大学博文管理学院的学生，为了使调查的结果具有一定的价值，在实际情况允许的前提下，采取抽样调查，抽样调查的男女比例为2∶1（因为学院男生多于女生且比例接近2∶1）。

五、调查员的规定和培训

（一）规定

1. 举止谈吐得体，态度亲切、热情。

2. 具有认真负责、积极的工作精神及职业热情。

3. 调查员要具有把握谈话气氛的能力。

4. 调查员要经过市场调查培训，专业素质好。

（二）培训

为了最大限度地节约成本，同时又能准确地了解信息，通过查阅一些资料来进行训练，主要通过互联网的资料来进行市场调查基本认知培训，使得所有小组成员都能熟悉调查的各个环节，共同进步。

（1）组长对小组负责，找寻对组员有帮助的视频讲座。

（2）集体进行交流讨论，积极发表自己的看法。

（3）提高积极性，团结一致。

六、调查方法及具体措施

（一）以问卷调查为主

在完成市场调查问卷的设计和人员知道后就可以开始调查了。利用晚上大家都在宿舍的时间将问卷有计划有比例地发放给要调查的人员。调查人员首先向被调查者说明调查目的、保证进行良好的沟通后，开始进行调查，确保得到证实有效的答案。在得到被调查者同意的情况下写明被调查者的基本信息，以便复核。

（二）询问和网上调研为辅

在调查问卷的基础上运用询问和网上调研来对问卷调查进行补充，以使得到的信息更加全面和完整。

七、调查程序和进度安排

（一）调查程序

本次调查主要分为准备、实施和结果处理三个阶段。

（1）准备阶段：确定问题和调查目标、制订调查计划。

（2）实施阶段：根据调查要求及内容，采用多种形式，由调查人员进行资料的收集和分析。

（3）结果处理：将收集的信息汇总、归纳、整理、分析，并将调查结果以书面的形式——调查报告表述出来。

（二）进度安排

调查方案、问卷的设计——2 个工作日；

调查方案、问卷的修改——1 个工作日；

实际调查阶段——3 个工作日；

数据分析处理阶段——2 个工作日；

调查报告的撰写——2 个工作日。

八、经费预算

问卷：120 份 ×0.1 元/份 = 12 元

九、小组成员工作安排

组长：王×

调查方案和问卷设计：白××、黄××、梁××

调查方案和问卷修改：全体组员

调查人员：全体组员

调查数据处理：宋××

调查资料收集：秦××

调查报道撰写：全体组员

调查策划书撰写：王×

市场调查与预测：工商管理××－×班

第一小组组员：王×、宋××、秦××、黄××、梁××、白××

资料来源：百度文库

【资料链接】

桂林××大学××××学院
大学生旅游消费水平调查问卷（2011 年 11 月）

亲爱的同学们：

我们诚心邀请您参与此次关于我校大学生旅游消费水平的调研活动，希望您自愿参与。我们保证，此次问卷收集的信息仅公布综合数据用于课题研究，不会透露任何您的个人隐私。此次问卷调查大约需要3 分钟时间，谢谢合作！

桂林××大学××××学院

工商××－×班"市场调查与预测"第一组

请在您认为合适的选项前打钩（√）

1. 您的性别：

（1）男　　（2）女

2. 在桂林上大学期间，您每年都有旅游计划吗？

（1）经常，已出游了5 次以上　　（2）偶尔，已经出游了3~4 次

（3）不经常，2 次以下　　（4）还没有，以后可能有

3. 喜欢的出行方式：

　　（1）参团旅游　　（2）"万里"独行　　（3）与同学、朋友结伴　　（4）其他

4. 您一般出游多长时间？

（1）当天返回　　　　（2）2 天以内　　　　（3）3 天~7 天　　　　（4）一周以上

5. 您以往出游的平均消费大概是多少？

（1）200 元及以下　　（2）200~500 元　　（3）500~800 元　　　（4）800 元以上

6. 您的旅游费用的主要来源：

（1）家长资助　　　　　　　　　　（2）奖学金

（3）节省下来的生活费　　　　　　（4）自己兼职、工作所得

7. 您认为阻碍大学生出游的主要原因是（多选）：

（1）资金不足　　　　　　　　　　（2）闲暇时间不够

（3）校园地理原因，交通不便　　　（4）其他

8. 您旅资的大部分资金花在了哪方面？

（1）景点饮食　　（2）住宿消费　　（3）特产、纪念品等　　（4）其他

9. 您对大学生自费旅游的态度：

（1）提倡，可丰富大学生活，增长见识

（2）无所谓，可有可无

（3）不提倡，影响学习，还可能劳神伤财

10. 您认为大学生的旅游消费费用在什么范围之内合适：＿＿＿＿＿＿＿＿＿＿。

问卷结束，再次感谢您的参与，感谢您对我们研讨工作的支持！

（资料来源：百度文库）

三、乡村旅游的市场调查方法

（一）乡村旅游市场原始资料和二手资料的调查

1. 乡村旅游市场原始资料的定义

直接来自于乡村旅游市场的被调查对象，未经调查者任何加工和整理的资料。

2. 乡村旅游市场原始资料的特点

因为乡村旅游市场原始资料是通过对乡村旅游行业的调查对象的实地调查获取的第一手资料，所以这样的资料具有直观性、准确性，同时具有具体、零碎等特点。而且，因为需要到实地去对乡村旅游市场调查对象的资料进行访问和登记，所以这样的原始资料在可靠性较高的同时，也具有资料收集的工作量巨大、工作过程繁琐、需要耗费大量时间、人力资金的缺陷。

3. 乡村旅游市场原始资料的调查方法

乡村旅游市场原始资料的调查方法中比较常见的有：人员访问、电话调查、互联网访问和观察法。

（1）人员访问。

乡村旅游市场人员访问，是调查者与被调查者面对面进行交谈，从而获取乡村旅游市场信息的一种调查方法。

一般来说，乡村旅游市场人员访问调查分为街头访问和入户调查两种类型。

人员访问的优点：因为调查者在进行乡村旅游市场调查之前往往都经过乡村旅游知识的相关培训，对问题及被调查者的把握程度较高，其收集到的乡村旅游市场原始调查资料质量较高；同时，调查者与受访者面对面进行交流，可以根据被调查者的反应对问题进行适时的解释或调整，所以访问的灵活性强；一般来说，人员访问必须要有事先制订的具体的标准化程序。

人员访问的缺点：对调查员有较高的要求，需要调查者经过事先的专门培训，使其对乡村旅游市场调查问卷及被调查者都能够事先具备较高的理解和掌控能力；还需要调查者必须具有较强的沟通能力及亲和力；这种调查，资料的匿名性相对比较差，对于一些敏感性问题，其实很难通过人员访问进行调查；这种调查，成本也是所有调查方法中最高的；被拒访的可能性很大，拒访率很高；同时尤其是人员访问中的入户调查，因为学生的社会经验不足等原因，在教学中是不建议学生进行实践的。

对于乡村旅游市场人员访问调查这一方法来说，调查员的素质和能力，对于访问获得资料的质量好坏来说是至关重要的因素。因此调查员的培训对人员访问调查非常重要。

（2）电话访问。

乡村旅游市场电话访问法，是指乡村旅游企业的调查人员通过电话这一途径向被调查者进行询问，了解乡村旅游市场相关信息的一种调查方法。

电话访问法的优点：因为目前电话这一通讯工具在现实生活中已经得到相当普遍的使用，并且具有成本低廉、节省调查经费和时间等特点；因为通过电话进行交流，使得调查不受时间和空间的限制；相对来说信息搜集的速度比较快；这种调查虽然有语言的交流，但是由于不必面对面，可以减少被调查者的压力感，从而避免人员访问中一些敏感问题得不到答复的缺陷。

电话访问的缺点：现在的人们很少有耐心在一个陌生人的电话中回答很多问题，所以这种调查方法调查的项目要尽量简单明确；因为电话是以时间计费的，所以这一调查方式也受到通话时间的限制；这一调查方式调查对象仅仅局限在有电话的对象群体中，这样会导致收集到的资料缺乏全面性和完整性，也就缺乏代表性；电话访问过程中，由于时间的紧迫感影响，资料内容的深度不及其他几种调查方法。

（二）乡村旅游市场二手资料的调查

1. 乡村旅游市场二手资料的定义

乡村旅游市场二手资料是在乡村旅游市场原始资料的基础上，已经经过乡村旅游相关部门整理、加工、发表的资料。也叫"次级资料"。

2. 乡村旅游市场二手资料的特点

（1）优点。

二手乡村旅游市场资料是现成的，可以节省收集资料的调查时间和调查经费；乡村旅游市场资料已经加工、汇总、计算，使这样的信息资料能够被乡村旅游各部门迅速、方便、快捷地加以使用。

（2）缺点。

二手乡村旅游市场资料的实用性较差。虽然反映的基本问题是乡村旅游市场，但因为别人在整理资料的时候，目的和用途具有各自的针对性与自己在此次调查中有很多不一致，致使很难找到近期的现成的而且实用的二手资料。而别人在收集和整理资料的时候，不论是调查范围、调查方法、乡村旅游市场资料的计算口径等方面，也不一定对自己的研究课题实用。比如，找到了一些反映贵州省少数民族的资料，有人口数、性别比、各少数民族的习俗、传统节日、民居式样等，但如果本次研究的课题是分析贵州省少数民族的地理分布问题，那么这些资料也就没有实际意义了。

二手乡村旅游市场资料的时效性较差。别人对原始资料经过一整套的收集、整理、汇总、加工计算全过程之后，得到了二手资料后再进行发表，这本身就需要一个相对漫长的周期。等我们找到这些资料再拿来运用时，已经又经过了一段时间，信息资料往往相对滞后。在当今市场瞬息万变的情况下，乡村旅游企业不能贪图便宜使用过时的资料来判断市场，否则无异于饮鸩止渴，会导致企业错误的决策。

二手乡村旅游市场资料的准确性、可靠性不高。有些国家、地区或部门提供的数据只是估计数，准确性不高。

3. 二手乡村旅游市场资料的资料来源

（1）乡村旅游企业或公司内部的资料。

可以是各乡村旅游企业的各类报告，比如乡村旅游企业的调研报告、审计报告、各类业绩报告等；乡村旅游企业会计账目；乡村旅游企业的各项记录等。

（2）乡村旅游企业外部资料来源。

各咨询公司、市场调查公司等市场调查专门的调研机构；乡村旅游政府相关部门；乡村旅游行业协会、乡村旅游相关的组织。

四、乡村旅游企业的相关指标

（一）乡村旅游企业营业收入类指标——企业营业收入总额

乡村旅游企业营业总额是指乡村旅游企业在从事乡村旅游商品销售，提供乡村旅游相关服务和资产让渡使用权等日常经营业务过程中所形成的经济利益的总流入。对于乡村旅游企业，本指标包括以下几项内容。

1. 乡村旅游企业客房收入

乡村旅游企业客房所带来的收入部分。

2. 乡村旅游企业门票收入

收取门票的乡村旅游企业，门票收入是企业收入重要的组成部分。

3. 乡村旅游企业餐饮收入

对于乡村旅游企业来说，乡村的餐饮文化，是很大一部分游客参与本次旅游主要消费的旅游产品。因此，乡村旅游的餐饮收入的计算和分析，对于企业的经营决策将起到至关重要的作用。

4. 乡村旅游企业旅游商品销售收入

在全国各旅游景点，旅游商品的销售收入都是旅游企业非常重要的收入来源。

5. 乡村旅游企业经营利润

将收入扣除成本的部分，形成企业的利润。

6. 其他收入

除以上各项收入以外，乡村旅游企业还可能会产生其他一些营业收入。

（二）乡村旅游企业费用类指标

1. 乡村旅游企业经营成本

经营成本是运营期内的主要现金流出。

经营成本＝总成本费用－固定资产折旧费－摊销费－利息支出

2. 乡村旅游企业营业费用

乡村旅游企业营业费用是指乡村旅游企业在销售旅游产品和提供劳务等日常经营过程中发生的各项费用以及乡村旅游企业的专设销售机构的各项经费，包括：运输费、装卸费、包装费、保险费、广告费、展览费、租赁费（不包括融资租赁费），以及为销售本乡村旅游企业产品而专设销售机构的职工工资、福利费、办公费、差旅费、折旧费、修理费、物料消耗、低值易耗品的摊销等。

3. 乡村旅游企业税金及附加

企业营业税金及附加反映企业经营主要业务应负担的营业税、消费税、城市维护建设税、资源税、土地增值税和教育税附加等。

4. 乡村旅游企业管理费用

（1）企业管理部门及职工方面的费用。

（2）用于企业直接管理之外的费用。

（3）提供生产技术条件的费用。

（4）购销业务的应酬费。

（5）损失或准备的费用。

（6）其他管理费用。

5. 乡村旅游企业财务费用

财务费用指企业在生产经营过程中为筹集资金而发生的各项费用，包括企业生产经营期间发生的利息支出（减利息收入）、汇兑净损失（有的企业如商品流通企业、保险企业进行单独核算，不包括在财务费用）、金融机构手续费，以及筹资发生的其他财务费用，如债券印刷费、国外借款担保费等。但在企业筹建期间发生的利息支出，应计入开办费；与购建固定资产或者无形资产有关的，在资产尚未交付使用或者虽已交付使用但尚未办理竣工决算之前的利息支出，计入购建资产的价值；清算期间发生的利息支出，计入清算损益。

（三）乡村旅游企业接待能力及业绩类指标

1. 某时期接待游客人次

某时期乡村旅游企业接待游客总量是反映乡村旅游企业的实际接待能力与经营效果的重要指标。企业可通过本指标的分析，了解企业的接待能力与企业实际接待人次之间的差异，从而分析企业的经营管理实效。

2. 每个游客平均逗留天数

每个游客平均逗留天数即某时期游客逗留的天数总和与游客接待人次之间计算的比值。本指标从一个方面反映乡村旅游企业对游客的吸引程度。

3. 平均每游客在本乡村旅游企业的消费支出

平均每游客在本乡村旅游企业的消费支出，即游客的消费总支出与游客接待人次之间的比值。作为乡村旅游企业来说，本项指标最能反映企业的实际经营效果。

4. 企业的客房开出率

企业的客房开出率，即已开出的客房数与乡村旅游企业的客房总数之间的比值。通过本指标，可分析企业客房的利用程度，空置情况等，对于企业的实际经营效果有极强的说明作用。

5. 某时期实际住宿总人次

某时期实际住宿总人次，即某时期内在乡村旅游企业客房住宿的游客人次。反映客房实际使用效率。

6. 某时期客房实际平均住宿天数

某时期客房实际平均住宿天数，即某时期每个客房住宿使用天数之和与乡村旅游企业拥有客房数之比。

五、乡村旅游市场调查问卷

（一）乡村旅游市场调查问卷的概念

乡村旅游市场调查问卷，就是用科学的方法系统地搜集、记录、整理和分析有关乡村旅游市场的信息资料，从而了解乡村旅游市场或企业自身发展变化的现状和趋势，为乡村旅游企业经营决策提供科学的依据。

（二）乡村旅游市场调查问卷的设计

1. 乡村旅游市场调查问卷的结构

问卷通常由标题、前言、问卷指导和问题四部分构成。

（1）乡村旅游市场调查问卷标题。

一般包括调查对象、调查内容和"调查问卷"字样，如"××旅游景点餐饮服务游客满意度调查问卷"。

（2）乡村旅游市场调查问卷前言。

问卷前言包括以下内容：

①自我介绍。让调查对象明白你的身份或调查主办的单位。

②调查的目的。对本次调查进行简要说明，让调查对象了解你具体想做什么。

③回收问卷的时间、方式及其他事项。如告诉对方本次调查的匿名性和保密性承诺，调查不会对被调查者产生不利的影响，真诚地感谢受调查者的合作，……答卷的注意事项等。

比如：您好，我是本山庄的工作人员，为了了解各位顾客的意见和需求，以便能够更好地为顾客提供服务，我们需要进行一个调查。本次调查不具名，对您提供的资料我们严格保密。希望您支持我们的工作。对您表示衷心的感谢！

（3）乡村旅游市场调查问卷的指导。

告诉被调查者如何填写问卷，包括对某种乡村旅游市场问题的有关口径、概念的理解，标明此次调查的权限以及一些必要的示范举例等内容。

（4）乡村旅游市场调查问卷的主体：

问卷的问题一般而言，问卷的题型有四种：单项选择题、多项选择题、量表题、问答题。

单项选择题：一般设置与乡村旅游市场问题相关的几个答案，让被调查者选出其中一项。

多项选择题：一般设置与乡村旅游市场问题相关的三个以上的答案，让被调查者选出其中的多项。

量表题：对乡村旅游市场的特性变量可以用不同的规则分配数字，因此形成了不同测量水平的测量量表，又称为测量尺度。

问答题：直接提出乡村旅游市场问题，让被调查者自由地发表自己的看法。

2. 乡村旅游市场调查问卷的注意事项

（1）问卷的问题用词简明扼要、言简意赅。

（2）问题的排列顺序有一定逻辑性和层次性，一般先易后难、先简后繁。

（3）为避免被调查者的厌倦心理，问题的数量不宜太多，篇幅不宜太长。

（4）常见的问卷一般采用匿名形式，可确保问卷答案的质量。

（5）量表式选择题的答案必须对称。比如，某服务的满意度调查的前三项答案是"非常满意""满意""一般"，则不满意的答案就也应该有两个"不满意""非常不满意"。这样的答案往往以中性的"一般""没感觉"等为天平的支点，好的评价和差的评价分布在两边，无论从数量上还是从程度上都应该对称，否则会对被调查者进行某个方向的引导。

3. 乡村旅游市场调查问卷设计步骤

（1）确定本次乡村旅游市场调查的具体课题项目。

在这个步骤中，调查者必须要清楚本次调查的具体目的和意义，需要解决的问题等。

（2）确定本次乡村旅游市场调查对象。

在明确了调查的目的意义后，调查者需要明确为解决这一问题，应该向什么样的调查对象采集资料。比如，同样是对贵州省镇远的古镇旅游市场进行调查，如果调查的目的是了解镇远古镇的游客接待能力，则调查对象可以为古镇的各大中小旅游企业；如果调查的目的是了解游客对镇远古镇旅游后的感受，则调查对象就不再是旅游企业，而是游客。针对不同的对象，问卷的设计是完全不同的。

（3）明确乡村旅游市场调查的具体内容。

调查的具体内容其实就是问卷的主体，即问卷的问题设计部分。在这一部分中，应注意：

①确定问题形式。

问卷的题型有单项选择题、多项选择题、量表题、问答题四种表现形式，确定问题形式应在这四种形式中选择。值得注意的是，同一份问卷中，问题的几种形式都有可能出现，要根据具体问题来进行选择。

②选择问题措辞或用语。

问题的用语要注意简明扼要，有亲和力，易于理解，避免诱导。

③决定问题顺序。

问题的前后要有连贯性，也要有逻辑性，有趣的简单的问题放在前面，让被调查者先对问卷产生兴趣，愿意作答。

六、乡村旅游市场调查的调查报告

经过问卷设计、资料收集、资料整理等工作过程，应该以调查报告的形式，把乡村旅游市场调查得到的资料进行分析，形成本次调查的结论，提出乡村旅游市场存在的问题，找到能够解决乡村旅游市场问题的方法，从而形成乡村旅游市场调查报告。乡村旅游市场调查报告的内容包括：

1. 本次调查的背景介绍

对本次乡村旅游市场调查的目的、拟解决的问题、目前的基本情况等进行简单描述。

2. 本次调查得到的资料分析

对本次乡村旅游市场调查得到的资料进行阐述，根据乡村旅游市场资料形成目前市场的基本状况分析。

3. 提出市场目前存在的问题

根据乡村旅游市场调查得到的资料，分析并提出所研究乡村旅游市场目前的表现、特点、存在的问题，为乡村旅游企业今后的发展找到需要努力的方向。

4. 找到解决乡村旅游市场问题的途径和对策

根据资料的分析，对目前乡村旅游市场有一个全面的了解和掌握，在此基础上提出解决问题的途径和方法。

【资料链接】

云南省××县乡村旅游发展前景调研报告

在省、市旅游主管部门的正确领导下，××县切实抢抓云南旅游"二次创业"的大好机遇，突出重点打造凤凰谷、菌子山精品旅游景区，整合带动发展乡村旅游产业。

一、乡村旅游发展优势及前景

（一）发展优势

××县位于滇桂两省结合部、中国第三大河流珠江上游。全县面积 2 783 平方千米，辖

4镇4乡，104个村委会、5个社区786个村民小组，全县总人口38.78万人，其中少数民族人口占总人口的16.86%，是××市少数民族人口比例最大的县。东与××县接壤，南与××州的××县毗邻，东南同广西壮族自治区的××县一水相依，西南和××州的××县连接，北倚××县。在云南六大旅游片区中，××县处于滇中与滇东南两大旅游片区的结合部，是滇东南旅游精品线路中的连接环。

1. 交通区位优势。××县不仅区位优越，而且交通便捷，距省城昆明174公里，距曲靖120公里，国道324线（高速化）穿越××境内，省道以（且）马（关）线连通文山、凤凰谷、菌子山两大景区和五龙旅游集镇，师（宗）弥（勒）公路贯通红河州周边县市，形成了较为理想的旅游交通网络，而四通八达连接全县4镇4乡的乡村公路为乡村旅游的发展提供了完善的交通条件。

2. 旅游资源优势。境内群峰叠翠，溪流纵横，"一山分四季，十里不同天"是地形、地貌、气候特征的真实写照。这里自然风光优美，旅游资源丰富，类别组合好，具有独特性、差异性和唯一性的鲜明特征。菌子山景区享有"天然奇石园、天然大花园、天然野果园、天然动物园、天然植物园、天然菌子园"等美誉；凤凰谷景区是"世界第一高洞，形象逼真的生命之门，传说中凤凰涅槃的地方，中国唯一生命文化主题公园"。随着旅游基础服务设施的不断完善和宣传营销力度的加大，旅游知名度和影响力逐步扩大，为乡村旅游的发展提供了客源保障。

××县不仅自然风光优美，而且历史文化积淀较深，民族文化浓郁。有"帝师故里，楹联之乡"的美誉，"十里不同族，五里不同俗"的民族文化以及保留完整的壮、彝、苗、瑶、回等少数民族的民居、服饰、语言、歌舞、礼仪习俗、婚丧嫁娶、节庆活动、生产生活场景使××乡村旅游发展底蕴不断增强。

（二）发展前景

在上级有关部门的正确领导和关心扶持下，××县委、政府举全县之力、集全县之智，依托独特、丰富的旅游资源，把旅游业作为全县新兴后续产业加以培育。到目前为止，已累计投入资金1.2亿元，高起点、大手笔打造旅游产业，品牌效益初步显现。2008年接待国内外游客56万人次，实现综合收入2.1亿元。2007年7月，副省长率相关部门负责人到××调研时强调指出：虽是初步开发，但搞得很好，很有气魄，很有水平。按现在的发展思路，再精心规划，加大投入，重点建设，××就会快速崛起，成为一个重要的旅游目的地，"要把××旅游列为旅游'二次创业'的重点地区来支持、培育"。××旅游业已受到广大游客、旅游企业的广泛关注，市场前景广阔。

二、乡村旅游发展新亮点

（一）××旅游小镇

五龙乡最高海拔2 326.1米，最低海拔737米，属典型的亚热带气候，森林覆盖率达71%。由于气候湿热、生态植被好，天然形成了丰富的旅游资源，境内自然风光优美，山、林、水、峰、洞、峡、雾等自然景观，集雄、奇、险、峻、秀为一体，融山水田园风光为一色。汇集了××的主要景区景点：不仅有菌子山、凤凰谷风景区，以及乡政府驻地10平方公里范围内的自然景观，还有天然大佛南丹山、亦真亦幻五龙云海。万亩柑橘园，满目青衫林，芭蕉满坡，缅桂飘香，奔波不息的南盘江，万种风情的五龙河旁，火红的攀枝花，苍翠的楠竹林……

××民族风情浓郁，壮族民俗文化保存完整。独特的壮族服饰、饮食文化体现了华夷交融与民族凝聚的缩影，每年的农历"三月三"是壮家人的传统节日，也是壮家文化集中展示的大舞台，"三月三"也成为五龙乡村旅游中不可或缺的亮点。

2005年8月8日，在全省旅游集镇规划建设会上，××被列为全省重点规划建设的60个旅游小镇之一，2007年10月经考评验收被继续列为全省的重点旅游小镇。

一是明确旅游发展思路。制订了"转变观念建新村、打牢基础兴旅游、依托优势强产业、改善环境引外资、明确责任保增收"的工作思路。近抓优质烟菜米，远抓特色林果畜，快抓基础水电路，稳抓三产游玩乐，达到农业稳乡、林业强乡、旅游富乡、人才兴乡的目标。充分挖掘稻作文化，创造特色田园风光，巩固提升农业观光品位和档次。

二是加快旅游基础设施建设，综合新农村建设，重点加快民族文化广场建设，投资1 500万元，建设集休闲、民族文化表演等为一体的民族文化广场，并对水寨实行旧村改造，完善五龙集镇功能。

三是做好旅游"水"文章。依托五龙丰富的水资源，加大水资源的保护力度，开设水上娱乐、漂流项目，创造名副其实的高原水乡。

四是成立五龙文工团。大力挖掘以民族歌舞为主的民族文化，让游客在领略自然风光的同时，体验壮家独特的民居、民俗文化，营造浓郁的民族风情旅游氛围。

五是持续加大生态建设力度。结合旅游业开发，走建管并重的路子，提升森林覆盖率。

六是品牌营销、以节促旅不断提升五龙旅游知名度。自2001年以来，××乡持续成功举办了九届"三月三"民俗文化旅游节。在壮族传统的、盛大的、最具民族特色的"三月三"节日里，开展民族歌舞表演、篝火晚会、情歌对唱、泼水狂欢、竹筏漂流等乡村旅游特色活动，吸引大批游客纷至沓来，已成为曲靖市知名度最高的节庆活动之一。

七是围绕"吃、住、行、游、购、娱"旅游六要素，抓好旅游文化产业"六个一"的开发利用，即开发好具有民族特色的一桌菜肴、一本画册、一个故事、一支舞蹈、一首歌曲、一份纪念品。加大民族手工艺品、壮族服饰等特色旅游产品的开发力度。

（二）特色农家乐

随着××旅游的不断升温，采取政府扶持发展、农户自主经营的模式，一批传承了壮族干栏式建筑风格，兼具休闲、娱乐为一体的"休闲度假型"农家乐和"家庭式"农家乐迅速发展。由于独特的壮家风味和优质的服务，生意异常火爆，深受游客欢迎，五龙水寨、菌子山小法块80余家具有"农家乐"特色餐饮企业，成为××乡村旅游的新亮点。

三、存在困难

一是××旅游产业发展资金严重紧缺，以旅游开发公司等为业主单位开发建设的项目欠债3 000余万元，欠债压力过大。

二是对乡村旅游投入不足。××是一个经济欠发达县，财政十分困难的地区。在对主要景区投入的同时，对乡村旅游的发展投入不足，不适应乡村旅游发展的趋势。

三是对乡村旅游发展引导不够，农户投入自觉性较差。

四是乡村旅游配套设施不完善，还未形成良好的产业格局。

四、请求事项

（一）请省市旅游主管部门把××乡村旅游列为全省重点扶持地区给予项目资金支助。

（二）请省市旅游主管部门加强指导，特别是市场拓展方面的扶持帮助。

资料来源：千里马校园网

实训环节

【实训目的】

1. 掌握乡村旅游调查问卷的设计。

2. 了解并掌握乡村旅游市场调查的基本方法。

3. 能通过调查得到的资料对乡村旅游市场的基本问题进行分析。

【实训要求】

通过对一次完整的乡村旅游市场调查过程的操作，让学生了解并熟悉乡村旅游市场调查计划的制作，包括问卷设计、资料采集、资料汇总、需要的调查经费安排、整个过程的组织实施等通盘考虑和安排；并能够对调查资料进行分析，从而形成结论，找到解决问题的对策和方法，完成市场调查报告。

【实训组织】

1. 将全班同学三人一组，分成若干个组。

2. 教师对每组同学布置一个需要进行乡村旅游市场调查并分析的课题。

3. 各组同学按照教师的要求，对课题进行乡村旅游市场资料的调查和分析，形成乡村旅游市场调查报告。

【实训成绩评定】

教师可以按照以下方式对学生进行考核：

1. 在设计问卷之前，对相关问题进行前期了解时所收集的资料。

2. 市场调查方案的设计。

3. 市场调查问卷的设计。

4. 收集到的原始资料信息。

5. 对原始资料进行汇总分析。

6. 根据资料撰写的市场调查报告。

思考与练习

1. 什么是原始资料和次级资料？

2. 为什么需要对乡村旅游市场进行调查？

3. 在乡村旅游市场调查问卷的设计过程中需要注意哪些问题？

第二节　乡村旅游市场营销

任务描述

通过本节的学习与训练，了解乡村旅游市场营销的一些基本概念、基本营销理念、营销策略、促销技巧、方法和手段；初步学会乡村旅游市场实际操作过程中营销策略的实施，从而熟悉乡村旅游市场的运作。

【知识目标】

1. 了解乡村旅游市场营销的理念。

2. 掌握乡村旅游市场的基本营销方法和手段。

【能力目标】

1. 能基本掌握乡村旅游市场中的一些基本营销概念。

2. 能够根据市场的实际情况，对乡村旅游市场进行正确的判断、分析，从而形成合适的营销策略。

3. 能够把乡村旅游市场营销的相关理论运用于实际。

【素质目标】

1. 初步建立学生的乡村旅游市场营销意识。

2. 锻炼学生良好的乡村旅游市场认知能力。

任务组织与实施

1. 知识讲解。通过乡村旅游市场营销相关理论的讲解，使学生对乡村旅游市场营销有一个整体的认识。

2. 组织学生实训。学习市场营销活动的实际操作。

3. 任务评价。通过学生实际的市场营销活动，对学生所学知识和技能的掌握情况进行评价。

案例导读

成都建设乡村旅游商品购物中心

成都市 2006 年 3 月在郫县农科村、青城后山泰安古镇、锦江区三圣乡和龙泉驿区洛带镇新开了四家乡村旅游商品购物中心，拉开了全市乡村旅游商品购物中心建设的序幕。乡村旅游商品购物中心面积为 100 平方米，主要销售包括食品、日用品、工艺品三大类的数百种成都市乡村特色旅游商品。该市数十家旅游商品生产厂家与这四家购物中心在农科村正式签订了合作协议。

当游客来到农科村旅游时，不仅可以到一户一景的农家小院休闲娱乐，还可以逛逛新建成的乡村旅游商品购物中心农科店，尽情挑选各种特色商品。装潢一新的店面格外引人注目，店内陈列的商品也是五花八门，郫县豆瓣、蜀绣、草编、兰草盆景等极具郫县地方特色。在这间不大的店面里，还收藏了来自全成都市各大乡村的特色商品。在欣赏完农家美景之后，到这里来选购一些特色商品带回家，也不失为一件美事，因此吸引了不少游客来这里休闲购物。

乡村旅游商品购物中心的建立不仅为广大旅游爱好者购买特色商品提供了方便，也将在一定程度上促进农副产品商品化，提高了农副产品附加值，形成了特色旅游商品品牌，推进了当地旅游产业快速发展。

资料来源：李享：《乡村旅游商品的开发与营销》，北京乡村旅游网。

【思考】

乡村旅游企业如何在旅游产品上做文章，使景区的山水风光、风土人情和具有文化特色的产品有机地结合在一起，并找到适合自己的旅游产品营销策略？

基本知识

一、乡村旅游市场营销观念

（一）市场营销观念

市场营销观念是指企业在进行经营决策、产品生产组织以及管理市场营销活动中的基本指导思想，其实也就是一个企业的经营哲学。它是一个企业如何看待企业、顾客与社会三方之间关系的思维方式和观念。市场营销观念有一个漫长的发展和演变历史，主要经历以下几个阶段的演变。

1. 生产观念

这是最早期的一种市场营销观念。这一观念认为，企业生产经营的全部重心就应该是产品生产，尤其是增加产品的产量。企业应当尽力地去集中一切资源和力量提高生产效率和增加产品产量，这样就能满足顾客和社会的需求，即企业为社会和顾客服务的最基本途径就是增加产品生产。这一时期的产品市场是典型的卖方市场，即产品供不应求的市场。

2. 产品观念

这一观念是在注重产品产量的同时，尤其强调生产高质量的产品，认为只要产品"好"，顾客自然会到企业购买，典型的"酒香不怕巷子深"。这一观念滋生的市场中产品供不应求的状况已经得到基本解决，消费者开始对产品有所选择。这一观念认为企业只要生产好品质的产品就是为社会服务、为消费者服务。

3. 推销观念

推销观念认为，企业主要的中心任务是致力于对本企业产品积极推销和大力促销，使消费者购买本企业产品。其具体表现是"我生产什么，就想办法让消费者买什么"。此观念仍然是一种传统的以生产为导向的营销观念。

4. 市场营销观念

这是以消费者的需求为导向的市场营销观念。本观念以消费者的需求为中心，企业的一切生产和经营活动都围绕着消费者的需求，生产者努力去发掘市场，生产消费者需要的产品，以期最大限度满足消费者的需求。这样的观念属于现代市场营销观念。

（二）乡村旅游市场营销观念

我国的乡村旅游市场由于起步较晚，其营销观念没有经历漫长而全面的演变过程，但是在发展过程中也表现为几个阶段。

1. 乡村旅游资源导向阶段

这是乡村旅游业的兴起阶段，这时的乡村旅游市场自身的商品经济和自身的市场观念尚未正式形成，乡村旅游市场处于完全的卖方市场。各地发展乡村旅游业的出发点往往是根据自己本地乡村旅游资源的数量和质量情况，来确定乡村旅游区（点）的建设规划和有关乡村旅游相关设施的配套建设等内容。

2. 乡村旅游市场导向阶段

乡村旅游资源与乡村旅游市场二者关系到底如何，学术界曾经存在着激烈的争论，现在行内比较一致的观点则是认为在以乡村旅游市场为导向的前提下，也不能忽视乡村旅游资源的基础功用。

3. 乡村旅游市场的产品导向阶段

这是一个集乡村旅游资源、乡村旅游市场、乡村旅游产品、乡村旅游企业形象策划和乡村旅游市场营销一体化的综合性阶段，可称之为"乡村旅游市场的产品导向阶段"。它是从分析、研究乡村旅游市场出发，对乡村旅游市场进行细分，确定乡村旅游企业的目标市场。针对乡村旅游市场需求，有乡村旅游资源的，则对乡村旅游资源进行进一步筛选、加工或再创造；没有乡村旅游资源的，也可以根据乡村旅游市场和本地的乡村旅游经济技术实力进行乡村旅游产品策划和乡村旅游产品创意，然后设计、制作、组合成适销对路的乡村旅游产品，并通过各种乡村旅游市场营销手段推向乡村旅游市场，其营销的核心思想就是从市场回归到市场，即"市场—资源—产品—形象—市场"。

二、乡村旅游市场的目标市场营销战略

（一）乡村旅游市场的市场细分

1. 市场细分的定义

市场细分是根据市场上消费者对产品需求的多样性，不同消费者购买态度、购买行为和购买习惯几方面特点的差异性，把某产品一大类的整体市场也就是某一产品的全部顾客群，划分为若干个小的消费者群以及若干个小市场的过程。

2. 乡村旅游市场细分的含义

根据乡村旅游市场的旅游者需求的差异性，对乡村旅游市场的旅游者进行划分，区别乡村旅游者的不同旅游需求，同时根据乡村旅游者消费行为的差异性，把整体乡村旅游市场分成若干个具有类似需求和欲望的乡村旅游消费者群体。

乡村旅游市场就是在旅游这一大的整体市场中，进行过市场细分之后形成的细分市场之一。

3. 乡村旅游市场细分的原则

（1）可衡量性。各细分后的乡村旅游市场规模和消费水平以及购买能力等是能够被衡量的、被估算的。

（2）可进入性。细分后的乡村旅游市场是乡村旅游企业根据自身条件，利用广告媒体的信息传递和营销活动的开展达到进入市场的可能性。

（3）可盈利性。细分后的乡村旅游市场一定要有足够的乡村旅游市场规模和乡村旅游市场容量，使乡村旅游企业获利。

（4）差异性。细分后的各乡村旅游子市场之间应该存在某些明显差异。

（5）相对稳定性。细分后的乡村旅游市场要能够在一定时间内保持相对的稳定性。

只有这样，乡村旅游企业才能够做出乡村旅游企业的发展规划；制订出乡村旅游企业的发展战略；厘清乡村旅游企业未来的发展思路和方向。

4. 乡村旅游市场细分的标准

（1）地理因素。

按地理因素对乡村旅游市场进行细分的变量有很多。比如，城市的规模，景区所处的地理位置、地形、地貌特点以及气候等。

（2）人口因素。

按人口因素对乡村旅游市场进行细分，具体的细分变量有：旅游者的性别、年龄、受教育水平，旅游者的收入、职业，旅游者的宗教、民族、种族等。

（3）心理因素。

按心理因素对乡村旅游市场进行细分，具体的细分变量有：乡村旅游动机、对乡村旅游的态度、对乡村旅游活动的诉求等。

（4）行为因素。

按行为因素对乡村旅游市场进行细分，具体的细分变量有：旅游者乡村旅游活动选择的方式、乡村旅游时间的选择、居民出游比例、旅游者出游频率、乡村旅游活动中的总消费金额、对乡村旅游服务的要求、对某景点或某旅游企业的品牌忠诚度等。

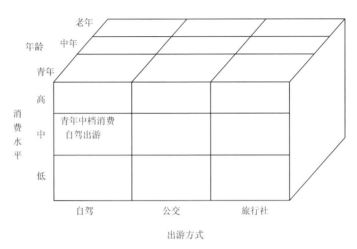

图 3-2-1　综合图表对乡村旅游市场细分立体图

5. 乡村旅游市场的市场细分方法

（1）单一变量法。

所谓单一变量法是根据乡村旅游者不同的旅游消费需求，选择对乡村旅游需求影响最大的因素作为细分变量，形成细分市场。比如，对于乡村旅游市场来说，闲暇时间是非常重要的一个影响因素，可以按照闲暇时间来对乡村旅游市场进行细分，形成周末市场、节日市场、国庆黄金周市场、暑期市场等。也可以按照其他因素进行细分，例如按照消费水平，可分为低端消费市场、大众消费市场、高端消费市场等。

（2）综合因素细分。

所谓综合因素细分是根据乡村旅游市场的不同需求特点，选择多个因素同时对乡村旅游市场进行细分，形成多个细分市场。例如，用年龄、消费水平、旅游出行方式三个因素同时对乡村旅游市场进行划分。如图 3-2-1 所示，经过这三个因素同时进行划分，就将一个整体乡村旅游市场划分为 27 个细分市场。其中，"青年中档消费自驾出游"方块所代表的是青年中档消费水平自驾游市场，还可以分出老年中等消费自驾出游乡村旅游市场、青年低消费公交出游的乡村旅游市场等。需要注意的是综合因素细分法在运用的时候，选择的分组标准不宜太多，每个标准的划分不宜太细。否则，细分后的市场太小，可能不具备可进入性、可盈利性等细分市场必须遵守的原则。

（3）系列因素细分法。

乡村旅游市场细分所涉及的因素是多方面的，将各因素按一定的顺序逐步进行市场细分，这种方法称为系列因素细分法。例如对某地的乡村旅游市场用收入水平、年龄、出游方式几个因素进行系列因素细分，如图 3-2-2 所示。

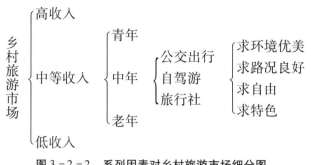

图 3-2-2 系列因素对乡村旅游市场细分图

（二）乡村旅游企业的目标市场

1. 乡村旅游企业目标市场的含义

乡村旅游企业目标市场就是乡村旅游企业期望并认为自身有能力占领和开拓的市场，能为乡村旅游企业带来最佳营销机会、最大经济效益、乡村旅游企业决定生产能满足其需求产品并为其服务的消费者群体。

2. 乡村旅游企业目标市场选择应遵循的原则

（1）目标市场应该与乡村旅游企业的经营目标及企业形象相吻合。

（2）考虑乡村旅游企业所拥有的资源条件。

资源因素在旅游业中有着十分重要的地位，这是众所周知的。同样，对于乡村旅游行业来说，旅游资源是乡村旅游业的依托。

（3）目标市场一定是能够突显自身特色的，能够充分对资源加以利用并扬长避短的。

3. 乡村旅游企业目标市场的选择策略

乡村旅游企业目标市场的选择策略是由乡村旅游企业选择哪个细分市场服务决定的。由于乡村旅游企业的产品所处地理环境、旅游资源特征、知名度、经营种类、营销策略、产品所处生命周期等各方面因素不同，乡村旅游企业在具体进行目标市场选择时，所采用的策略也有所不同。现在的市场营销学理论中，目标市场选择策略主要有以下几种类型。

（1）市场集中化。

乡村旅游企业选择若干个细分市场中的一个子市场，针对性极强，集中力量生产适合这一市场的产品为其服务。这种类型适合于较小的企业，便于利用这样的策略专门填补市场的某一类空缺。例如：贵州省乡村旅游行业中的鲜果采摘旅游活动就属于这个类型。

【资料链接】

乌当区阿栗杨梅成熟 市民可去尝鲜

乌当区高新社区阿栗村将于6月10日举行杨梅采摘活动，广大市民可前往摘果尝鲜。

阿栗村位于贵阳市东郊，是贵州省最大的杨梅基地。在全村1 026农户中，95%以上种有杨梅，共计7 000余亩，"阿栗杨梅"还获得"贵州省优质农产品"称号。6月6日，记者在阿栗村旧寨组看到，漫山遍野到处是点点红色，村民们种植的杨梅已经成熟。据阿栗村村支书介绍，今年是阿栗杨梅丰收年，全村总产量在350万公斤左右，按照市场价5元/斤计算，预计能获 3 000 多万元的收入。

阿栗杨梅采摘期将持续一个月左右。自驾的游客，除了从东二环经北京东路到阿栗村外，还可从水口寺走 128 县道、从龙洞堡经南明区罗吏村、从新添寨经情人谷景区到达阿栗村。

资料来源：

1. 贵阳新闻网—贵阳日报，2013 年 6 月 7 日。

2. 昵图网，BY：tangchao240，www.nipic.com。

（2）产品专门化。

乡村旅游企业集中生产一类产品，并在这一类产品领域内努力满足不同消费者的需求。乡村旅游企业为不同的顾客提供相同种类的乡村旅游产品和服务，而不生产消费者需要的其他类型的旅游产品。但是市场是多变的，一旦出现其他品牌的替代品或旅游者的偏好发生转移，乡村旅游企业将面临巨大的威胁。

（3）市场专门化。

乡村旅游企业专门服务于某一类特定顾客群，尽力设计出适合他们的旅游产品以满足他们的各种需求。例如乡村旅游企业专门为老年旅游者提供各种类型和层次的旅游产品。旅游企业专门为特定的顾客群服务。但如果这个顾客群的需求潜量和特点突然发生变化，企业要承担较大风险。

（4）有选择的专门化。

乡村旅游企业有选择地在所有细分市场中确定几个细分市场作为乡村旅游企业的目标市场。其中的每一个目标市场对乡村旅游企业都有一定的吸引力，但是各目标市场彼此之间很少或根本没有联系。这种策略能有效分散企业经营风险，即使其中某个目标市场经营出现问题，企业还能在其他目标市场获取利润。

（5）完全市场覆盖。

乡村旅游企业力图用各种产品来满足各类顾客群体的需求，以所有的细分市场作为目标市场。一般只有实力非常强大的大企业才能采用这种策略。

【资料链接】

乡村旅游目标市场的五种选择模式

市场集中化：乡村旅游企业在所有细分市场中只是极有针对性地选择其中的某一个细分市场作为企业的目标。

有选择的专门化：乡村旅游企业在所有细分市场中选择了几个市场作为企业的目标，在这几个细分市场中，可能企业自身存在一些优势。

市场专门化：乡村旅游企业在所有的细分市场中有针对性地选择了某一类市场，设计各种乡村旅游产品以满足这一市场的需求。比如，某乡村旅游企业有针对性地选择了年轻客户群，设计了各种乡村旅游产品全方位满足年轻旅游消费者的需求。

产品专门化：乡村旅游企业在所有的细分市场中有针对性地选择了某一类产品，在这一类产品市场中不断去细分，以满足不同顾客的需求。比如，温泉旅游企业设计出各种不同的温泉产品：当归温泉可滋阴、枸杞温泉可补阳、生姜温泉可生发；有高温温泉、低温温泉；

有鱼疗温泉、按摩温泉等，总之就在温泉产品上做文章。

完全市场覆盖：乡村旅游企业在所有的细分市场中以所有的细分市场为目标，只要是有需求的，都可以作为目标市场。

（三）乡村旅游企业的目标市场定位

1. 目标市场定位的含义

企业的目标市场定位，就是企业要将自己的产品在消费者心目中树立什么样的形象。这个形象应该是特别的，有与其他企业产品很容易区分的个性鲜明的形象，从而使本企业的产品很容易区别于其他企业的产品。例如贵州黔东南的西江苗寨，在游客的心目中留下的是"苗族文化"这样个性鲜明的形象；而剑河的温泉则在游客心中留下了集健康、自然与休闲为一体的形象。

2. 乡村旅游目标市场定位的程序和方法

（1）进行市场调查，了解相关资料和信息。

没有调查就没有发言权，任何决策都应建立在调查研究的基础上。乡村旅游企业的目标市场定位是企业的重大决策，更应该事先经过细致的市场调查工作。这一阶段是乡村旅游企业目标市场定位的初始阶段，也是基础阶段。这一阶段的质量直接影响乡村旅游企业未来的发展方向和经营思想。为此必须对整个市场的环境情况、游客自身基本情况、游客需求、竞争状况等进行全方位的了解。

（2）对市场环境进行分析。

对收集上来的信息进行整理和分析，从中找到自己所关注问题的相关性，并客观地对问题进行研究，发现其中的问题和规律。

（3）市场机会分析。

通过对上述资料的分析，要从中寻找企业可能发展的空间，找到企业的优势、劣势，分析企业面临的问题和挑战，同时分析企业的机会和潜力。

（4）目标市场定位方案设计。

第一步：进行乡村旅游市场细分

从市场状况、产品特色、游客的需求差异等方面入手，确定细分市场的标准，对乡村旅游市场进行细分。

第二步：目标市场选择

根据前期的市场细分，对各细分市场进行可行性研究分析，在众多细分市场中进行目标市场选择。所选定的细分市场就是企业准备为之服务的目标市场。

第三步：产品市场定位

根据市场竞争状况，确定本企业产品在市场中应形成的形象和地位。

3. 乡村旅游企业目标市场设计报告结构

（1）封面。

封面包括乡村旅游企业目标市场设计报告项目名称、制作人的姓名、制作的日期等基本要素。

（2）目录。

一般情况下乡村旅游企业目标市场设计报告相对篇幅较长，需要有相应的目录对内容进行体现。

（3）正文。

阐述本次乡村旅游企业目标市场设计报告设计的背景、目的和要求；乡村旅游市场细分的具体表述；乡村旅游目标市场选择的情况；乡村旅游产品市场定位的基本思路等。通常可以通过各种乡村旅游相关图表对这一部分的内容进行表述。

（4）附件。

附件是报告涉及的一些较大的表格、资料或者是一些附加说明。

【资料链接】

上海知青文化主题村策划方案

一、项目位置

黄山茶林场及周边村庄，原上海知青 18 个连队及三八连驻地。

二、项目依据

黄山茶林场及原上海知青十八连营地等均位于谭家桥镇，邻近黄山风景区。茶林场是上海至黄山、芜湖至黄山的途经之地，是当年上海知青的集聚点，先后安置上海知青近万人，知青文化非常浓厚，极宜开展知青文化旅游的项目。以此为背景建设一个重现当年上海知青文化的主题村落，在创造旅游效益的同时为谭家桥打造成上海后花园提供一个平台。

三、项目策划

1. 知青纪念馆

（1）位置。

在黄山茶林场内部的适宜位置建设规格较高的上海知青纪念馆，纪念在黄山战斗、生活、工作过的老一辈上海知青。

（2）建筑风格。

要求纪念管能够体现当年知识青年上山下乡的主题，并且有一定规模，纪念馆配有别致新颖的展馆，建筑设计要与茶林场建筑风格一致，同时要重点突出知青上山下乡时的时代特征。

（3）馆藏。

①展览馆内收藏"知青"生产、生活用具及其他有关"知青"的文物，包括毛主席标语、吃饭的瓷缸、长条板凳、大喇叭广播。

②当年"知青"中广泛流行的手抄本、老照片、当年的证件、饭票、菜票等历史遗物等。

（4）附属设施。

①出售部。出售多年来反映"知青"的电影、电视光盘及小说等各类文学题材的作品。

②演播厅。建立影视演播厅，根据需要进行循环演播。

③图书馆。如果有条件，可以收录全国各地的知青信息，建立小型图书馆对外借阅及出售。

（5）保障措施。

①知青纪念馆的建造要积极争取各方支持，可组织人员专访"知青"出身的各级领导、各方面专家、企业家。

②争取对资金、资料、文物等各方面支持，积极收集第一手资料、征集文物等，以期这段历史能够直观、全面、翔实地展现给当今的参观者。

2. 知青驿站

（1）位置。

原上海女知青三八连驻地。

（2）设施整治。

整理原知青三八连的住所、食堂等设施，复原典型的"知青"住宅，包括当年的床铺等室内陈设和当年的篮球场、打靶场、宣传栏、洗衣处、厕所等，恢复昔日"知青家园"的面貌。

3. 知青纪念墙

保护好原三八连住所墙上当年知青留下的痕迹，对于特别突出的墙面可以命名为"知青"纪念墙等，同时放置知青留言册方便到访的知青留言。

（1）物品。

仿制当年知青生活用具、各种日常生活用品、衣服等，使后人了解当年的艰苦岁月，游客也可以购买或穿戴这些物品，增加多重体验。

（2）雕塑。

在三八连住所的前面空地上，安放"知青"雕塑等标志性建筑。

（3）设施。

修缮当年知青上山劳动的道路，使到访的知青，能够很便捷地走到自己当年工作的场所，看看自己曾经种下的树木等。

（4）餐饮设施。

把原三八连食堂改造成"知青食堂"。对内外环境适当改造，尽量保持食堂原貌，餐桌等设施风格尽量与当年相似。同时西文村的农家乐和旅舍等可以以"知青"小屋、"知青"饭店、"知青"旅舍等形式命名，为游客提供饮食接待服务。

（5）项目延伸。

随着乡村旅游的深度开发，如果条件允许，可以将十八连的驻地等相关村落纳入知青文化主题村的规划范围，收集十八连的相关物品、用具等方便当年的知青重回故地游览，以此增加本区的旅游影响。

4. 知青联谊会

（1）联谊会宗旨。

①当年的知青，有很多人有着共同的经历和思想，关系很好，返城后由于种种原因失去了联系，对其中很多人来说，都是一件非常遗憾的事情。

②上海知青文化主题村景区通过组织知青联谊会，通过旅游目的地和集散地的优势，起到一个牵线作用，帮助那些失去联系的知青重新取得联系。

③一方面确实帮助了知青们，另一方面也扩大了自身的知名度和品牌优势，形成口碑效应与优势循环。

（2）策划。

①每年固定时间举办知青返乡节，同时组织开展知青联谊会、知青座谈会等活动，使老知青能够有很好的交流平台，同时扩大本区的影响。

②对于到访的当年老知青要有专门的接待人员，同时做好通讯记录，为以后做强知青文化品牌打好基础。

（3）项目延伸。

通过开展知青参观本区、访友等活动，促进"知青经济"的发展，可以在知青比较集中的时间段，开展招商发布会、项目洽谈会活动，号召有能力的知青为第二故乡继续做贡献。

资料来源：百度文库：《国内重点细分市场营销策略》。

实训环节

【实训目的】

1. 了解乡村旅游市场营销的相关概念。
2. 熟悉乡村旅游市场。
3. 对乡村旅游市场营销中的目标市场定位有一个整体的认识。

【实训要求】

1. 通过实训加深对乡村旅游市场的理解。
2. 能对乡村旅游市场进行细分。
3. 能够撰写目标市场定位方案。

【实训组织】

1. 各班以 5 人为一个小组，分为多个组。
2. 每组选择一个乡村旅游市场项目。
3. 各组对自己选择的项目进行目标市场定位，形成目标市场定位方案。

【实训成绩评定】

以组为单位，对各组学生的实训进行成绩评定。

思考与练习

1. 市场营销观念先后经历了几个阶段？分别表现为什么特点？
2. 乡村旅游市场细分可以选择哪些标准？
3. 试分析周边 2－3 个乡村旅游企业的目标市场定位。

第四章　乡村旅游服务

模块描述

本章主要从乡村旅游服务标准、乡村旅游导游服务、乡村旅游住宿服务、乡村旅游餐饮服务这四个方面介绍了乡村旅游服务所涉及的主要内容；学生通过本章的学习和训练，主要掌握乡村旅游服务的标准和技能，达到规范服务、优质服务的目的。

【知识目标】

1. 了解乡村旅游服务所涵盖的主要内容及工作要领。
2. 熟悉乡村旅游服务的各个环节以及操作规范。

【能力目标】

掌握乡村旅游服务的各项基本技能，并能熟练、灵活地运用到工作和生活中去。

【素质目标】

1. 初步建立学生的规范服务意识。
2. 培养学生良好的行为习惯和助人为乐的精神。

第一节　乡村旅游标准化服务

任务描述

通过本节的学习与训练，了解我国乡村旅游标准化的意义，初步掌握目前我国乡村旅游标准化的主要内容，熟记我国乡村旅游基本服务标准。

【知识目标】

1. 了解我国乡村旅游标准化的重要性。
2. 掌握我国乡村旅游标准化的主要内容。

【能力目标】

能严格按照我国乡村旅游的基本标准为游客提供服务，推动当地乡村旅游的发展。

【素质目标】

1. 初步建立学生标准化服务意识。
2. 培养学生科学现代的工作作风。

任务组织与实施

1. 知识讲解。通过对"乡村旅游标准化意义"和"乡村旅游标准化体系构建"两部分内容的讲解，使学生意识到掌握标准对提高乡村旅游服务质量的至关重要性。
2. 组织学生实训。让学生很好地把理论学习与实践结合起来。
3. 任务评价。对学生的实训过程和结果进行点评，指出存在的不足，提出改进意见。

案例导读

"老字号"用旅游标准化"突围"成功
——郫县农家乐标准化试点借鉴

从最初的一枝独秀，到被"乡村游"新秀赶超，再到如今成功创建全国唯一的农家旅游服务业标准化试点项目，郫县农科村的发展历程可以用"V"字形来概括。问起是什么法宝让农科村实现了"突围"？当地农家乐老板们说这得益于旅游标准化的创建。

硬件上的提升自然重要，但软件方面旅游标准化更不容忽视。通过创新农家旅游服务业标准体系，农科村的旅游管理水平提升了，"老字号"有了新活力。

农科村在两年多的时间里制订了《农家旅游服务规范》的四川省地方标准，包括总则、餐饮服务、住宿服务、交通服务、观光服务、购物服务等7项标准，同时制订了体现农家旅游地方特色的企业服务标准50个，形成了以国家标准、行业标准为主体，地方标准为补充，内容几乎涵盖了农家乐乡村旅游产业的每一个环节，涉及相关标准共110多条的服务标准化体系。和农家乐之前实施的一些规章制度不同，此次的标准，不但要求提升着装、菜品、服务礼节等小环境，更明确了空气、噪音、水质等大环境必须达标。而且其中的每套标准都规定得较为具体，有较强的指导和规范作用。2011年底，在全国第一个燃起农家乐火种的农科村成功通过旅游标准化试点验收。

如今，朴实的农家乐老板和服务员们脱下了印花衬衣，穿起了统一的服务制服；农家菜上菜时，还会先报菜名。徐家大院，是中国农家乐第一家，也是最早尝试标准的试点户。记者一走进大门，就看到醒目的标志牌，中餐、棋牌、厕所等位置一目了然，不但用了中文、英文，还配有形象的图画。以往烟斗、高跟鞋标示的男女厕所，也被规范的穿裙子的女士、穿裤子的男士图案所代替。轮到上菜时，配有佐料、小料的菜肴，一次性摆上桌。而盛满炖汤的沙锅，也是在菜肴上桌后，再当着游客的面开启。外地客人不知道四川农家菜食用方法，服务员会逐一讲解。

静香园农家乐治理职员告诉记者，以前这里只有简单的化粪池，现在每个农家乐都安上了污水管道；以前烧蜂窝煤，现在都改成了天然气；以前垃圾倾倒都很随意，现在垃圾都是日产日清，餐厨垃圾也是统一处理。标准中特别规定，农家乐空气质量要达到二级及以上标准，最好的要达到自然保护区、风景名胜区和其他需要特殊保护地区的水平。

静香园老板刘建告诉记者，作为标准化试点单位，在引进标准后，整个园区无论是治理还是服务上都有很大进步，顾客满足度也不断提升。看到标准化带来的好处，刘建干脆请来职业经理人，全权负责农家乐的生意。如今在农科村，已有6家农家乐请来专业治理职员打理，摒弃了家族式治理模式。

资料来源：

1. http：//jswm. newssc. org/system/2012/03/28/013486247. shtml。

2. http：//www. zfol. net/xiangmu/jiayong/23118. html。

【思考】

郫县农科村的农家乐标准化试点主要有哪些值得借鉴的地方？

基本知识

"书同文，车同轨，统一度量衡"，商鞅变法及其后秦朝的大一统措施，代表了中国古代标准化的高水准开端。统一的文化、交通、经济规范，将一度分崩离析的割据地方再度联结起来，形成繁荣的景象。标准化决定专业化，专业化决定品牌化，品牌化决定网络化，网络化最终才能实现规模化。同时，标准化也是中国旅游业能否跨入现代旅游服务业阶段的关键。全国旅游标准化技术委员会秘书长汪黎明认为，在未来很长一段时间内，标准化都将是中国旅游业获得可持续良性发展的基础和动力。

因此，旅游标准化不仅仅是一项关乎品质的政府主导工程，它将深刻地影响到每一位中国公民的旅游出行品质，影响到中国旅游业的未来[①]。

一、乡村旅游标准化的意义

（一）乡村旅游标准化的涵义

乡村旅游标准化就是为了保护乡村生态环境，促进乡村旅游产业健康发展，保障乡村旅游者权益而制订一系列规则的活动和过程。乡村旅游标准可以分为两类：一类是乡村旅游规范，即明确从事乡村旅游活动（包括规划、开发、管理、服务等）时应遵守的原则、遵循的步骤以及达到的条件等，其目的是帮助从业者科学合理地开展乡村旅游的相关事务；另一类是评估标准，即制订一系列指标来审查、衡量乡村旅游从业者提供的产品和服务符合行业标准的程度，对标准者给予一定的奖励或标识，以促进从业者提高旅游产品质量，并帮助乡村旅游者鉴别旅游产品质量。

---

① 百度文库，http：//wk. baidu. com。

（二）乡村旅游标准化的意义

1. 有利于政府对乡村旅游实施有效管理

发达国家的经验表明，政府在乡村旅游发展中起着不可忽视的作用，像西班牙、法国、意大利、德国等都是由政府和行业协会一起制订乡村旅游标准，政府在国家与乡村旅游经营者之间沟通桥梁的角色。我国旅游方面的协会还不是很健全，乡村旅游标准主要由政府部门制订。乡村旅游的标准化让职能部门的管理有章可循，不仅较好地发挥了各级政府的指导作用，而且也能促使职能部门改变工作作风，鞭策其更好地为乡村旅游服务。

2. 有助于经营者提高服务质量

乡村的基础设施建设本身比城市落后很多，而乡村旅游的主要经营者的观念陈旧、能力有限，在经营过程中难免会出现盲目、跟风、无序等现象，导致乡村旅游产品的质量难以保证，发展停滞。乡村旅游标准的制定和实施，不但给经营者提供了可参考的依据和可操作的规范，较大幅度提升了乡村旅游服务水平，而且还给经营者指明了发展方向，激励他们充分发挥各自特色，使乡村旅游向更高层次发展。

3. 有益于消费者维护合法权益

乡村旅游标准化以后，乡村旅游交通、住宿、餐饮等方面都有了相应的质量规范和评价标准，游客的安全、卫生等方面的需求有了保障，将大大提高旅游者的舒适感和满意度，也为消费者维护自身的合法权益提供了依据。

二、乡村旅游标准化体系构建

实践证明，乡村旅游标准化已成为推动乡村旅游特色化、规范化、规模化、品牌化发展的新动力，乡村旅游的标准化必须是一个系统工程，应从不同对象和不同内容等方面构建。

（一）乡村旅游标准化的对象

1. 旅游经营户的标准化

对单个旅游经营户的标准化是乡村旅游标准化的基点。对经营户实施标准化不仅规范了乡村旅游的经营行为，而且成为培训、指导、带动更多人从事乡村旅游的主要切入点。

2. 旅游村的标准化

对旅游村的标准化是乡村旅游标准化的核心。旅游村的规范和标准主要规定了乡村旅游接待村所应具备的基础设施、环境等宏观条件，以及管理机构、安全、卫生等旅游管理和服务基本要求。特色突出、环境良好、服务优质是乡村旅游发展的关键。

3. 旅游乡镇的标准化

对旅游乡镇的标准化是乡村旅游标准化的重要环节。旅游乡镇是新型的旅游目的地，通过推进乡镇旅游标准化的创建，有利于乡村旅游的规模化和品牌化发展。

（二）乡村旅游标准化的内容

1. 制订目的角度

（1）评比标准化。

评比标准主要是对乡村旅游点从环境、软硬件设施、卫生安全、活动等方面评比打分来划分等级，评比标准化可以规范管理和设施建设、提高服务水平。

（2）服务规范化。

服务规范主要是确立乡村旅游点的经营服务基本原则和管理要求，服务规范化使得从业者有据可依、有章可循，便于管理和提高服务质量。

2. 总体构架角度

（1）乡村旅游基础标准化。

乡村旅游的基础标准主要涉及安全、卫生、质量、环保和公益等方面的规定，或为达到这些目标而必需的技术要求及管理要求，以及行业的通用标准。其中部分内容需要严格执行法律法规，标准内容要求全文引用国家标准化管理委员会、国家旅游局等部委所指定的相关标准规范。乡村旅游的基础标准化对乡村旅游其他标准起着制约和指导作用。

（2）乡村旅游综合标准化。

乡村旅游的综合标准主要涉及乡村旅游使用的专业术语、基本分类、图形符号、计量单位等内容的标准，比如乡村旅游中农家乐、乡村宾馆、乡村饭店等专有名词的界定。乡村旅游的综合标准化使乡村旅游设施和服务的表述更加明晰和准确，不仅有利于技术标准的编制、运用、监督等工作，而且方便了乡村旅游管理者、经营者、当地居民、旅游者的乡村旅游活动。

（3）乡村旅游技术标准化。

乡村旅游技术标准主要涉及乡村旅游设施配备、服务标准、人员要求、环境布置等要素的具体操作规范。乡村旅游技术标准化的主体应该是全方位的，制定对象包括乡村旅游的管理主体、经营者、从业人员，甚至游客团队及个人。通过多角度、多要素、多载体的乡村旅游技术标准制定，促进乡村旅游科学、有序地发展。

3. 涉及项目角度

（1）乡村旅游服务设施标准化。

乡村旅游服务设施标准主要包括乡村旅游住宿设施标准、乡村旅游餐饮设施标准、乡村旅游交通设施标准和乡村旅游社区服务设施标准，是乡村旅游的基础条件。乡村旅游服务设施标准化能大大增强乡村旅游的吸引力和可进入性。

（2）乡村旅游服务卫生安全标准化。

乡村旅游服务卫生安全标准主要包括乡村旅游住宿卫生标准、乡村旅游餐饮卫生标准、乡村旅游饮用水卫生标准、乡村旅游环境卫生标准、乡村旅游能源卫生标准，是乡村旅游的基本保障。乡村旅游服务卫生安全标准化使得乡村旅游可持续发展。

（3）乡村旅游服务管理标准化。

乡村旅游服务管理标准具体是指乡村旅游服务组织提供服务的等级，主要通过加强内部管理和内外部营销活动来实现。乡村旅游服务组织管理标准化是乡村旅游标准化的核心内容，它的实现对于提高乡村旅游服务组织的管理水平具有重要意义，应当以乡村旅游服务组织为基本单位进行。

（4）乡村旅游服务质量标准化。

乡村旅游服务主要包括咨询服务、往返旅游地交通服务、导游服务、住宿餐饮服务、旅游地内部交通服务、娱乐购物服务等方面的内容。这些服务产品往往是由不同的组织或者同一组织的不同部门提供，多部门的共同协作才构成旅游者购买的一次完整的乡村旅游产品。由此，乡村旅游服务质量标准不但包括每项服务本身的标准，还包括服务衔接的标准。乡村旅游服务质量标准化丰富了乡村旅游的内涵，有利于提高乡村旅游的品质和档次。

【资料链接】

贵州省在探索乡村旅游发展上创下了两个国内第一：2006 年，贵州省编制完成我国第一部乡村旅游发展规划——《贵州乡村旅游规划》；2009 年 4 月，《贵州省旅游民族村寨设施与服务规范》正式颁布，作为我国首个乡村旅游地方标准，该规范对乡村旅舍的建筑风格、客房用品配备、安全防范、环境卫生、食品卫生等提出了明确要求。

贵州省还与法国罗泽尔省共同签署了《中法贵州省乡村旅游合作试点项目实施协议》，双方在村寨保护、旅游产品开发、旅游目的地推广等方面开展合作。

2009 年，贵州省乡村旅游收入达 137 亿元，占该省旅游总收入 17%。目前，贵州省开展乡村旅游的自然村寨超过 1 000 个，经营实体达 6 万户，乡村旅游成为了贵州省旅游的一个品牌产品。

资料来源：王新伟，吴秉泽：《乡村旅游——美了农村——富了农民》，见《经济日报》，2010 年 7 月 23 日。

实训环节

【实训目的】

1. 学以致用，将课堂上学到的乡村旅游标准化的相关内容运用到实际之中。
2. 培养学生分析问题的能力和规范服务的意识。
3. 及时发现学生存在的问题，并进行指导。

【实训要求】

分组收集整理国内外乡村旅游相关标准，并进行讨论分析。

【实训组织】

1. 根据班级学生人数进行分组，每组 3～6 人，以自由组合为原则，由小组成员推举一名小组长。
2. 小组长协商确定各自的任务，不得重复收集资料；小组长进行组内人员分工安排，并写出组内工作计划。
3. 各小组在规定期限内完成书面的交流讨论报告。
4. 在一名班干部的组织下进行交流讨论。

【**实训成绩评定**】

对每个小组的任务完成情况进行比较、评价，以书面交流讨论报告和讨论发言情况两项的综合得分计算各小组的总成绩，每组在总成绩下根据每人完成任务的情况评出个体的实训成绩。

思考与练习

1. 什么是乡村旅游标准化？
2. 为什么要实施乡村旅游标准化？
3. 乡村旅游标准化的内容包括哪些？

第二节 乡村旅游导游服务

任务描述

通过本节的学习与训练，了解乡村旅游导游必须具备的素质和基本礼仪规范，掌握乡村旅游导游在导游词写作和导游讲解方面的技能技巧。

【**知识目标**】

1. 了解乡村旅游导游必备素质和服务礼仪。
2. 掌握乡村旅游导游工作技能。

【**能力目标**】

熟悉当地的旅游资源情况，能按一个合格导游的标准为游客提供乡村旅游导游服务。

【**素质目标**】

1. 初步建立以人为本的服务意识。
2. 培养学生良好的道德情操和不怕吃苦的精神。

任务组织与实施

1. 知识讲解。通过乡村旅游导游必备素质、礼仪规范、业务知识的讲解，使学生掌握乡村旅游导游的基本技能。
2. 组织学生实训。让学生很好地把理论学习与实践结合起来。
3. 任务评价。对学生的实训过程和结果进行点评，指出存在的不足，提出改进意见。

案例导读

遵义海龙屯景区 "最牛"导游 今年69岁了

——自创7万字解说词，3套解说版本，应对不同游客

在贵州省遵义市海龙屯上，有一位年近七旬的讲解员，他不仅自创七万多字的讲解词，最多时每天要在峭壁上往返3次，每次耗时3个多小时。由此，他被称为"最牛"讲解员。这位名叫张万锡的讲解员，今年69岁，以前是遵义市汇川区高坪镇玉龙学校的老师。几年前退休后，他对离家5公里多的海龙屯产生浓厚兴趣，开始注意收集、整理相关资料和民间传说。

据介绍，张万锡把收集来的资料、传说，用了两年多时间，写成3万多字的解说词，然后登上海龙屯，为游客进行讲解。而在这一过程中，老张又遇到了多位文史专家，并与他们成为朋友。在与专家的交流中，他更加丰富了解说词。"现在有7万多字了。"张万锡说，这些解说词，"正史""野史"相互交错。曾做过中学历史教师的张万锡，根据合理想象，在解说词中加入许多"细节"。现在，他正在研究把解说词更加细化，分成不同版本。"对年轻游客，我多讲故事；对中、老年人，我多讲历史；对公务团，我多讲遗产价值和保护。"他说。

7月8日，记者攀登海龙屯时，又一次遇到张万锡带着一群游客，从山脚的铜柱关开始，一路解说、一路登屯。"在这样的烈日下，我们年轻人走一趟都觉得吃力。"海龙屯上的农家乐老板葛乾江说，从铜柱关出发到海龙屯后关，村民抄近道、避开艰险的天梯、飞虎关等，至少也要1个小时。而69岁的张万锡，无论春夏秋冬，只要有游客需要，他都会应允当导游。今年以来，由于考古队对海龙屯的清理发掘，"探秘"游客更多，老张有时一天要在屯上、屯下往返三趟。"一趟要三个小时，有时得摸黑下山。"张万锡说，每次的讲解费，通常是120元，但他并不完全是为钱，主要还是想借此锻炼身体。更值得一提的是，两年前，张万锡还通过了导游资格考试，并取得了文物管理部门核发的专职讲解证书，成为整个遵义市年龄最大的导游和解说员。

资料来源：《贵阳晚报》，http://www.gog.com.cn，2012年7月9日。

【思考】

"最牛"导游给你什么启示？

基本知识

导游即引导游览，是旅游活动中的角色参与人物，是旅游业中的一个前线职业。他们因为对当地旅游具有专业的认识，协助旅行团安排参观本地区景点的先后次序，介绍文化艺术观点、建筑物特色、历史、典故、特产名产、娱乐休闲活动等，并且在这个过程中给予游客

食、宿、行等各方面的帮助，以及解决旅游途中可能出现的问题①。

一、乡村导游必备素质

（一）基本职责

1. 根据旅行社与游客签订的合同或约定，按照接待计划安排和组织游客参观、游览。
2. 负责为游客导游、讲解，介绍地方文化和旅游资源。
3. 配合和督促有关单位安排游客的交通、食宿等，保护游客的人身和财物安全。
4. 耐心解答游客的问询，协助处理旅途中遇到的问题。
5. 反映游客的意见和要求，协助安排游客会见、会谈活动。

（二）基本素质

1. 道德素质

衡量一个人的素质时，道德素质永远居于首位。道德素质包括政治素质和品德素质，具体来说就是具备判断是非、识别善恶、分清荣辱的能力，要尊重他人、诚信待人，对工作充满信心，勇于克服困难。

2. 知识素质

丰富的知识是搞好导游服务工作的前提。导游人员的知识越丰富、信息量越多，就越有可能把导游工作做得有声有色，就能在更大程度上满足旅游者的知识需求。

导游应掌握的知识包括语言知识、史地文化知识、政策法规知识、旅游业务知识、交通知识、心理学知识、美学知识、社会知识、卫生与生活常识等。

3. 技能素质

高超的服务技能是提高导游服务质量的关键为了圆满做好导游服务工作，导游人员不仅要具有较强的实力，也要掌握必不可少的服务技能，还要注意工作时的方式、方法。旅游服务基本技能主要包括独立工作能力、组织协调能力、待人接物的能力、导游讲解能力、紧急处理能力、随机应变能力等。

4. 心理素质

良好的心理素质是导游活动成功的重要保证。导游服务的复杂性和特殊性，决定了导游人员不能只掌握一些操作技能，而是要全面培养自己的各种能力：敏锐的观察能力、准确的判断能力、冷静的思维能力、较强的自控能力等，这些都属于人的心理素质范围。

5. 身体素质

导游服务工作是一项脑力劳动和体力劳动高度结合的工作。为了适应这项工作，导游人员不仅要有丰富的知识、较强的语言表达能力和娴熟的服务技能，还必须有健康的身体。导游服务工作要求导游人员能走路、会爬山，能适应各地的气候、水土和饮食；能为旅游者四处奔波，满足他们的正当要求、解决他们的困难；能适应长期在外、连轴转带团、体力消耗大、无法正常休息的工作特点。

---

① 维基百科，http://zh. wikipedia. org；百度百科，http://baike. baidu. com/view/9590. htm。

二、乡村导游基本服务礼仪

乡村导游是乡村旅游最具代表性的工作人员，是乡村旅游服务接待工作的支柱力量。他们与游客接触最多、相处时间最长，给游客留下的印象也最为深刻。在旅游者心目中，乡村导游往往是一个地方的形象代表。因此，乡村导游在不断提高个人综合业务技能的同时，自觉加强礼仪修养的意义非同一般。乡村导游服务礼仪基本规范是守时守信、尊重游客、互敬互谅。

（一）仪容仪表礼仪

仪表即人的外表，包括容貌、姿态、服饰三个方面。仪表美是仪容美、形体美、服饰美、发型美的综合体现。良好的仪容、仪表不仅反映一个人的道德修养和文化素质，而且是现代交际的必要条件。

1. 仪容

一个人的仪容是最引人注目的部位，仪容的修饰主要是头部和面部，基本要求是干净、整洁、卫生。

（1）发型。

乡村导游的发型应美观整洁、大方端庄。女性要求发不披肩，不遮脸，不挡眼。男性要求前发不盖额，侧发不掩耳，后发不触领，面部不留须。

（2）面部化妆。

女导游可以适当化妆，原则是适度修饰、扬长避短，体现朴素、简洁、淡雅的乡村风格。

（3）个人卫生。

①口腔：注重口腔清洁，饭后漱口刷牙，带团期间忌吃葱、蒜、韭菜等异味食物，不喝酒、抽烟。

②鼻腔：经常清理鼻腔，修剪鼻毛。

③指甲：及时修剪与清洗，不留长指甲，不涂有色指甲油。

④公共卫生：不随地吐痰，不乱扔垃圾，不在公共场合抠眼屎、挖耳朵、剔牙齿、掏鼻孔、打哈欠、脱鞋袜、挠痒痒，咳嗽、打喷嚏应用纸巾或手绢捂着口鼻，侧向一旁，尽量减少声响。

2. 服饰

服饰是指一个人穿着的服装和佩戴的饰品，在交往中起着一种"非语言信息"的作用。基本要求是与自身相符、与环境协调、与客人和谐。

（1）制服。

制服又叫"岗位识别服"，是所从事职业的一种标志。导游穿着制服有利于客人辨认，是对客人的一种尊重，体现一份职业责任。制服穿着要符合规范，讲究合身整洁。

（2）便装。

便装要给人一种随和亲切的感觉，要求得体、大方、干净，不可随意、夸张、刺眼。

（3）鞋袜。

西装一定要配皮鞋，宜选择黑色或与服装一致的颜色，正式场合不能穿凉鞋。与皮鞋配套的男袜应为深色，或和服装颜色相同相近的颜色，不能穿白色，质地为棉质。女生正式场合着裙装时必须穿丝袜，应穿连裤袜或长筒丝袜，颜色以肉色为宜，切忌黑色或网状的丝袜，也不能穿挑丝、破洞、缝补的袜子，袜子口不能漏在裙边或裤边外。

（4）饰品。

饰品是穿着打扮时所使用的装饰物品，搭配巧妙会起到画龙点睛的作用。乡村导游工作时佩戴饰品的原则是符合身份、注重搭配、宁缺毋滥。一般情况下耳环、手链手镯、脚链不宜佩戴，女生可戴项链、耳钉、素雅的发饰，男女生可戴不夸张的戒指、胸花（戴有身份牌或上岗徽标时不宜）。

（二）言谈举止礼仪

1. 言谈礼仪

乡村导游服务少不了语言，语言服务离不开礼貌。礼貌用语的基本形式有谦让式、委婉式、恳求式、商讨式四种，具体使用时注意态度诚恳、言辞谦和、灵活恰当。常用礼貌用语如下。

（1）称呼语。

称呼语要体现对客人的尊重，多使用敬语。清楚身份的，可连同姓、职务、学位等一起称呼，如"张教授""李局长""王总经理"。不清楚身份的，称呼"某某先生""某某女士"比较恰当。

（2）问候语。

问候语要根据时间、场合、对象进行选择，再灵活搭配一些礼貌用语。我国提倡的十字文明用语常挂嘴上，即"您好、请、谢谢、对不起、再见"。比如"早上好！女士，一路辛苦了，请先在这里休息一会儿！""您好，先生，您有什么事要吩咐吗？""谢谢，欢迎您再次光临"。

对一些特殊客人要尊重其习俗，切记不能犯禁忌。如不能问外宾"您要到哪里去？""您吃饭没有？"等他们认为涉及隐私的问题。对港澳和广东客人要用"愉快"替代"快乐"，因"乐"和"落"谐音，他们忌讳。

（3）应答语。

应答语讲究有问必答、随问随答、热情周到、温和礼貌、不卑不亢。比如"好，马上就到！"，"谢谢夸奖，很乐意为您服务！"，"没关系，我不会介意的！"，"很抱歉，我们没法满足您的这种要求"。

2. 举止礼仪

举止指人的姿态和风度，即一个人的表情、行为、动作。举止是一种无声的体态语言，它能反映一个人的基本礼仪素养。

（1）表情。

①微笑。

微笑是礼貌服务的基础，是内心愉悦的表达，传递着友善和关爱。面带微笑的表情容易被人接纳，使客人感到亲切和放松，有利于营造和谐的气氛。

微笑服务必须做到"三笑""三结合"。三笑：眼笑、嘴笑、心笑。三结合：与眼睛结合、与语言结合、与身体结合。

②眼神。

眼神是面部表情的核心，指的是人们在注视时，眼部进行的一系列活动，以及呈现的神态。乡村导游在与游客交流时应注意眼神注视的区域，不同的注视区域传达着不同的信息，乡村导游要根据与客人的熟悉程度选择。

公事注视区：双眼连线为底边，前额中间点为顶点所构成的三角形区域。注视此区域能够造成严肃、可信、权威的氛围，适用于公事活动和初次会面。

社交注视区：双眼连线为底边，嘴的中心点为顶点所构成的倒三角形区域。注视此区域介于严肃和亲密之间，适合于各种社交场合。

（2）行为。

①站姿。

站立是人们生活交往中的一种最基本的举止，优美的站姿能显示个人的自信，衬托出美好的气质和风度，并给他人留下美好的印象。

正确的站姿要求：上身正直，收腹挺胸，头正目平，下颌微收，两臂自然下垂，两腿相靠站立。

常见站姿：

侧放式站姿。通用站姿，双手自然垂直于身体两侧，双膝并拢，两腿绷直，脚跟靠紧，脚尖分开呈"V"字形。

前腹式站姿。手指自然并拢，右手搭在左手上，轻贴于腹部，不要挺腹或后仰。男生双脚平行分开，两脚间距离不超过肩宽，一般以 20 厘米为宜。女生双膝并拢，两腿绷直，脚跟靠紧，脚尖分开呈"V"字形。

后背式站姿。男性常用，双脚平行分开，两脚之间距离不超过肩宽，一般以 20 厘米为宜，双手在身后交叉，右手搭在左手上，贴于臀部。

站姿训练：背靠墙；两人背靠背；头顶书本；对镜训练。

②坐姿。

坐姿文雅、端庄，不仅给人以沉着、稳重、冷静的感觉，而且也是展现自己气质与修养的重要形式。

正确的坐姿要求：入座时要轻缓，走到座位前转身，右脚后退半步，左脚跟上，轻稳坐下，坐满椅子的 2/3，女性入座时要用手把裙子向前拢一下；入座后上身自然挺直，头正、嘴角微闭，下颌微收，双目平视，面容平和自然；离座时，要自然稳当。

坐时，双手可采取下列手位之一：双手平放在双膝上；双手叠放，放在一条腿的中前；一手放在扶手上，另一手仍放在腿上；手叠放在侧身一侧的扶手上，掌心向下。

坐时，腿脚可采取下列摆放之一：标准式、侧腿式、重叠式、前交叉式。

③走姿。

走姿是人体所呈现出的一种动态，是站姿的延续。走姿是展现人的动态美的重要形式。

正确的走姿要求：头正肩平、躯挺步位直、手臂自然摆动、步幅适度、步速平稳。

变向时的行走规范：转体时要先转身体，头稍后再转。当走在前面引导来宾时，应尽量走在宾客的左前方。髋部朝向前行的方向，上身稍向右转体，左肩稍前，右肩稍后，侧身向着来宾，与来宾保持两三步的距离。

当走在较窄的路面或楼道中与人相遇时，也要采用侧身步，两肩一前一后，并将胸部转向他人，不可将后背转向他人。

④蹲姿。

蹲姿是由站立和行进的姿势变化而来，处于相对静止状态。日常生活中，路上拾遗和自我照顾需要蹲姿，服务行业工作人员因整理环境、帮助顾客和提供服务也特别需要蹲姿。与站姿、坐姿和走姿一样，蹲姿也有礼仪的要求。

正确的蹲姿要求：女士侧身相向周围他人，而不要正面面对对方，曲膝下蹲，两膝并拢，臀部向下，腰际线以上身体部分重心垂直，上身保持直线。男士也可以这样做，不过两腿可不太靠紧，稍微留有一定距离，注意动作美观即可。

蹲姿有两种基本形式：

高低式蹲姿。右脚在前，左脚在后，向下蹲去。右小腿垂直于地面，全脚掌着地，大腿靠紧，左脚跟提起，前脚掌着地，右膝高于左膝，臀部向下，上身稍向前倾，以左脚为支撑身体的主要支点。（左右可以交换）

交叉式蹲姿。下蹲时左脚在前，右脚在后，左小腿垂直于地面，全脚着地，右腿在后与左腿交叉重叠，右膝向后面伸向左侧，右脚跟抬起，脚掌着地。两脚前后靠紧，合力支撑身体。（左右可以交换）

⑤手势。

手势是手的示意动作，用以表达思想或用以传达命令或愿望。得体的手势给人一种彬彬有礼、优雅庄重的感觉。

规范的手势要求：五指伸直并拢，掌心斜向上方，手与前臂成直线，手腕高度与腰平。

指引方向时，身体要侧向客人，眼睛要兼顾所指方向和客人。与客人交谈时，手势不宜过多，动作不宜过大，切忌用手指来指点。

（三）日常交往礼仪

1. 握手礼仪

握手是人们见面时相互致意的最普遍方式，有时还表示祝贺、感谢、慰问、相互鼓励等。

握手方式：一般距离约一步左右，目视对方，上身稍向前倾，伸出右手，四指并拢，拇指张开，双方伸出的手一握即可，不要相互攥着不放，也不要用力使劲。男士不可戴手套和他人握手，女士可戴薄手套。

握手顺序：握手讲究"尊者为先"的顺序，即应由主人、女士、长辈、身份或职位高者先伸手，客人、男士、晚辈、身份或职位低者方可与之相握。

2. 鞠躬礼仪

鞠躬，是弯身行礼，表示对他人的敬重。此礼节一般是下级对上级或同级之间、学生向老师、晚辈向长辈、服务人员向宾客表达由衷的敬意。

鞠躬要领：面对客人，目视对方，伸直腰，脚跟靠拢，脚尖微微分开，然后由腰开始的上身向前弯曲，目光应向下看，速度适中，之后抬头直腰。男性双手放在身体两侧，女性双手合起放在身体前面。

鞠躬度数应视对象具体把握：迎宾 5 度，送客 30 度，感谢 60 度。

3. 介绍礼仪

介绍是与他人进行沟通、增进了解、建立联系的一种最基本、最常规的方式，是人际交往的出发点。

介绍包括自我介绍和他人介绍。自我介绍主要介绍自己的姓名、身份，也可交换名片。介绍他人时，应注意顺序，一般遵循"位尊者拥有优先知情权"的规则，如把男子介绍给女子，把年轻的介绍给年长的，把地位低的介绍给地位高的，把未婚女子介绍给已婚女子，把儿童介绍给成人，把客人介绍给主人，把后来的客人介绍给先到的客人。在宴会或集体介绍时，主人可按座位顺序介绍，也可以从贵宾开始介绍。

4. 名片礼仪

名片是商务人士的必备沟通交流工具，是自我介绍的简便方式，是一个人身份的象征。名片的递送、接受、存放都要讲究礼仪。

递送。应将名片正面面向对方，双手的大拇指和食指拿住名片上端两角奉上，眼睛友好地注视对方，面带微笑，恭敬地说："这是我的名片，请多多关照。"交换名片的顺序一般是"先客后主，先低后高"。当与多人交换名片时，应依照职位高低的顺序，或是由近及远依次进行，切勿跳跃式进行，以免给对方有厚此薄彼之感。名片的递送应在介绍之后，在尚未弄清对方身份时不应急于递送名片，更不要把名片视同传单随便散发。

接受。接受名片时应尽快起身或欠身，面带微笑，眼睛友好注视对方，口称"谢谢"。接过名片后，一定要认真阅读一遍，最好将对方的姓名、职衔轻声念出来，并抬头看看对方的脸，以示尊重，看不明白的地方可以向对方请教。然后，回敬一张本人的名片，如身上未带名片，应向对方表示歉意。在对方离去之前，或话题尚未结束，不必急于将对方的名片收藏起来，但也不要随手放在一边，或拿在手里把玩，这都是对对方的一种不敬。

存放。自己的名片要存在名片夹里，放在方便拿取的地方。接过别人的名片不可随意摆弄，可放在桌上或放进名片夹中。若放在桌上时，不要在它上面压东西，否则被认为不恭。若没有名片夹，也不要随便地塞在口袋里或丢在包里，可放在左胸的口袋里，以示尊重。

5. 座次礼仪

座次礼仪是现代社交中比较重视的一个细节礼仪，在宴请、会见、谈话中都存在座次问题。座次也讲究礼仪。

排序原则：以远为上，面门为上，以右为上，以中为上，观景为上，靠墙为上。

座次分布：面门居中位置为主位；主左宾右分两侧而坐；或主宾双方交错而坐；越近首席，位次越高；同等距离，右高左低。

6. 电话礼仪

电话是服务宾客的一种重要方式，乡村导游掌握正确的、礼貌待人的打电话和接听电话的方法是非常必要的。

打电话。做好打电话前的相应准备，以免拨错电话和浪费时间。要选择合适的时间，如非重要的事情，尽量避开受话人休息、用餐的时间，而且最好别在节假日打扰对方。掌握好通话时间，通常一次通话不应长于 3 分钟，即所谓的"3 分钟原则"。态度要友好，通话时要保持微笑，不要大喊大叫。用语要规范，通话之初，问候后即做自我介绍，不要让对方"猜一猜"；请受话人找人或代转时，应说"劳驾"或"麻烦您"，不要认为这是理所应当的。

接听电话。铃响三声之内接起电话，三声之后接听要说"对不起"或"让您久等了"。主动问候后自报家门。如果想知道对方姓名，不要唐突地问"你是谁"，可以说"请问您哪位"，或者礼貌地问"对不起，可以知道应如何称呼您吗?"。须搁置电话或让宾客等待时，应给予说明并致歉，每过 20 秒留意一下对方，向对方了解是否愿意等下去。转接电话要迅速，并要让对方知道电话是转给谁的。对方需要帮助，要尽力而为，对于每一个电话都能做到以下事情：问候、道歉、留言、转告、马上帮忙、转接电话、直接回答（解决问题）、回电话。交谈完毕后先感谢对方来电，说完"再见!"也得等对方挂断电话后再结束通话。

三、乡村导游词写作技巧

（一）导游词的概念

1. 概念

导游词是导游人员引导游客观光游览时的解说词，是导游员同游客交流思想，向游客传播文化知识的工具，也是吸引和招徕游客的重要手段，是一种经济应用文体。

2. 特点

（1）三性：真实性、生动性、针对性。

（2）三化：知识化、规范化、口语化。

（3）三感：层次感、方向感、趣味感。

3. 分类

（1）从内容看，有介绍自然风光的导游词、介绍名胜古迹的导游词、介绍风土人情的导游词。

（2）从表现形式看，有书面导游词和现场口语导游词。

（3）从旅游工作过程看，有欢迎导游词、景区景点介绍导游词、欢送导游词。

（二）导游词写作技巧

1. 欢迎词的写作技巧

"导游欢迎词"是旅游行程的开端，它好比一场戏的"序幕"，一篇乐章的"序曲"，一部作品的"序言"。恰当、艺术地致"欢迎词"非常重要，因"良好的开端"是"成功的一半"，而欢迎词也是给游客留下"第一印象"的极佳机会。

（1）欢迎词的基本要素。

①欢迎语：代表接待单位、组团单位向游客表达欢迎之意。

②介绍语：介绍自己，介绍参加接待的领导、司机和所有人员。

③预告语：介绍一下旅游目的地的概况和将要游览的主要景点、娱乐节目。

④态度语：表示愿意为游客热情服务，确保大家满意。

⑤祝福语：希望得到游客的支持与合作，努力使游览获得成功，祝大家愉快、健康。

【资料链接】

早上好！很高兴能够在这个风和日丽的日子里与大家相识。首先自我介绍一下，我姓于，在座的可以称呼我为小于或于导，怎么亲切怎么叫。我是×××旅行社的一名专职导游，也是大家这次去××××的全程陪同导游！在我旁边的驾驶座上的这位是我们此行的司机师傅，姓×，大家可以称呼他：×师傅。接下去的这两天呢，就得辛苦×师傅为我们大家保驾护航了。说到×师傅呢，小于在这里问大家一个问题啊，请问大家知道×师傅的特长是什么？……是三心二意。为什么这么说呢，大家可不要想错了啊，三心是：开车小心，态度热心，服务耐心；二意是：开起车来一心一意，对待客人全心全意。

在这几天的旅途中，小于要是有什么地方做得不够好，请在座的各位领导多多指教，给我一个改进的机会。我也希望各位在这两天中支持及配合我们的工作。可能我不是最优秀的导游，但我绝对会是一个最用心的导游。大家要是有什么问题有什么需要，都可以和我说。在我的能力范围内的，我会尽量满足您的要求。

接下来我跟大家简单地说一下我们这次的行程安排……

这就是我们这几天行程的安排，大家要是有什么意见或建议可以提前向我反映，我会做相应的处理。

现在我要跟大家强调一下出门在外的一些注意事项……

资料来源：233 网校，http：//www.233.com。

（2）欢迎词写作风格。

①风趣型。一位导游的自我介绍是这样的："我是某某旅行社的导游，名叫王诚。诚恳、诚实的诚。不瞒大家说，诚恳、诚实确实是我的优点。但很不幸，人们都说导游是一个国家的脸面，我这张脸，其貌不扬，不知能否代表我们这个美丽的国家？"。

②文采型。如"有朋自远方来，不亦乐乎"；"千年修得同船渡"；"千里有缘来相会"；"世界像部书，如果您没出外旅行，您可只读了书中之一页，现在您在我们这里旅行，让我们共同读好这中国的一页"。

③谦逊型。埃及一位63岁的老导游，在为中国旅游代表团致欢迎词时这样说："在今后的导游中，如果有什么地方我讲得不清楚，欢迎先生们提出来，我将努力讲清楚……"。

④朴实型。香港一位十佳导游开场的欢迎词："各位早晨好，欢迎大家光临香港。我是王××，今天非常高兴有机会与各位一起游览九龙和新界。这个观光节目全程70英里，需时五个钟头。各位如果有什么问题，请随便提出，我将尽我所知为各位解答。祝大家今天旅程愉快并喜欢我们导游介绍！"。

（3）欢迎词的写作要求。

①简洁明了。欢迎词的时间不宜太长，一般控制在5分钟左右。

②热情亲切。热情亲切的语言可以迅速拉近与游客之间的情感距离。

③真诚自然。真诚自然的态度就能赢得游客的信任和支持。

④幽默风趣。幽默风趣的话语有利于营造轻松愉快的气氛。

⑤针对性强。结合游客实际情况的欢迎语能提起游客的浓厚兴趣，并产生共鸣。

2. 景区景点导游词的写作技巧

（1）景区景点导游词的构成。

①景区概括性导游词。

所谓景区概括性导游词就是在游客到达景区而未进入景点之间的解说词。这个解说词一般比较简单，就是对全景区的重点景色、景区的全貌进行总括性的介绍。景区概况包括四部分：景区的地理位置、景区的历史沿革、景区的主要景点、景区的总体特色。景区概况导游词要求简洁、明了，给游客一个较为全面和全新的了解，最好控制在 700 字左右。

【资料链接】

香纸沟导游词

各位朋友，大家好！我们今天要游览的地方叫香纸沟。香纸沟位于贵州省贵阳市东北约40 公里的新堡布依族乡，约需 60 分钟车程。

香纸沟由"龙井湾、锅底箐、马脚冲、南静寺、白水沟、红子沟、葫芦冲、方丈沟"等十几个小景区七十余个景点组成，集山、水、石、林、竹、洞为一体，各具精华。这里空气清新、溪水清澈、山野清静、群山青翠、苔痕青青，是贵阳市境内的一颗"绿色宝石，天然氧吧"。

香纸沟是汉族、布依族、苗族、彝族的聚居地，古朴典雅的民居、绚烂多彩的"三月三"歌会、别具匠心的贴画和簸箕画，弥漫着浓郁的民族风情。最具特色的是景区内保存着目前国内规模最大、最集中的古法造纸作坊，有古法蔡伦造纸自然博物馆之称。当地同胞就地取材，以竹为料，经过伐竹、破竹、蒸竹、沤竹、水车碾竹、竹帘抄纸等 72 道工艺流程造纸。每一道工序都是那么古朴，令人叹为观止。香纸沟的造纸技术虽说是清朝的工艺，但沿用的是蔡伦的造纸法。这不但是一种远古文明，也是一个奇迹。香纸沟地名的由来与造纸有关吗？听我给大家一一道来。

一是说湖南的侯爷越国汪公率领军队屯驻这里，为祭祀阵亡将士，越国汪公命令在此修碾伐竹造纸做祭品，为表思乡之情，就把这里定为"湘子沟"。又一是说蔡伦的后裔彭氏三兄弟从湖南来到此地，见这里竹林茂盛、景色秀丽，觉得是造纸难得的风水宝地，遂定居于此。为纪念祖先，人们起名叫湘纸沟。传说说的都是 600 多年前的明朝洪武年间，朱元璋"调北增南"时的事。也都是因香纸逐渐成为当地的特色产业，生产的纸有着奇特的香味，人们就把"湘纸沟"改成了"香纸沟"。香纸沟的魅力不仅在于她仍然保存和使用着古老的造纸技术，更在于这种技术从古至今永不衰竭的生命力。

资料来源：http：//www. telnote. cn/fanwen，范文大全。

②景点细节性导游词（景中之景）。

所谓景点细节性导游词就是按照旅行的行程所到达的游览景点做出的介绍与讲解词，像景点名称的来历、历史典故、民间传说等，要讲解得比较详细、生动。

景点讲解是导游的重要任务，也是衡量导游接待服务质量的尺度。虽然景点讲解方法没有固定的模式，但是有评判的标准，就是让游客感到满意，使他们获得精神上的享受和文化知识。

【资料链接】

西江苗寨观景台讲解词

各位游客朋友：刚才给大家说了那么多西江的概况，可能大家已经等不及要马上见西江了吧！我们马上就要到观景台了，请大家下车，让我们一览西江苗寨的全景吧！

好了，各位，现在我们站在观景台的最高位置上了。俗话说："站得高看得远"，我们对面就是西江苗寨的全景。其实我们西氏族刚迁徙来这里的时候，寨子的规模是没有这么大的，而且古时候这里是一片原始森林，是一个荒无人烟的地方。因此，在汉朝时有史书记载，"苗民迁到鬼方"，这个"鬼方"便是西江了，"鬼方"的含义反映了西江古时候的荒凉。

那么为什么这里会成为世界最大的苗寨呢？我们苗族是一个悲壮的民族，经历了五次大迁徙最后才逃亡到这里定居下来。西江苗族来到这个四面环山的山谷里，地势险要，易守难攻，所以选择在这里居住也是考虑到一定的战略作用。苗族有这样一种说法，水弯越大的地方，就越能够聚集财富、聚集人才。大家看，西江苗寨是不是处在一个大水湾里？而且，西江也是这样一种风水格局，前环水，背靠山，左青龙，右白虎。因此，苗族人认为正是因为这里是一个风水宝地，所以才选择来这个地方聚居、生活，才形成了如今世界上最大的苗寨。

很多人认为西江的整体轮廓像两座金字塔，但在苗族人心目中，更应该认为是一对牛角，因为苗族崇拜牛，生产生活离不开牛，牛就是苗族祭祀祖先的吉祥物，而且西江在千年来的发展过程中自然地形成了这样一种牛角的建筑规模，你不觉得很惊奇吗！

资料来源：http://www.docin.com/p-456121977.html。

（2）景区景点导游词的写作要求。

①挖掘景观的深层内涵。导游应该事先通过搜集资料、实地考察、访谈等方式对要讲解的景观有一个全面和深入的了解，才能挖掘出内涵。

②突出景物的个性特点。在了解的基础上分析提炼出景物与众不同的地方，才能给人眼前一亮的感觉。

③注重语言的生动幽默。在遣词造句上注意选择，尽可能选用一些生动有趣的词句，以增强内容的灵性和趣味性。

④运用有趣的故事传说。故事传说是很讨巧的一种方式，既能丰富导游词的内容又能吸引游客，平时应多收集一些与景点有关的故事传说，巧妙地运用到导游词中。

⑤注意内容的条理层次。导游词如果主题明确，内容层次分明，使得导游词的主体和内容具有内在的逻辑性，更容易让游客明白和理解。

3. 欢送词的写作技巧

在送别时致好"欢送词"，给游客留下的最后印象将是深刻的、终生难忘的。

（1）欢送词的构成要素。

①惜别语：是指欢送词中应含有对分别表示惋惜之情、留恋之意，给客人留下"人走茶更热"之感。

②小结语：与游客一起回忆旅程中所游览的项目、参加的活动，给游客一种归纳、总结之感，将许多感官的认识上升到理性的认识。

③征求语：希望游客提出宝贵意见和建议，帮助提高服务质量。

④期盼语：表达对游客的情谊和自己的热情，希望游客再次光临。

（2）欢送词的写作要求。

①朴实亲切：拉近与游客的距离。

②真情实感：使游客感到温暖。

③干净利索：让游客听得明白轻松。

④饶有趣味：令游客回味无穷。

【资料链接】

虽然舍不得，但还是不得不说再见了。感谢大家几天来对我工作的配合和给予我的支持和帮助。在这次旅游过程中，还是有很多地方做得不到位，谢谢大家不但理解我，而且还十分支持我的工作，点点滴滴都使我很感动。也许我不是最好的导游，但是大家却是我遇见的最好客人，能和最好的客人一起度过这难忘的几天，是我导游生涯中最大的收获。作为一个导游，虽然走的都是一些自己已经熟的不能再熟的景点，不过每次带不同的客人却能让我有不同的感受。在和大家初次见面的时候我曾说，相识即是缘，我们能同车而行即是修来的缘分；而现在我觉得不仅仅是所谓的缘了，而是一种幸运，能为最好的游客做导游是我的幸运。

我由衷地感谢大家对我的支持和配合。其实能和大家达成这种默契真的是很不容易。大家出来旅游，收获的是开心和快乐；而我作为导游带团，收获的则是友情和经历。我想这次我们都可以说是收获颇丰吧。我也没有什么可以送大家的，就祝：

朋友们工作顺利，身体健康！

最后，预祝大家旅途愉快，以后若有机会 ，再来会会您的朋友！

资料来源：http://www. lvyou114. com/Guider/0_ word/339. html, 山水旅游黄页。

四、乡村导游解说技巧

（一）解说中的总体要求

许多优秀的导游在实践中总结了一套行之有效的解说"理论"，即一个中心、两个基本点、三个要求、四项原则，这可以作为导游员解说的总体要求。

1. 一个中心

以游客满意和愉快为中心，这是导游努力的目标和服务的宗旨。旅游景点的内容是相对不变的，而游客的美好愿望是要靠导游员的精彩解说和用心服务来实现的。

2. 两个基本点

即针对性和灵活性，也是导游讲解的具体要求。针对性是要因人而异，灵活性是要随情况而变。从某种程度上讲它是导游讲解的关键。

3. 三个要求

就是以史实为依据、以传说为调节、以通俗为主线。以史实为依据，就是要尊重历史，合理编排，不妄加评论。传说有一定的传奇色彩，但它毕竟有演绎的成分，只能作为调节游客兴趣的手段，选择时要把握"健康、文明、生动、有趣"的原则。通俗易懂是导游解说的基本要求，可以通过由浅入深、渐入佳境的办法来实现。

4. 四项原则

所谓四项原则，就是导游解说要做到"正确、清楚、生动、幽默"。这不仅是导游应遵循的语言规范，也是其语言能力和讲解水平的具体体现，更是职业技能的具体要求。

（二）解说的基本技巧

1. 先声夺人留有伏笔

做文章讲究"凤头、猪肚、豹尾"，导游的开场白也应像凤头一样美丽，只有这样才能吸引游客。但是，如果美丽的凤头之后就平铺直叙了，就可能让游客感到索然无味，甚至怀疑导游的讲解水平和能力。所以，导游要善于把握讲解的连续性和"伏笔"，使整个解说如大海的浪花，一浪接着一浪不断敲向游客的心田。

2. 语音优美语调自然

虽说导游的讲解不像朗诵、演讲那样，对音色有较高的要求，但殊不知导游员成功的讲解一半取决于主题内容，另一半则取决于导游员的语音、语调。语音是指一个人天生的嗓音，发音器官的生理差异是无法改变的，但导游可以通过训练让自己的语音变得优美，讲解变得动听。语调是指语言在叙述过程中出现的高、低、快、慢的声调变化。懂得语调、善于讲解的导游，不只语调好听，还让语调充满着情感、音乐感、层次感，给人一种美的享受。

3. 节奏恰当停顿合理

语言节奏通常指导游讲解中的语速。不同的语速讲解相同的内容，也会给游客造成不同的感受。通常优秀导游员的语速最好控制在平均每分钟 200～220 字之间。当然也不要拘泥于数字，把握语速的基本要求有三项：一是语速适中；二是节奏抑扬顿挫；三是语句自然流畅。其中，节奏抑扬顿挫尤为重要。在导游的讲解中，停顿也是一个重要的语言要素，恰到好处的停顿可以使语言音色更加优美动听。

4. 感情饱满适当交流

导游的热情讲解是取胜的根本。"热情，热诚"在英语中对应为"Enthusiasm"，该词在希腊语中是"神和我们共存"的意思。因此，导游的热情讲解，就等于被赋予了神奇的力量。导游讲解不仅要有热情，还需要融入自己的感情。而导游解说时饱满的感情，源于对本职工作的热爱和追求。同时，适当的交流可以提高讲解的效果、活跃旅游团队的气氛。导游可以在讲解中有意识地提问，在提问中讲解，以形成与游客的双向交流，拉近与游客的距离，使关系变得更加融洽。

5. 注意手势聪明应变

导游讲解中肢体语言的运用是非常重要的，手势就是比较常用的一种肢体语言。合适的手势不但可以帮助导游快速准确地传情达意，而且能够渲染气氛，增强讲解效果，拉近与游客的心理距离。虽说手势没有规定动作，也没有特定的含义，但总体要符合大众的审美习惯，关键还要与讲解的内容协调。手势不能过多，更不能夸张，要让人感觉舒适自然。

实训环节

【实训目的】

1. 让学生将课堂上学到的乡村旅游导游服务的相关知识更好地与实际结合起来。
2. 培养学生听说读写的能力和灵活服务的意识。
3. 及时发现学生存在的问题，并进行指导。

【实训要求】

以校园为景区，把同学和老师当游客做一个导游方案，进行实地模拟演练。

【实训组织】

1. 根据班级学生数进行分组，每组 3~6 人，以自由组合为原则，由小组成员推举一名小组长。
2. 小组长进行组内人员分工安排，并写出组内工作计划。
3. 各小组在规定期限内做出导游书面方案（包括全套导游词）。
4. 每组推选一位代表作为导游员完成模拟演练。

【实训成绩评定】

以书面方案（50%）和模拟演练（50%）的综合得分作为各小组的总成绩，每组在总成绩下根据每人完成任务的情况评出个体的实训成绩。书面方案成绩由老师评定，模拟演练成绩由自评（20%）、他评（30%）、老师评（50%）综合评定。

思考与练习

1. 谈谈乡村旅游导游应具备的基本素质。
2. 乡村旅游导游应具有怎样的仪容仪表？

第三节 乡村旅游住宿服务

任务描述

通过本节的学习与训练，了解乡村旅游住宿服务的基本要求和礼仪、客房基本设备用品的配备和管理，初步掌握乡村旅游住宿预订、宾客入住、客房整理清洁、查房的服务规范和技巧，以及对客服务中常见问题的处理。

【知识目标】

1. 了解乡村旅游住宿服务的基本要求。
2. 掌握乡村旅游住宿服务各环节的主要内容。

【能力目标】

能熟练运用乡村旅游住宿服务各环节的知识，给游客营造一个舒适的居住环境和良好的休息氛围。

【素质目标】

1. 初步树立"服务无小事"的意识。
2. 培养踏实认真的处事态度。

任务组织与实施

1. 知识讲解。通过乡村旅游住宿服务基本要求和各环节操作规范的讲解，使学生熟悉乡村旅游住宿服务的具体工作。
2. 组织学生实训。让学生很好地把理论学习与实践结合起来。
3. 任务评价。对学生的实训过程和结果进行点评，指出存在的不足，提出改进意见。

案例导读

乡村旅游民宿

国内外旅游民宿的起源，大多是为了解决观光地区住宿设施的供需问题。旅游"民宿"源自日本，原意与英美的"Bed&Breakfast"（简称 B&B）有许多相似之处，也就是仅提供住宿与免费早餐的民宿。以国外民宿起源为例：德国是因为阿尔卑斯山区及观光旅游地区住宿设施不足，造成游客投宿民宅而产生；通常游客安排两日以上的旅游休闲活动都有住宿上的需求，在豪华旅馆的价格太高，而一般旅馆在旺季时常产生供不应求的状况下，游客便转向宿于旅游区内外的村民家中，因而产生了民宿形态的住宿模式。这种住宿方式在国外已经存在了很长时间，而且发展久远。同时，国外的民宿会因为地形不同，资源不同或不同的国情产生不同的民宿经营形态。

日本民宿是景点周边居民经营的小旅馆，有的由多余的住房改造而成，有的专为游客而建，给人以家的感觉，价格在 9 000 日元左右（约合 670 元人民币），包括早上和晚上两餐。

苏格兰传统的 B&B 经营方式，一般是房主把家中多余的房间让出来，供度假游客住宿，旅馆一般是由家里的女主人负责打理，充满情趣，价格在 17 英镑（约合人民币 260 元）。

　　巴西的里约热内卢是世界著名旅游城市，附近别致的农庄旅馆比比皆是。这些旅馆设施齐全，而且价格合理。人们可以根据不同的需要来选择农庄旅馆，领略各种自然环境中生活的情趣，设施设备齐全，每人每个周末的吃住仅需 156 雷亚尔（约合 40 多人民币），10 岁以内小孩免费，所有娱乐设施都免费。

　　我国旅游民宿发展较早的地方是台湾省，是由于当时旅游区域内的宾馆无法容纳大量涌入的游客而衍生出来的住宿服务。20 世纪 80 年代年在台湾垦丁风景区大规模发展，其次是阿里山的丰山一带、台北县瑞芳镇九份地区、南投县的鹿谷乡产茶区和溪头地区等。还有一类是尚未具旅馆规模，但已有外地旅客进驻的游憩区，如早期的嘉义县瑞里地区、草领、石壁以及最近之达娜依谷等都有类似民宿形态的产生。

　　资料来源：王显成：《我国乡村旅游中民宿发展状况与对策研究我国乡村旅游中民宿发展状况与对策研究》，见《乐山师范学院学报》，2009 年 6 月。

【思考】

　　在乡村旅游住宿中，游客最关注的是什么？

基本知识

　　住宿服务是乡村旅游重要的一环，客房是游客暂时的家，乡村的客房不可能也没有必要像城市酒店那么豪华，功能那么齐全。游客到乡村旅游，希望找寻与城市不一样的感觉，所以乡村客房的设计布置应结合所在的环境，就地取材，突出当地的特色，关键是让游客感到轻松惬意。

一、乡村住宿服务基本要求和礼仪

（一）乡村客房布置的基本要求

1. 安全

安全是首位的，安全可以使游客住得放心。安全主要体现在：第一，保障游客的人身安全。客房的建筑装饰、室内家具、陈设摆件要用防火材料；电源线路、开关灯具的设置要可靠合理；重视消防设施的配备。第二，保证游客的财产安全。选择质量过关的门窗锁具，采取相应的保安措施。第三，保护游客的隐私安全。要注意墙壁、门窗的隔音问题，窗帘的遮光问题。

2. 卫生

卫生是必需的，卫生可以使游客的健康有保证。卫生主要体现在：房间要保持干净整洁，客用物品要保证一人一用，及时清洗、消毒、更换，室内空气要洁净，室内照明要能根据游客的需要自行调节。

3. 舒适

舒适是必要的，舒适可以使游客心情愉快。舒适主要体现在：客房要有良好的采光和通风，还要根据当地的气候配备取暖和降温设备；客房的家具、用品的配置要能满足客人日常活动的需求；摆放的位置不能妨碍客人的行动，还要能便于客人取用；卧具的选择对于提升舒适性也是至关重要的，床垫要软硬适中，床品要柔软细腻。

4. 自然

自然是重要的，自然可以满足游客到乡村旅游的需求。自然主要体现在：房屋要体现农家特色，建筑样式采用最具地域特色的传统建筑，室内装修及物品陈设充分利用当地文化或民族文化的元素，室外景观保持原生性，让客房与周边环境融为一体。

（二）乡村客房服务人员礼仪规范

1. 乡村客房服务人员的基本素质

身体健康，能吃苦耐劳，有良好的道德品质，有较强的卫生意识和服务意识，掌握基本的客房服务技能，灵活应变。

2. 乡村客房服务人员的礼仪要求

乡村客房服务人员的仪容仪表与乡村导游的要求一样，要符合基本规范。除此以外还要注意言谈举止。

（1）言语规范。

问候客人时应使用恰当的称呼，如"先生""太太""女士"等；客人有问题时，先等客人把话讲完再做应答，不随意打断客人的谈话；不开过分的玩笑；谈话时不要涉及对方不愿谈及的内容和隐私；如遇客人心情不佳，言语过激，要有足够的耐心去倾听和安抚；不议论客人的短处或讥笑客人不慎的事情；不偷听客人的谈话。

（2）举止规范。

注重对客人的迎来送往，遇到客人时主动问好，注意平等待客。注意"三轻"，即走路轻、说话轻、动作轻；举止要端庄稳重、落落大方，表情自然诚恳、和蔼可亲；手势要求规范适度。在向客人指示方向时，要将手臂自然前伸，手指并拢掌心向上指向目标，切忌用手指或笔杆指点；在客人面前任何时候不能有以下行为：打喷嚏、打哈欠、伸懒腰、挖耳鼻、剔牙、搓泥垢等。

二、乡村客房的基本设备用品的配备与管理

（一）乡村客房的种类

客房的分类方法很多，但最基本的分类是按房间数量与床的数量和大小进行分类。

1. 单人间

房间内只放一张单人床，适合单身客人使用。一般饭店单人间的数量不多，面积较小且位置相对偏僻。

2. 双人间

房间内放置两张单人床，中间用床头柜隔开。可供两人居住，也可供一人居住。带有卫生间的双人间称为"标准间"。这类客房占饭店客房数的绝大部分。

3. 多人间

房间内放置三张或三张以上单人床。

4. 大床间

房间内放置一张双人床，可供夫妻旅游者居住，也适合单身客人居住。新婚夫妇使用时，称作"蜜月客房"。

5. 套房

一般有两个房间，一个是卧室，一个是会客室。

（二）乡村客房设备和用品

1. 客房设备

（1）睡眠空间。

①床。床由床架、床垫和床头软板组成。

②床头柜。床头柜的长度为 60 厘米左右，高度必须与床的高度相匹配，通常为 50~70 厘米，宽度单人用的为 37~45 厘米，两人用的为 60 厘米。

（2）盥洗空间。

①淋浴。淋浴应带有冷热水龙头。

②便器。便器分坐式和蹲式两种。

③洗脸盆与云台（洗脸台）。洗脸台一般镶嵌在由大理石面、人造大理石面或塑料板面等铺设而成的云台里，上装有冷热水龙头。云台的大小一般无统一规格，相对于标准身高的人来说一般以 76 厘米为宜，在墙面配一面大玻璃镜。

（3）起居空间。

起居空间在房间的窗前区，放置座椅和茶几（或小圆桌）。

（4）书写和梳妆空间。

①写字与化妆台：写字台和化妆台可以分开配置或兼做两用，并装有抽屉。它的宽度应与其他家具宽度统一（40~50 厘米），高度 70~75 厘米。梳妆凳高度为 43~45 厘米，最小的膝盖上净空为 19 厘米。写字化妆合用台所靠的墙面应设有梳妆镜。

②电视机柜：电视机柜的高度一般为 45~47 厘米或 65~70 厘米，正好是人坐在沙发或椅子上时，视线低于或平视电视机屏幕的高度。

2. 客房用品

（1）房间用品（按 2 个单床位计）。

挂衣架 2 个，烟灰缸 1 个，纸篓 1 个，热水瓶 1 个。

（2）床上用品。

褥子 1 条，床单 1 条，被子 1 床，枕头 1 个。

（3）卫生间用品。

纸篓 1 个，皂盒 1 个。

（三）乡村客房设备用品的管理

1. 核定设备用品的需要

根据实际顾客接待需要，核定好客房内所需要的设备用品。

2. 妥善处理设备事故

如果发现设备出现事故隐患，应及时联系设备售后服务人员进行处理；如果由于客人原因导致设备出现异常，应向客人合理索赔，并及时维修。

3. 做好设备用品的补充和更新

客房设备用品的补充和更新，要依据其类型的不同而有不同的要求。一般来说农家乐经营户所配备的设备用品为多次性消耗品，补充和更新应根据其质量、使用和保养而定，只要没有大问题可以继续使用。

（四）乡村客房设备的维护保养

客房设备的维护保养主要是木制家具的保养。

1. 防潮

木制家具如果受潮容易变形、腐朽、开胶，因此摆放时一般要离墙 5～10 厘米。房间要经常开窗通风以保持室内干燥，避免将潮湿的物品放在家具上。此外，在日常除尘时，要用拧干的软质抹布擦拭。如有难以擦掉的污迹，可用抹布蘸上少许清洁剂或牙膏擦拭，也可用家具蜡。

2. 防水

如果家具上有水迹，应及时用干抹布擦拭。

3. 防热

家具平时要避免阳光曝晒，以防色泽减退。在家具上放置热水杯时，最好放置杯垫。

4. 防虫蛀

平时要在壁柜、抽屉里放置一些樟脑丸防止虫蛀。

三、乡村住宿预订服务

现代的绝大多数游客在旅行前，都希望对整个旅程有一个预先安排，以保证旅游的质量。住宿是游客在旅途中必不可少的重要一环。住宿房间的预订是一切预订的核心，只有房间有了保证，其他相关服务也才有保证。因此，对于游客来说，预订房间就成为预订工作最为核心的内容。由于预订工作是在客人到达之前就开始的，是客人对服务形成印象的首要环节。因此，预订工作的效率和质量就成为客人对服务进行评价的第一步，它直接关系到客人对乡村旅游的"第一印象"，甚至可能成为影响客人是否选择该地旅游的一个重要依据。

（一）乡村住宿预订服务的要求及规则

（1）上岗前应检查个人仪容仪表，精神饱满地上岗，做好交接班。

（2）熟悉客房、房价和政策。

（3）事前准备好预订用品（团体订房单或散客订房单）。

（4）接待热情，快速、恰当地处理客人的订房申请，接受预定与否都应做出明确答复。

（5）认真地、清楚地逐栏逐项填写预订单。

（6）应注意问清和记录客人的特殊要求。

（7）客人要求更改预订时，应尽可能满足客人的需要，及时调整更改信息。

（8）客人要求取消订房时，要迅速按规定取消预订。

（9）不能满足客人订房时，要有礼貌地婉言说明原因，使客人感到满意。

（10）对已确认订房的客人应及时发出订房确认书。

（11）接听电话订房时，必须有礼貌，要语气柔和，语言得体，口齿清楚，为防止读音不清，一定要加以确认。

（12）不预先告知房号，以免变化失信于人，对重要客人的预订房号多加注意。

（13）答应客人预订的房间，必须要为客人保留，保证信誉。

（14）预订与接待工作要密切配合，保证订房客人到后能及时住进所订的房间。

（二）乡村住宿预订的方式

住宿预订的方式多种多样，各有不同的特点。无论是直接渠道或间接渠道，客人一般可以通过以下几种方式订房：

1. 电话预订

客人或其委托人使用电话预订。电话预订方式非常普遍，其特点是迅速、简便、直接。一名合格的预订员在接听电话时，应注意语言表达技巧，善于引导客人表述他的住房要求。对于客人所提出的订房要求，若不能马上给予明确答复，应请对方留下电话号码，并约定再次通话的时间。在受理电话预订时，预订员通常的做法如下。

（1）在电话铃响三声之内接起电话，并自报家门，向客人问好，询问客人的需求。

（2）认真聆听客人的预订要求，通过查询判断能否满足客人的要求。

（3）仔细询问客人的姓名、联系方式，并作复述确认。

（4）介绍房间，从高到低报房型、房价，注意报价范围合理。

（5）询问客人的付款方式，并在预订单上注明。

（6）询问抵达方式及时间并向客人声明：若无明确抵达时间和方式，房间只能保留到预订入住当天的下午某一时刻（通常为下午6：00）。

（7）询问客人有无特殊要求，若有，作详细记录并复述。

（8）询问预订代理人的姓名，单位，电话号码等。

（9）复述预订内容，包括时间、房间种类、房价、客人姓名、特殊要求、付款方式、代理人情况、离店日期等。确认无误后，向客人致谢，恭候客人光临。

2. 当面洽谈预订

客人或其委托人直接来到旅店，与预订员面对面地洽谈预订事宜。这类订房在预订房数量中占比例不是很高，但却时常出现。这种方式有利于详尽了解客人的需求，并当面解答客人的疑问。预订员与客人面谈时应注意以下几方面。

（1）仪表端庄、举止大方，态度热情、礼貌真诚。

（2）把握客人心理，运用推销技巧，灵活推销客房。

3. 传真预订

传真预订目前不是乡村旅游常见的订房方式。其特点是传递迅速，即发即收，内容详尽，并可传递客人真迹，如签名、印鉴等。此方式可将客人的预订资料原封不动地保存，不易出现预订纠纷，是乡村旅游住宿服务的发展方向。在处理传真预订时应注意下列事项。

（1）仔细阅读并弄清传真的内容。

（2）回复要迅速准确，资料要完整。

（3）接收或发出传真后，及时打上时间印记。

（4）做好订房资料的保留存档，以备日后查对。

4. 互联网预订

通过"Internet"进行预订是目前国际上最先进的预订方式。这种方式不仅方便预订客人，而且提高预订工作效率，能广泛争取客源，同时能及时处理和更新预订信息。随着互联网的推广使用，越来越多的上网客人开始采用这种方便、快捷、先进而又廉价的方式进行预订。计算机网络预订客房将会改变乡村旅游传统的做法，成为乡村旅游争取客源的现代化手段。

（三）乡村住宿预订的种类

1. 临时性预订

临时性预订是指客人在即将抵达乡村旅游目的地前很短的时间内，或在到达的当天联系预订。旅店一般没有足够的时间，或没有必要给客人以书面确认，均予以口头确认。当天的临时性预订通常由前台接待员受理。受理时，应注意弄清客人抵店的时间或方式，并提醒客人，所订客房将保留至18：00（取消预订时限），以免在用房紧张时引起不必要的纠纷。

2. 确认性预订

确认性预订是旅店答应为订过房的客人保留房间至某一事先约定的时间。通常，确认性预订的方式有两种：口头确认和书面确认。如果客人在议定的时间之内到达，旅店应保证向客人提供所需的客房。但如果客人超过了议定的时间还未抵店，同时又未及时通知旅店有关推迟抵店的具体情况，旅店有权将保留的客房另作安排。除客人特别议定的时间外，一般取消确认性预订的时间为下午六点。

3. 保证性预订

保证性预订是指客人在订房时，预交了至少一天的订金，从而保证了客人在入住的第一天不受下午六点的限制。若客人未能按时到达，旅店则替客人保留房间至次日中午12点，同时向客人收取一天的房租。根据预交订金方式的不同，保证性预订可分为信用卡担保预订、预付款担保预订和商务合同担保预订。

四、宾客入住服务

（一）客人到达前的准备工作

为更好地满足客人的住宿要求，应提前做好接待准备，注意事项如下。

（1）掌握客情，以便有针对性地服务。同一团队客人的房间尽量集中安排。当班人员应清楚每个团队领队的名字及联系电话、单位和特殊事项。

（2）整理房间，在客人到达前1小时整理好预订房间，保持整洁、卫生。

（3）检查设备，房间整理好后，应检查房间里的设备用品，保证安全完好。

（4）保持温度，在客人到达前根据实际情况，调节好房间的空气和温度。

（5）准备茶水，以便客人入住后及时服务。

（二）接待散客入住服务

（1）当客人进入店门，应目视客人，向客人微笑示意，并问候："先生/小姐，您好！（早上好/下午好/晚上好）"。

①如正在接听电话，只需目视客人，点头微笑，示意客人稍候。

②如正在处理手头文件，应随时留意客人的到达，及时接待。

（2）确认客人预订情况。

①若客人预订了房间，请客人稍等，并根据客人预订时使用的姓名或单位查找预订单，与客人进行核对。

②若客人未预订，有空房时，应向客人介绍可出租房间的类型、价格、位置，等候客人选择，并回答客人询问。没有空房时，应向客人致歉，并向客人介绍附近旅店情况，询问是否需要帮助，可帮其联系。

③若客人只是咨询，并非入住，应耐心解答客人的询问，并欢迎客人光临。

（3）入住登记。

①持住宿登记单上端，同时持笔的下端，递给客人，请其填写。

②核实人与身份证是否一致，对证件进行扫描并保存。

③核查住宿登记单是否填写齐全，如有缺项或不详的情况，应询问或根据证件补充完整，确认后请其在登记单的右下角签名，并记录车牌号。

④确认付款方式（挂账、信用卡、现金），按规定收取押金。

⑤分配房间后，将证件、房卡（或钥匙）、押金收据一起交给客人。

⑥由客房服务员带领客人前往房间。

⑦如有大件行李，可让行李员为其搬运。

⑧办理入住手续完毕后，及时将入住资料输入电脑。

（三）接待团队入住服务

（1）当团队抵达时，首先表示欢迎，再根据客人信息查找该团预订单。

（2）根据预订单信息与客人核对人数、房间数、是否订餐等。内容无误后，请其领队签字。特殊情况需要增减房间时，礼貌征询领队，并请其签字，然后作好相应变更。礼貌征询领队团队的活动安排，以便为客人提供服务。比如，知道退房时间，楼层就可以组织人力查房，以保证退房时不耽搁客人额外的时间。

（3）请客人填写住房登记单，如团队是挂账的可免去每人填单，由领队统一签单，统一清点房卡数，由领队分发给队员。

（4）确认付款方式（挂账、信用卡、现金）。

（5）入住手续完毕后，及时将入住资料输入电脑。

五、乡村客房整理清洁服务

(一) 乡村客房的清扫规定

客人一旦入住房间，该客房就应看成客人的私人空间，因此服务员必须遵守一些规定。

1. **房间清扫一般应在客人不在房间时进行**

如果客人在房间，应礼貌讲明身份，并征询是否能够打扫房间；如果进房后发现客人在卫生间或正在睡觉，应立即退出房间，并轻轻关上房门；若客人已醒但尚未起床，或正在更衣，应立即道歉退出房间。

2. **养成进房前先敲门通报的习惯**

敲门或按门铃一般每次3下，注意力度适中，并报称"客房服务员"；如果3~5秒客房内没有应答，第二次敲门并通报，然后静等5秒左右，仍没有回答才可用钥匙开门。门开到1/3时，用手指轻敲两下房门并通报，不能猛然推门而入。

3. **讲究职业道德，尊重客人生活习惯**

不得将客用布件用作清洁擦洗的工具；不得乱动客人的东西；不能让闲杂人员进入客房。

【资料链接】

客人的物品

某农家乐客房住着一位法国女客人。服务员整理房间时，看见客人的护发液只剩一点了，估计没用了，便自作主张地处理了。客人回来后找不着，很生气，找到老板投诉。因为这是一种法国名牌护发液，价格很贵，多年来她一直用它，剩下的那点刚好离店前这两天用。

资料来源：李海平，张安民：《乡村旅游服务与管理》，浙江大学出版社2011年版。

(二) 乡村客房清洁的卫生质量标准

1. "八无"
(1) 四壁无灰尘、蜘蛛网。
(2) 地面无杂物、纸屑、果皮。
(3) 床上用品无污迹、破损。
(4) 卫生间无异味。
(5) 家具干净。
(6) 电器无灰尘。
(7) 洁具无污渍。
(8) 房间卫生无死角。
2. "六净"
(1) 四壁净。
(2) 地面净。

（3）家具净。

（4）床上净。

（5）洁具净。

（6）物品净。

（三）乡村客房清洁的操作程序

客房的清洁分为卧室清洁和卫生间清洁两部分。

1. 卧室清洁程序八字诀

（1）开：开门、开灯、开窗帘、开窗。

（2）清：清理烟灰缸、纸篓和垃圾，不可将烟灰倒入马桶。清理垃圾时，注意节约能源，保护环境，凡具有再利用价值的物品，应及时回收并合理利用。

（3）撤：撤出床上的脏布件，撤除时要抖动一下，以确定未夹带客人用品。

（4）做：就是做床，做床分为中式做床和西式做床。

中式做床方法与步骤

拉床垫：弯腰下蹲，双手将床垫稍抬高，慢慢拉出，离床头板约50厘米。

①开单：用左手抓住床单一头，用右手提住床单头，并将其抛向床头边缘，顺势打开床单。

②甩单：两手相距约为80~100厘米，手心向下，抓住床单头，提起约70厘米高，身体稍向前倾，用力甩出去，床单在床四周均匀垂下。床单应正面朝上，中线居中。

③包角：包床头时，应将床头下垂的床单掖进床垫下面；包角，右手将右侧下垂床单拉起折角，左手将右角部分床单折成直角，然后右角将折角向下垂直拉紧，包成直角，右手将余出下垂的床单掖入床垫下面。每个角要紧，而且成直角。

④将床垫复位。

⑤套枕套：将枕芯反折90度，压在枕套口上，把枕芯一次放到位；套好的枕头必须四周饱满平整，枕芯不外露。

⑥放枕头：将两个枕头放置居中，距床头约10厘米处，枕套口反向床头柜。

⑦套被套：被套展开一次到位，被子四角以饱满为准，正面朝上。

⑧铺被子：被边反折回30厘米，与枕头成切线，两侧自然下垂；被尾自然下垂，两角折成90度，中线与床单中线对齐。

⑨铺床尾巾：将床尾巾平铺于床尾，不偏离中线，两侧自然下垂，距离相等。

将床复位：弯腰将做好的床缓缓推到床头板并对齐床头板 。

西式做床方法与步骤

① 床拉出60厘米，撤下脏床单、枕套，撤单时要一层一层撤，以防止客人物品被裹带出来。撤下的毛毯、枕芯放在椅子和行李架上，不得放在地毯上。床屉、防滑垫放平，并注意是否清洁，如弄脏要及时更换新的防滑垫。

② 做床时应注意床垫是否需换头和翻面，一般要求每3个月换头、翻面一次，这样可以使床垫寿命延长，并使客人睡时感到平稳、舒适。

③ 将脏床单、枕套、客人用过的棉织，放入工作车脏布巾收集袋内，取回所需的新床

单，枕套和毛巾。在更换棉织品时，应将房间内垃圾收集在纸篓中并带出房间，倒入工作车垃圾袋内，并更换新的塑料垃圾袋。

④铺床时应将第一条床单铺在床上（正面向上），将床单包好一端成90度角。铺新床单时要使床单的折中线下对床头中线，使两边长短一致，并将床单其他三角分别以90度角塞入床屉与床垫中。

⑤铺第二层床单（正面向下），要求与一边拉齐，第二层床单折中线与一层床单重合。

⑥毛毯铺在第二层床单上与床头距25厘米左右。

⑦如果是VIP或商业客户套房，要在毛毯铺第三层床单，床单顶端与毛毯拉齐（床单正面朝上）。

⑧将第二层床单反摺，盖在毛毯或第三层床单的前端，并将一端的床单、毛毯塞入床屉、床垫之间，塞时要拉紧床单和毛毯。

⑨逆时针方向将床单和毛毯塞入床屉、床垫之间，床尾两角做成45度角。

⑩将枕芯塞入枕套，封口，两个枕头应口对口并排放在床头。床罩对尾一端铺好，床罩上端反摺，包住扣于床头，将床推回原位。

【资料链接】

密云民俗户统一更换白床单白被子

生态环境优良的密云，民俗旅游是当地农民增收致富的重要产业。目前，全县12个乡镇54个民俗旅游村，共有民俗户1 580多户。尽管这些年来，民俗旅游档次不断提升，可仍然存在卫生水平参差不齐等问题。就说农家院的床上用品，都是民俗户自己配的，黄的、蓝的、花的，颜色杂乱；棉布的、化纤的，材质各异；即使在同一家民俗院里，床上用品也是新的新，旧的旧，有的甚至连形状大小都不统一。

2011年年初，密云县提出创建国际绿色休闲旅游示范区，民俗旅游的规范化、精细化管理非常关键。提升民俗旅游的接待档次，推动民俗户向乡村酒店标准升级是发展方向。2011年，该县将一次性投入450万元，为全县民俗户统一免费更换床上用品。"全部采用宾馆标准的白色床具，一张床配三套，用着一套，送洗一套，再备一套。床单、被罩、毯子、枕巾全套都有。"密云县旅游局相关负责人说，白色床品，脏了一眼就能看出来，保证游客看着舒心，用着放心。同时，县里还专门成立"民俗户床上用品洗涤配送中心"，聘请专业人员负责洗涤，并由专人每天上门收发床上用品。洗涤标准将按照国家卫生标准统一干洗，可以大量节约水资源，减少环境污染。洗涤费用，每套床品象征性地收取3.2元，双人床每套3.4元，超出部分县政府每年将补贴100万元。

资料来源：http://www.nongjiayuan.org/miyun/mymshbcd.html。

（5）擦：擦家具设备及用品，从上到下、从里到外，环形擦拭灰尘。

（6）查：查看家居用品有无损坏，是否有客人遗留物品，要边擦拭边检查。

（7）拖（吸）：拖地板或吸尘，要由内向外，同时对清扫完毕的卫生间地面除尘。

（8）关：关窗、放下纱帘、关灯、关空调、关门。

2. 卫生间清洁程序八字诀

（1）开：开灯、开换气扇。

（2）冲：放水冲马桶，滴入清洁剂。

（3）收：收走客人用过的洗浴用品和垃圾。

（4）洗：清洁墙面、脸盆和抽水马桶。

（5）擦：擦干卫生间所有设备和墙面。

（6）消：对卫生间各个部位进行消毒。

（7）拖：拖卫生间地面除尘。

（8）关：检查卫生间无误后关灯并将门虚掩。

六、查房内容及流程

（一）查房制度

检查客房又称"查房"。一般来说，查房制度应包括以下内容。

1. 服务员自查

服务员在整理客房完毕并交上级检查之前，应对客房设备的完好、环境的整洁、物品的布置等作自我检查。这些在服务员的日常工作程序之中要予以规定。

（1）加强员工的责任心。

（2）提高客房的合格率。

（3）减轻领班查房的工作量。

（4）增进工作环境的和谐与协调。

2. 领班查房

通常，一个早班领班要对负责区域的客房都进行检查并保证质量合格。鉴于领班的工作量较大，也有些旅店只要求其对走客房、空房及贵宾房进行普查，而对住客房实施抽查。总之，领班是继服务员自查之后第一道关，往往也是最后一道关。因为他们认为合格的就能报告前台出租给客人，所以这道关责任重大，需要由训练有素的员工来担任。领班查房的作用如下。

（1）拾遗补漏。由于繁忙、疲惫等许多原因，再勤勉的服务员也难免会有疏漏之处，而领班的查房犹如加上了双保险。

（2）帮助指导。对于业务尚不熟练的服务员来说，领班的检查是一种帮助和指导。只要领班的工作方法得当，这种检查对新人而言，可以成为一种岗位培训。

（3）督促考察。领班的普查也是促进服务员自觉工作的一种策动力。领班的检查记录是对服务员考核评估的一项凭据，也是筛选合格服务员的一种方法和手段。需要强调的是领班查到问题并通知员工后，一定要请员工汇报补做情况并予以复查。

（4）控制调节。领班通过普查可以更多地了解到基层的情况并反馈到上面去，而旅店管理者又通过领班的普查来实现其多方位的控制和调节。领班检查工作的标准和要求是上级管理意图的表现。

3. 经理查房

这是了解工作现状、控制服务质量最为可靠而有效的方法。对于客房部经理来说，通过查房可以加强其与基层员工的联系，并更多地了解客人的意见，这对于改善管理和服务非常有益。因为经理人员的查房要求比较高，所以又被象征性地称为"白手套"式检查。这种检查一般都是定期进行的。

（二）查房流程及要求

这与整理客房的程序和标准基本一致。查房时应按顺时针或逆时针方向循序渐进，发现问题应当马上记录，及时解决。

日常查房的项目内容及标准

1. 房间

（1）房门：无指印，锁完好，完全指示图等完好齐全，请勿打扰牌及餐牌完好齐全，安全链、窥镜、把手等完好。

（2）墙面和天花板：无蛛网、斑迹、无油漆脱落和墙纸起翘等。

（3）护墙板、地脚线：清洁、完好。

（4）地毯：吸尘干净，无斑迹、烟痕。如需要，则作洗涤、修补或更换的标记。

（5）床：铺法正确，床罩干净，床下无垃圾，床垫按期翻转。

（6）硬家具：干净明亮，无刮伤痕迹，位置正确。

（7）软家具：无尘无迹，如需要则作修补、洗涤标记。

（8）抽屉：干净，使用灵活自如，把手完好无损。

（9）电话机：无尘无迹，指示牌清晰完好，话筒无异味，功能正常。

（10）镜子与画框：框架无尘，镜面明亮，位置端正。

（11）灯具：灯泡清洁，功率正确，灯罩清洁，接缝面墙，使用正常。

（12）垃圾桶：状态完好而清洁。

（13）电视与音响：清洁，使用正常，频道应设在播出时间最长的一档，音量调到偏低。

（14）壁橱：衣架的品种、数量正确且干净，门、橱底、橱壁和格架清洁完好。

（15）窗帘：干净、完好，使用自如。

（16）窗户：清洁明亮、窗台与窗框干净完好，开启轻松自如。

（17）空调：滤网清洁，工作正常，温控符合要求。

（18）小酒吧：清洁、无异味，物品齐全，温度开在低档。

（19）客用品：数量、品种正确，状态完好，摆放合格。

2. 卫生间

（1）门：前后两面干净，状态完好。

（2）墙面：清洁、完好。

（3）天花板：无尘、无迹，完好无损。

（4）地面：清洁无尘、无毛发、接缝处完好。

（5）浴缸：内外清洁，镀铬件干净明亮，皂缸干净，浴缸塞、淋浴器、排水阀和开关龙头等清洁完好，接缝干净无霉斑，浴帘干净完好，浴帘扣齐全，晾衣绳使用自如。

（6）脸盆及梳妆台：干净，镀铬件明亮，水阀使用正常，镜面明净，灯具完好。

（7）座厕：里外都清洁，使用状态良好，无损坏，冲水流畅。

（8）抽风机：清洁，运转正常，噪音低，室内无异味。

（9）客用品：品种、数量齐全，状态完好，摆放正确。

七、对客服务中常见问题的处理

（一）房间紧张而客人要求延住

处理这类问题的总原则是：照顾已住店客人的利益为第一，宁可为即将来店的客人介绍别的农家乐旅店，也不能赶走已住店的客人。可以先向已住客人解释本店的困难，征求其意见，是否愿意搬到其他农家乐旅店延住；如果客人不愿意，则应尽快为即将来店的客人另寻房间，或是联系其他农家乐旅店。

（二）旺季客满而慕名前来客人

安慰客人，歉意地请客人稍候，迅速联系附近同类旅店，引导客人前去，并礼貌话别。

（三）客人嫌房价高坚持要求较大的折扣

首先做好解释，如介绍良好的房间设施，使客人感到这一价格是物有所值的。其次礼貌地告诉客人"您今天享受的这一房价折扣，是我们首次破例的，房间设备好，而且是最优惠的"。如客人确实接受不了，可介绍房价稍低的客房给客人。

（四）客人住宿期间损坏了房间的物品

房间设备或用品被损坏后，服务员应立即查看现场，保留现场，核实记录；经查确认系住客所为或负有责任后，根据损坏的轻重程度，参照规定的赔偿价格，向客人提出索赔。索赔时，服务员必须由经理陪同，礼貌地指引客人查看现场，陈述原始状态，尽可能向客人展示有关记录和材料。如果客人外出，必须将现场保留至索赔结束；如果客人对索赔有异议，无法说服客人，赔偿价格按权限酌情减免。如果客人同意赔偿，让客人付款签字。

（五）做卫生时不小心损坏了客人的东西

做客房卫生时应该小心谨慎，特别是客人放在台面上的东西一般都不应该动，有必要移动时也要轻拿轻放，卫生做完要放回原处；如万一不小心损坏客人的物品时，应主动向客人赔礼道歉，承认自己的过失："实在对不起，因不小心损坏了您的东西，使您蒙受损失，实在过意不去"；征求客人意见，客人要求赔偿时，应根据具体情况给予赔偿。

（六）客人还在房内时整理房间

应礼貌地询问客人此时是否可以整理房间；在清理过程中，房门应全开着；清理过程中，动作要轻，要迅速；不与客人长谈。如果客人有问话，应礼貌地注视客人并回答；遇有来访客人，应主动询问客人是否可以继续清理；清理完毕，应向客人道谢，并主动询问客人是否还需其他服务；再次向客人道谢，然后退出房间，并轻声关上房门。

（七）发现客人用房内的面巾或床单擦皮鞋

客人弄脏的面巾或床单，尽量洗干净。若无法洗干净，应按旅店规定要求客人索赔。

（八）客人遗留物品处理

1. 客人遗留物品的辨别标准

（1）遗留在抽屉或衣柜内的物品，如衣服、围巾等。

（2）收据、发票、日记、记有电话号码的纸片等。

（3）所有有价值的东西，如钞票、首饰、信用卡等。

（4）身份证件。

（5）器材或仪器部件等。

2. 如客人还未离店，服务员发现房间内有遗留物品，应及时交还给客人。

3. 如客人已经离店，服务员发现房间内有遗留物品，应立即将遗留物品所在的房号、名称、数量、质地、颜色、形状、成色、拾物日期及自己的姓名等记录详细。随后将物品及清单一道装入遗留物品袋，将袋口封好并在袋的侧面写上当日日期，存入专门的房间放置。

4. 如有失主认领遗留物品，须验明其证件，且由领取人在遗留物品登记本上写明工作单位并签名；领取贵重物品须有领取人身份证件的复印件。

5. 如有客人打来电话寻找遗留物品，服务员须问清情况并积极协助查询。

（九）客人丢失物品处理

1. 安慰并帮助客人回忆物品可能丢在什么地方，请客人提供线索，分析是否确实丢失。

2. 查找过程中，请客人耐心等待或让客人在现场一起寻找。

（1）如在客人自己的房间进行寻找时，客人愿意亲眼目睹整个寻找过程，则让客人在现场一同寻找。

（2）客人即将离店，但客房还未清扫，应建议客人留在现场目睹整个寻找过程。

（3）客人原住房已为新客人租住，只能由服务员对床底和窗帘后面的部分进行搜索，查找工作不能由丢失物品的客人进行。

3. 经多方查找仍无结果或原因不明时，没有确切事实认定是在客房内被盗的，店方不负赔偿责任。但应向客人表示同情和耐心解释，并请客人留下地址和电话以便日后联系。

4. 将整个过程详细记录。

实训环节

【实训目的】

1. 让学生将课堂上学到的乡村旅游住宿服务的相关知识更好地与实际结合起来。

2. 培养学生观察事物的能力和细心服务的意识。

3. 及时发现学生存在的问题，并进行指导。

【实训要求】

实训项目一：在实训室进行中式铺床实操训练。

实训项目二：在实训室进行客房清洁整理技能训练。

【实训组织】

1. 让学生观看相关视频。
2. 示范演示。
3. 学生操作。

【实训成绩评定】

对学生的完成情况进行点评，根据操作步骤记分。

实训项目一：中式铺床考核评分标准

序号	操作内容	操作要点	扣分标准及分值		实际扣分	得分
			标准	分值		
1	拉床（10分）	（1）屈膝下蹲，将床拉出50厘米；（2）检查整理床垫	未将床拉开操作	2分		
			拉床时动作错误	2分		
			床身离床头板不足50厘米	2分		
			未检查整理床垫	2分		
			其他	2分		
2	铺床单（10分）	（1）抖单；（2）定位；（3）包角	抖单动作要领有误	2分		
			抖单后床单中线没有居中	2分		
			未定位而直接包角	2分		
			包角未达到45度角	2分		
			其他	2分		
3	套被套（10分）	（1）被套平铺在床上，开口在床尾；（2）从开口处将两手伸进被套，首先将被套反面朝外，将被套的两角处对准被子的两角，然后将被套翻身，拉平被套，四角塞入后，对准整平，开口处在床尾，铺在床上，床头部分向上折起25厘米；后面下垂部分跟地毯齐平，并拉挺	没按要领展开被套	1分		
			被套的开口不在床尾	2分		
			套好被套后，四角未对准	2分		
			床头部分未折起25厘米	2分		
			床尾部分着地	2分		
			其他	1分		

续表　实训项目一

序号	操作内容	操作要点	扣分标准及分值		实际扣分	得分
			标准	分值		
4	套枕 (10分)	(1) 将枕芯装入枕套，不能用力拍打枕头； (2) 将枕头放在床头的正中，距床头约5厘米； (3) 两张单人床枕套口与床头柜方向相反，双人床枕套口互对，单人床和双人床的枕头与床两侧距离相等	套枕袋动作不规范	1分		
			枕袋四角未饱满挺实	2分		
			套好的枕头未放置床正中间且距床头不到5厘米	2分		
			枕袋口摆放的方向错误	2分		
			枕面上留下手痕	1分		
			其他	2分		
5	将床推回原位 (10分)	(1) 放上床尾带及靠垫，床尾带必须要平整，两边均匀下垂，靠垫放在枕头前； (2) 用腿部力量将床缓缓推进床头板，再检查一遍床是否铺得整齐、美观，并整理床裙，保持自然下垂、整齐	床身推回原位置后有歪斜	2分		
			床尾带及靠垫放置错误	2分		
			没有最后查看	2分		
			对不够整齐、造型不够美观的床面未加整理	2分		
			其他	2分		
6	合计 (50分)					

资料来源：http://blog.meadin.com。

实训项目二：客房清洁整理考核评分标准

序号	操作内容	操作要点	扣分标准及分值		实际扣分	得分
			标准	分值		
1	准备 (5分)	将清洁用品以及所需要的客房用品整齐地摆放在布草车中	准备不充分	5分		
2	清洁整理 (25分)	敲门	未敲门	2分		
			未通报自己的身份和目的	3分		
			未清理垃圾	2分		
		整理卧室及卫生间	清洁方法不正确	3分		
			清洁工具使用不当	5分		
			低值易耗品不补充或补充不完整	5分		
			卫生间洁具不洁净	5分		

续表　实训项目二

序号	操作内容	操作要点	扣分标准及分值		实际扣分	得分
			标准	分值		
3	检查 (5分)	检查有无遗漏之处或清洁工具留下	有漏项或清洁工具留下	5分		
4	关灯、关门 (3分)	关灯、关门	未关灯	3分		
5	登记 (2分)	在登记表上记录	未及时登记	2分		
6	合计（40）					

资料来源：http：//blog. meadin. com

思考与练习

1. 乡村客房服务员应具备哪些素质？
2. 乡村旅游客房清理的基本程序是什么？

第四节　乡村旅游餐饮服务

任务描述

通过本节的学习与训练，了乡村旅游餐饮服务的基本要求和基本条件，初步掌握乡村旅游餐饮服务的操作规范和乡村旅游餐饮服务特殊情况处理。

【知识目标】

1. 了解乡村旅游餐饮服务的基本要件。
2. 掌握乡村旅游餐饮服务的具体操作要领。

【能力目标】

能熟练运用乡村旅游餐饮服务各环节的知识，让游客吃得放心、舒心。

【素质目标】

1. 初步建立学生热情主动的服务意识。
2. 培养学生勇于开拓的创新精神。

任务组织与实施

1. 知识讲解。通过对乡村旅游餐饮服务的基本要件，及乡村旅游餐饮服务的基本要件的讲解，逐步让学生熟悉乡村旅游餐饮服务的工作环境，掌握工作流程。

2. 组织学生实训。让学生很好地把理论学习与实践结合起来。

3. 任务评价。对学生的实训过程和结果进行点评，指出存在的不足，提出改进意见。

案例导读

开平：让游客"吃"下碉楼文化

开平碉楼与村落申遗成功，吸引了更多来自世界各地的游客。由天山桃园酒楼、天山石榴花酒店、赤坎石子岗关帝庙旅游区组成的天山旅游饮食连锁服务机构，已经发展成为集餐饮、住宿、娱乐、旅游为一体的开平市唯一一家以接待旅游团队餐饮住宿为主的机构。该机构总经理吴悦明表示将把握好申遗成功这个机遇，把大量的碉楼文化融入到酒楼的菜式里面去，打造"碉楼宴"，让游客在参观开平碉楼与村落的同时把碉楼文化连同美味的饭菜一起"吃"下去。

地道农家菜款待游客

该机构旗下最突出的莫过于天山桃园酒楼，该酒楼位居开平市几大碉楼景点的中心，有着得天独厚的地理位置。开业至今，该酒楼将淳朴的乡村文化与饮食相结合，以地道的乡村美食吸引了来自五湖四海的游客。目前，该酒楼每天有 1000 人次的客流量，周末还会接待 100 多辆自驾车游客。

吴悦明表示，他们旗下的酒楼，没有专业的大厨，只有普通的农家妇女。他解释说，他们追求的是一种开平农家的原汁原味饮菜，所以酒楼请来的厨师是附近农村的妇女，这使得酒楼的饮食保持了大量的地方特色。另外，酒楼还让这些妇女用土方法腌制咸酸菜等本地菜式，使游客吃到了地道农家菜。

酒楼在布置上也尽量彰显开平农家风味。在酒楼的装修上，该酒楼采用复古的方式使其有汉代"桃园三结义"的气息；在酒楼内的装饰上，吴悦明别出心裁地让文化人士写了很多碉楼小故事和创作碉楼画贴在墙上，让游客在等待吃饭时欣赏。

"碉楼宴"独具特色

吴悦明表示，他们专门聘请开平当地的文化人士，研究民俗文化，尤其是碉楼文化。搜集当地的农家菜式，探索碉楼与一些驰名美食的渊源、历史典故等，并灵活地将碉楼文化与饮食文化相融合，首创出独具开平特色的"碉楼宴"，成为开平绝无仅有的菜式。

在菜名上就融入了大量的碉楼文化："毓培清心汤""瑞石楼飞鸽""迎龙豆腐""马降龙古味鹅""中坚楼秘制猪手""南兴斜楼五色菜"……每一道美食除了是厨师们精心选材和烹调的杰作外，还包含着一个个动人的故事。如"毓培清心汤"就以开平特产鸡爪芋和芋脚黑豆为主要材料。据传闻，立园主人谢维立先生每次远洋归来时，家人都会精心熬制这种汤，然后在毓培楼为他奉上，希望能帮他洗去长途旅行的劳累。迎龙楼是开平最古老的碉楼，相传楼主夫妇所做的豆腐远近驰名，光顾的顾客络绎不绝。他们很快就成为村里的首富。为了报答村民的支持，他们出资建造新的碉楼，用作防涝防盗。碉楼竣工时，恰逢其儿子出生，故将碉楼命名为"迎龙楼"，而他们卖的豆腐也改叫"迎龙豆腐"。

　　天山酒楼的这些举措，得到了游客的赞赏。一些吃过饭才去看碉楼的游客表示，吃了这些菜，听了其中的故事，去看碉楼时会特别细心，也更能看懂碉楼。一些去看了碉楼才回来吃饭的游客则表示，看碉楼的记忆并不算深，但吃了这些带有碉楼故事的菜式之后，加深了对碉楼文化的了解，回去和朋友讲也有了更多的素材。吴悦明表示，天山酒楼提供的不仅仅是美食，文化更是美食当中不可或缺的"原料"。

　　资料来源：http://www.17u.net/news/newsinfo_ 157401.html。

【思考】

天山酒楼经营获得成功的"法宝"是什么？

基本知识

　　随着乡村旅游的发展，饮食文化逐渐成为乡村旅游的一大特色，品尝当地的农家菜看成为了体验乡村旅游必不可少的项目。由此，乡村旅游餐饮服务的质量就显得尤为重要了。

一、乡村旅游餐饮服务的基本要求和基本条件

（一）基本要求

1. 餐饮服务人员的要求

乡村旅游餐饮服务人员必须按相关规定持有"健康证"。仪容仪表除了符合基本的服务规范外，在卫生、健康方面还应该有更高、更严格的标准。每个餐饮企业都应制订一套详细的、具体的、可操作的服务人员基本规范，包括发型、着装、配饰、表情、态度、言语、行为等方面的内容。

2. 餐饮服务操作的要求

餐饮服务从实际运作的过程来看，分为预订、摆台、领位、点菜、制作加工、进餐服务、结账、撤台等程序。每个环节都有不同的岗位，像预订员、服务员、厨师、收银员等。每个岗位都有不同的操作规范和共同的服务标准。操作时都要求待客有礼、主动热情、微笑诚恳、快速规范、耐心周到、灵活应变。

3. 餐饮服务设施配备的要求

餐饮服务设施设备的配置要注重安全、卫生、可靠。首先，要完全符合国家和地方餐饮业设施设备的要求和标准；其次，要保持器具规格或颜色基本协调一致；再次，尽量选用具有地方特色的餐具或用品。

4. 餐饮服务环境的要求

餐饮服务环境主要是指客人就餐场所的环境。从专业的角度，就餐环境主要包括餐厅的空间大小、装修档次、装饰风格、采光色调、温度湿度等影响客人消费的因素。乡村旅游之所以吸引客人就在于自然的家庭氛围、质朴的生活方式、别样的休闲内容等，如贵州西江苗寨的长桌宴。所以，乡村旅游的用餐环境应保持这种特色，但必须安全、卫生、整洁，关键要给客人营造一个怡人的环境。最好是有专门的餐厅，当然将自家庭院开辟出来就餐也不失为一个好的举措，但庭院用作餐厅需要做好灭蝇、灭蚊、防尘、防风沙的准备。

5. 餐饮服务菜品的要求

游人到乡村旅游多为寻求清新自然，因此农家餐馆无须追求高档、菜品不要强调贵重。乡村餐饮的菜肴应具有浓郁的乡村风味，并在此基础上有所发展和创新。食材尽量采用农村特有的、城里难觅的，像土鸡、土鸭、老腊肉、野生鱼、时令鲜蔬、粗粮等各种当地土特产就是不错的选择。比如，米饭可以做成诸如"玉米粒焖饭"（俗称"金裹银"）、"腊肉豌豆焖饭""红苕（或南瓜）焖饭""豇豆（或萝卜丝）焖饭"等。这些饭既有农家特色，又便宜好吃。

【资料链接】

广东开平天山桃园酒楼老板吴悦明创业之初开了一间茶居，专门经营凉粉、豆腐花等小吃。然而 3 元一碗的凉粉并不热销。后来，吴悦明就地取材，采用当地一种营养和药用价值甚高的绿色植物——乒乓果，取汁制作特色凉粉，并创作一首凉粉歌"我小名叫凉粉果，屋顶棚架是我窝，春去夏来果子多，性甘解毒平肝火。"不仅让游客知道他的凉粉就是由眼前的乒乓果制成的，也道出了凉粉的功效，很有吸引力。不但凉粉销量大增，价格也由每碗 3 元升到 5 元。他的凉粉不仅成为本店的招牌小吃，还成为开平具有代表性的地方小吃。

资料来源：邱镇尧：《用"土特色"留客》，见《致富时代》，2009 年第 4 期。

【资料链接】

在台湾，寸土寸金。所以在乡村旅游开发上很注重结合地方特色资源，创造性地将平凡打造成特色，吸引游客。台湾的农家乐，房子各有风格，菜式也独居匠心，就是豆腐这样的家常饮食，在台湾的农家乐里，能有近 30 多种做法。

资料来源：张雅琴：《千户一面的农家乐》，西安日报数字报刊，http://epaper.xiancn.com，2009 年 6 月 30 日。

（二）基本条件

1. 餐厅

（1）餐厅位置合理，采光通风良好，整洁，能提供相适应的使用面积。

（2）餐厅地面应做硬化处理，防滑、易于清洗。

（3）桌椅、餐具、酒具、餐巾纸、菜单配套。

（4）家具完好，餐具干净、整洁。提供的菜单菜品分类清楚，明码标价。

（5）提供的食品来源和加工制作符合食品卫生、质量要求。

2．厨房

（1）厨房布局流程合理，其使用面积应与接待能力相适应。

（2）厨房地面应采用硬化处理，防滑、易于冲洗。墙面平整光洁，容易清洁。

（3）初加工间、烹调间、凉菜间应独立分设，并符合卫生部门的有关规定。

（4）餐（饮）具洗涤池、清洁池、消毒池及蔬菜清洗池、肉类清洗池应独立分设，并符合卫生要求。

（5）有专门的食品贮藏设备，食物储存生熟分开。

（6）有消毒专用设备。

（7）有充足的冷藏、冷冻设施。

（8）有合理良好的通风排气设施，油烟排放应符合相关规定。

（9）有完善的防蚊蝇、防尘、防鼠及污水达标排放设施。污水排放应符合相关规定。

（10）有符合卫生要求的密闭废弃物存放容器，并保持外部整洁。

（11）有必要的消防设施。

二、乡村旅游餐饮服务的操作规范

（一）菜单设计和制作要点

1．菜单的封面与封底

（1）封面：内容为饭店与餐厅的名称和标志。

（2）封底：切记不要让它呈空白状。设计封底时，要将饭店与餐厅的信息性内容，如地址、电话、营业时间、接受的信用卡类别以及聚餐、筵席、会议设施、饭店所处地段的简图等。

2．菜单用纸的选择

（1）如果饭店使用一次性菜单，菜单内容每天更换，这种菜单应当印在比较轻巧、便宜的纸上，不必考虑纸张的耐污、耐磨等性能。

（2）如果饭店有意使菜单耐用，那么应当选用质地精良、厚实的纸张，同时还必须考虑纸张的防水、防污、去渍、防折和耐磨等性能。

3．菜单颜色的选用

（1）最简单的方法就是用有色底纸，加印彩色文字。

（2）对于字体颜色，一般原则是：只能让少量文字印成彩色。

4．菜肴顺序的编排

（1）菜单上菜肴顺序的编排可按照上菜的先后顺序。

（2）千万不要按菜品价格的高低来排列菜肴，否则客人会仅仅根据价格来点菜，这对餐厅的推销是不利的。

（3）菜单中特殊对待的菜肴可以分为两大类：一类是餐厅的特色名肴；另一类是经营者希望在同类食品中销售量超于一般的菜肴。

5．菜单中的描述性文字

每道菜式描述性的说明，应以简洁的文字描述出来。

（二）主要环节需掌握的要点

1. 餐前准备

（1）整理餐厅

对餐厅的各个部分，包括墙壁、地面以及室内用具等进行卫生清洁，力求给宾客提供一个干净、舒适的就餐环境。

（2）准备就餐用具及服务用品

开餐前应备足餐具、杯具等，以便摆台及翻台使用。其数量应根据餐位数的多少、客流量的大小等来确定，要求数量充足，明净如新。

2. 餐中服务

（1）上菜服务

①上菜时并报菜名，对于有些风味菜、特殊菜肴还应介绍菜肴的制作方法、口味特点等。

②如果菜肴配有调料和配料，应先上调料和配料，再上菜肴。

③如桌上的菜肴较多无法放下一道时，应征求客人的意见将大盘换成小盘，或将口味相近的菜肴折合在一起。

（2）撤换餐具

①撤换餐具前应先征询客人意见，待客人允许后再进行撤换。

②撤换餐具时，服务员应左手托盘，将干净的餐具整齐地码放在一起，从客人的右侧撤下脏餐具，换上干净的餐具。

（3）撤换烟灰缸

①当烟灰缸中有两个以上的烟头时，应为客人及时撤换烟缸。

②撤换烟灰缸时，应先提醒客人。服务员可用左手托托盘，右手将一只干净的烟灰缸覆盖在脏烟灰缸上，一起移入托盘，再将另一只干净的烟灰缸放回餐桌原处。

3. 餐后工作

（1）送客服务

①当客人就餐完毕起身离座时，服务员应拉椅协助。

②服务员要礼貌地提醒客人不要遗忘物品。

③客人离开餐厅，服务员应将客人送出餐厅，向客人致谢道别，同时欢迎客人再次光临。

（2）清理台面

①检查客人有无遗留物品，如有，则应立即交还客人。

②按餐、酒具种类收拾台面。

③按要求重新布置台面，摆齐桌椅，清扫地面，补充必备品。

（三）基本操作要领

1. 托盘

在餐厅服务工作过程中，从餐前摆台、餐中提供菜单、酒水和为客人更换餐具等一系列服务，到餐后的收台整理，都要使用托盘。

（1）理盘：要将托盘洗净擦干。

（2）装盘：要根据物品的形状、大小、使用的先后，进行合理装盘，一般重物、高物在内侧；先派用的物品在上、在前，重量分布要得当；装酒时，酒瓶商标向外，以便于宾客看清。

（3）托盘：用左手托盘，左手向上弯曲成90°，掌心向上，五指分开，用手指和手掌托住盘底（掌心不能与盘底接触），平托于胸前，略低于胸部，并注意左肘不与腰部接触。起盘时左脚在前，右脚在后，屈膝弯腰，用右手慢慢地把托盘平拉出1/3或1/2，左手托住盘底右手相帮，托起托盘撤回左脚。

（4）行走：必须头正、肩平、盘平，上身挺直，目视前方，脚步轻快而稳健，托盘可随着步伐而在胸前自然摆动，但幅度要小，以防菜汁、汤水溢出。

（5）落盘：要弯膝不弯腰，以防汤汁外溢或翻盘；用右手取用盘内物品时，应从前后左右交替取用，随着托盘内物品的不断变化，重心也要不断调整，左手手指应不断移动，掌握好托盘的重心。

2. 摆台

餐台通常摆放的餐具和用具主要有：骨碟、汤碗、瓷勺、筷子、水杯、酒杯等。

餐、酒用具摆放的规则

（1）摆骨碟：将餐具码好放在垫好餐巾的托盘内，左手端托盘，右手摆放。从主人位开始按照顺时针方向依次摆放，要求盘边距离桌边1厘米，碟与碟之间距离相等。

（2）摆汤碗和瓷勺：汤碗摆在骨碟的正上方，瓷勺放在汤碗内，勺柄朝右。

（3）摆水杯和酒杯：水杯和酒杯摆在汤碗的正上方。手取拿酒杯的杯柄处，不能触碰杯口部位。

（4）摆筷子：筷子应放在骨碟的右侧。

（5）摆餐椅。围椅从第一主人位开始按顺时针方向依次摆放，餐椅之间距离均等。

3. 餐巾折花

（1）作用。

①特殊信号：在正式宴会上，女主人把餐巾铺在腿上是宴会开始的标志。这就是餐巾的第一个作用，它可以暗示宴会的开始和结束。中途暂时离开，将餐巾放在本人座椅面上。

②卫生保洁：宾客用餐时，餐厅服务员可将大餐巾折起（一般对折），折口向外平铺在宾客的腿上，而小餐巾可伸开直接铺在客人腿上，不可将餐巾挂在客人胸前（但在空间不大的地方，如飞机上可以如此）。客人可用餐巾来擦嘴或防止汤汁、酒水弄脏衣物，决不可用来擦脸部或擦刀叉、碗碟等，手洗过后也是用餐巾擦的。现在一般不用把餐巾压在餐盘底下进餐的这种用法，因为这样容易不小心带动餐巾，从而使餐盘滑落。在用餐期间与人交谈之前，先用餐巾轻轻地揩一下嘴；女士进餐前，可用餐巾轻抹口部，除去唇膏。在进餐时需剔牙，应拿起餐巾挡住口部。

③装饰用品：形状各异的餐巾花，摆放在餐台上，既美化了餐台，又增添了庄重热烈的气氛，给人以美的享受。

④突出主题：不同的餐巾花型，蕴含着不同的宴会主题，起到无声语言的作用。例如喜

宴上，折出比翼齐飞、心心相印的花型，表示出永结同心、百年好合的美好祝愿。

⑤标志主、宾席位：在折餐巾花时应选择好主宾的花型，主宾花型高度应高于其他花型高度以示尊贵。

（2）分类。

①按摆放方式，分为盘花、杯花，通常西餐用盘花，中餐用杯花。

②按造型的外观，分为植物类、动物类、实物类。

（3）餐巾折花的运用原则。

①根据宴会的性质来选择花型。

②根据宴会的规模来选择花型。一般大型宴会可选用简单、快捷、挺拔、美观的花型。小型宴会，同一桌上可以使用各种不同的花型，形成既多样，又协调的布局。

③根据花式冷拼选用与之相配的花型。如冷拼是"游鱼戏水"，餐巾花则可以选用"金鱼"造型。

④根据时令季节选择花型。用台面上的花型反映季节特色，使之富有时令感。

⑤根据客人身份、宗教信仰、风俗习惯和爱好来选择花型。

⑥根据宾主席位的安排来选择花型。宴会主人座位上的餐巾花称为主花，主花要选择美观而醒目的花型，其目的是使宴会的主位更加突出。

（4）注意事项。

①操作前洗手；

②操作应在干净的台面上（无污渍、油渍、水渍）；

③操作时不用口咬帮助操作；

④放花入杯时，手指不接触杯口，杯身上部不留指纹；

⑤餐巾花的观赏面应朝向宾客。

（5）基本手法。

①折叠：将口布一折二、二折四，单层叠成多层，或折叠成各种几何图形。

②推裥：将口布叠面推折成折裥的形状，使花形层次丰富、紧凑、美观。

③卷：将口布卷成圆筒形。

④穿：用筷子从口布的夹层摺缝中穿过去，形成皱折。

⑤翻拉：将口布角位置翻上或翻下，将夹层外翻，翻拉成所需形状。

⑥捏压：将口布角捏压成鸟头或动物头。

⑦攥：用手指在口布中攥出所需形状。

（6）铺口布方法。

①取口布

盘花：站于客人右侧，侧身，右脚在前与左脚成丁字步；右手取口布，向左边转身在客人身后与左手合力拉住口布相邻两角将口布轻抖开。

杯花：站于客人右侧，侧身，右脚在前与左脚成丁字步；左手食指、中指与拇指握住杯底部，右手取口布；向左边转身在客人身后与左手合力拉住口布相邻两角将口布轻抖开。

②铺口布

抖开口布后，右手在前，左手在后，将口布平铺于客人腿上；铺好后，不要用手去整理。

4. 斟酒

（1）确定餐位上的酒水杯。

为宾客斟倒酒水时，要先征求宾客意见，根据宾客的要求斟倒各自喜欢的酒水饮料。如宾客提出不要，应将宾客位前的空杯撤走。如果餐位上缺少需要的酒水杯，应立即补上。

（2）避免酒水滴在客人身上。

服务员要将酒徐徐倒入杯中，当斟到酒量适度时停一下，并旋转瓶身，抬起瓶口，使最后一滴酒随着瓶身的转动均匀地分布在瓶口边沿上。这样，可避免酒水滴洒在台布或宾客身上。此外，也可以在每斟一杯酒后，即用左手所持的餐巾把残留在瓶口的酒液擦掉。

（3）斟酒时要控制好斟酒的速度。

瓶内酒量越少，流速越快，酒流速过快容易冲出杯外。因此要做到：随时注意瓶内酒量的变化情况；以适当的倾斜度控制酒液流出速度；斟啤酒速度要慢些，也可分两次斟或使啤酒沿着杯的内壁流入杯内。

（4）碰倒酒杯事件的处理方法。

由于操作不慎或宾客不慎而将酒杯碰翻时应做到：向宾客表示歉意，或立即将酒杯扶起，检查有无破损，如有破损要立即另换新杯。如无破损，要迅速用一块干净餐巾铺在酒迹之上，然后将酒杯放还原处，重新斟酒。在斟软饮料时，要根据宴会所备品种放入托盘，请宾客选择，待宾客选定后再斟倒。

三、乡村旅游餐饮服务特殊情况处理

（一）对特殊客人的服务

1. 如何接待年幼客人

（1）对年幼的小客人要耐心、愉快地照应，并且帮助其父母使小朋友坐得更舒适。可端来一张 Baby 椅子，并且尽量不要把它安排在过道的位置上。

（2）把糖缸、盐瓶等易碎的物品移到小孩子够不着的地方。

（3）如果有儿童菜单，请小孩的父母为其点菜。

（4）茶水、饮料不要斟得太满，不要用过高的高脚杯或其他玻璃器皿，最好用较小的餐具。

（5）尽可能为小朋友提供围兜（可以用口布替代）。

（6）如果小朋友在过道上玩耍，或者打扰其他客人要及时阻止，并向他的父母建议，让他们坐到桌边以免发生意外。

（7）不要抱逗小孩或抚摸小孩的头。没征得父母的同意，不要随便给小孩子吃东西。

2. 如何接待信奉宗教的客人

（1）了解客人信奉的是哪种宗教，都有什么忌讳。

（2）在点菜单上要特别注明，交代厨师用料时不可冒犯客人的忌讳，并注意烹饪用具与厨具的清洁。

（3）上桌前还要认真检查一下，以免上错菜。

3. 如何接待残疾客人

（1）带客人到离门口较近、方便入座和服务的位子。

（2）提供必要的帮助，如帮助推车，拿物品等，不论客人就座或离席，都要协助客人挪动椅子（如客人不需要则不必勉强）。

（3）不要议论或投以奇异的眼光。

4. 如何接待挑剔的客人

（1）服务员的情绪不要因客人挑剔而受影响。

（2）在酒店不受损失的前提下，尽量满足客人的要求。

（3）不可将自己的观点强加给客人接受，对任何事物的正确与否不允许与客人争论。

5. 如何接待赶时间的客人

（1）快速安排客人入座，递送菜牌。询问客人就餐需要的时间。

（2）为客人订饮料，说明所订菜品需用的制作时间，极力推荐易加工制作的食品。

（3）送单入厨房，向厨师做特别说明。

（4）服务员互相提醒，加快服务速度，缩短上菜时间，优先服务此类客人。

（5）提前准备账单。

6. 如何服务单独就餐的客人

（1）尽量安排客人坐边角或方便看电视的位置。

（2）多与客人进行接触，服务过程中适当与客人沟通。

（3）对常客要熟记客人饮食习惯，有意安排固定位置。

（4）服务速度不宜过快或过慢。

7. 如何服务醉酒的客人

（1）通知服务员和相关负责人并设法联系其家人，安置客人休息，切忌单独扶客人回房。

（2）将垃圾桶放在床边，备好纸巾、漱口水，给客人泡解酒茶或蜂蜜水。

【资料链接】

情人度假用餐服务

小张毕业前的实习被安排在某乡村的度假型饭店里服务。由于近来正逢淡季，生意清淡。这天中午，来了一对男女青年，引位员将他们带到小张值台的区域。小张非常热情地开始了服务，从接受点菜到上菜、斟倒酒水饮料，她始终伺候在旁。用餐完毕，男青年向小张索要留言本，而最后小张喜滋滋地接过来的客人写毕的留言本上却是批评意见。

资料来源：李海平，张安民：《乡村旅游服务与管理》，浙江大学出版社 2011 年 11 月第1 版。

（二）对特殊事件的处理

1. 如何处理客人损坏餐具

（1）客人损坏餐厅的餐具一般都是无意的，服务员应先礼貌、客气地安慰客人，而不能责备客人，使客人难堪。

（2）帮客人清理被损的餐具，对客人的失误表示同情，关切地询问客人有无碰伤并采取相应措施。

（3）要在合适的时间、用合适的方式告诉客人需要赔偿。

2. 如何处理服务中不慎弄脏客人的衣服（物）

（1）先诚恳地向客人道歉，并赶快用干净毛巾帮客人擦掉（如果是女士，让女服务员为其擦拭），服务中要多关注这位客人，提供满意的服务，以弥补过失。

（2）征询客人的意见，帮助客人清洗，并再次道歉，对客人的原谅表示谢意。

（3）服务员决不可强词夺理，推卸责任。

3. 如何处理客人对菜肴质量不满意

（1）若客人提出的菜肴质量问题可以重新加工得以解决的情况，如口味偏淡、成熟度不够等，服务员应请客人稍等，马上让厨房再次进行加工。

（2）若客人对菜肴原料的变质或烹饪的严重失误提出质疑，服务员应向相关负责人汇报，由其出面表示关注与致歉。

实训环节

【实训目的】

1. 让学生将课堂上学到的乡村旅游餐饮服务的相关知识更好地与实际结合起来。
2. 培养学生积极创新的能力和个性化服务的意识。
3. 及时发现学生存在的问题，并进行指导。

【实训要求】

实训项目一：在实训室进行餐巾折花、摆台的实操训练。
实训项目二：自行设计一份乡村美食菜谱。

【实训组织】

实训项目一：
1. 让学生观看餐巾折花、摆台的视频。
2. 示范演示。
3. 学生操作。
实训项目二：
1. 学生利用课余时间搜集乡村美食资料，并对信息进行归类整理，然后构思、设计、绘制一份乡村美食菜谱（可以手绘，也可以电脑制作）。
2. 在课堂上展示自己的作品，并做简要介绍。

【实训成绩评定】

实训项目一：对学生的完成情况进行点评，根据操作步骤记分。

实训项目一考核评分表

序号	项目	要求和评分标准	满分	扣分	得分
1	礼节礼貌（5分）	表情、精神、自然	1分		
		头发、指甲符合要求	1分		
		淡妆，不戴首饰，不留胡子	1分		
		工作服整洁，戴考生配号牌	1分		
		拉椅让座、斟酒倒水时面带微笑，有示意	1分		
2	中餐摆台 摆十人（20分）	台布正面朝上	1分		
		下垂四角均匀	1分		
		转盘放在圆桌中心	1分		
		餐碟定位，餐位均匀	3分		
		转盘心与相对两个餐位三点成一线（每对1分）	5分		
		餐碟、筷子尾离桌边1.5厘米，餐具间间隔1厘米	3分		
		甜酒杯对餐碟中线、水杯在左、白酒杯在右，三杯成一直线	4分		
		公座、汤勺、分勺放在第三客人右侧	1分		
		汤勺把尾离桌边1.5厘米	1分		
3	折餐巾杯花十种（15分）	突出正、副主位	2分		
		有头尾的动物造型应头朝右，主位除外	2分		
		巾花观赏面面向客人，主位除外	2分		
		巾花挺拔	2分		
		造型美观	2分		
		款式新颖	3分		
		操作手法卫生，不用口叼、下巴按	1分		
		手不触及杯的上部	1分		
4	上盘花拉椅子让座(5分)	盘花放在转盘中心	2分		
		拉椅让座时餐椅正对餐位，距离均匀	2分		
		椅边离桌边1厘米	1分		
5	托盘（5分）	姿势正确	2分		
		托送自如、灵活	3分		

续表

序号	项目	要求和评分标准	满分	扣分	得分
6	备注	不轻拿轻放，视噪音大小扣 1－2 分； 餐具掉地或打烂餐具、摆少一件餐具、折少 1 个餐巾花分别扣 2 分，且按数量递扣 扣罚原因：			
		要求 15 分钟完成，超时操作每 10 秒扣 0.5 分，以此类推 实际操作时间：			

实训项目二：外观设计占 25%；菜谱荤素搭配占 25%；价格制定占 25%；乡村特色美食占 25%。

资料来源：李海平，张安民：《乡村旅游服务与管理》，浙江大学出版社 2011 年版。

思考与练习

1. 餐饮服务人员对客服务中常见的问题及解决办法有哪些？
2. 餐饮服务的主要环节各需要掌握哪些要点？

第五章　乡村旅游企业管理

模块描述

　　本章学习的主要内容是乡村旅游企业组织管理、人力资源管理和服务质量管理。学生通过本章的学习和训练，主要掌握乡村旅游企业的组织设计原则、组织结构类型，乡村旅游企业招聘、培训、薪酬设计和激励方法，乡村旅游企业质量管理的内容和方法。能识别不同类型的乡村旅游企业，设计其组织结构，在员工招聘、培训和激励方面提出相应的措施，能够对小型乡村旅游企业服务质量进行控制；对乡村旅游企业管理有整体认识，能初步识别乡村旅游企业管理中存在的问题，初步提出改善其组织管理、人力资源管理和服务质量管理方面的措施。

【知识目标】

　　1. 了解乡村旅游企业管理的基本内容，了解乡村旅游企业组织管理、人力资源管理和服务质量管理等方面的基本内容。

　　2. 掌握乡村旅游企业管理的基本职能、基本原理、基础理论，组织设计原则、组织结构类型，招聘、培训、薪酬设计和激励方法和质量管理的内容。

　　3. 熟记乡村旅游企业管理的基本职能、其管理者应该具备的基本技能，乡村旅游企业的组织设计原则和组织结构类型，掌握乡村旅游企业质量管理的内容。

【能力目标】

　　1. 能识别不同类型的乡村旅游企业，明确其管理者要执行的管理职能，对乡村旅游企业管理有整体认识。

　　2. 能够设计乡村旅游企业组织结构，在员工招聘、培训和激励方面提出相应的措施，能够对小型乡村旅游企业服务质量进行控制。

　　3. 树立管理观念，能初步识别乡村旅游企业管理中存在的问题，初步提出改善乡村旅游企业组织管理、人力资源管理和服务质量管理方面的措施。

【素质目标】

　　1. 初步建立学生的管理意识，形成管理的思维方式。

　　2. 培养和提升学生自我管理、人际交往和团队合作能力。

第一节　认识乡村旅游企业管理

任务描述

通过本节的学习与训练，了解乡村旅游企业，理解乡村旅游企业管理及其管理者的含义。了解乡村旅游企业经营管理中存在的问题、经营的基本条件和要求，认识提升乡村旅游企业管理的意义。掌握乡村旅游企业管理的基本职能、基本原理、基础理论，树立管理观念。

【知识目标】

1. 了解乡村旅游企业、管理及其管理者的含义，了解乡村旅游企业经营管理中存在的问题、经营的基本条件和要求，认识提升乡村旅游企业管理的意义。

2. 掌握乡村旅游企业管理的基本职能、基本原理和基础理论。

3. 熟记乡村旅游企业管理的基本职能、基本原理和其管理者应该具备的基本技能。

【能力目标】

1. 识别不同类型的乡村旅游企业，明确其管理者要执行的管理职能。

2. 初步了解和认识乡村旅游企业管理中存在的问题。

3. 初步树立管理观念，明确改善乡村旅游企业管理的方向。

【素质目标】

1. 初步建立学生管理意识，形成管理的思维方式。

2. 提升学生自我管理能力，培养良好的行为习惯。

任务组织与实施

1. 知识讲解。通过对乡村旅游企业、乡村旅游企业管理及其管理者的含义，乡村旅游企业经营管理中存在的问题，经营的基本条件和要求的讲解，使学生掌握乡村旅游企业管理的基本职能、基本原理和其管理者应该具备的基本技能。

2. 组织学生实训。使学生能够将所学的乡村旅游企业管理的概念、理论运用到乡村旅游企业管理实践中。

3. 任务评价。对学生实训的结果进行评价，指出优点和存在的不足。

案例导读

休闲农业与乡村旅游成为我国农民就业增收的重要途径

大地回暖，外出踏青的人日渐增多，各地休闲农业和乡村旅游也随之火起来了。在江西南昌市湾里区，刚刚开了一家农家乐的农民熊火金告诉记者，3月份，他店里生意最好的一天，仅餐饮这一块就有1 000多元钱入账。

"我以前在一家餐馆做厨师，一年下来挣不了多少钱。后来看到休闲农业很火，就跟家人办起了农家乐。"熊火金说，随着经验和人气的积累，他相信店里的生意会越来越好。

近年来，随着城乡居民收入水平的提高和消费方式的转变，我国休闲农业与乡村旅游发展迅速，产业规模明显扩大，并已成为各地农民增收致富的重要渠道。

2013年3月26日在南昌市举行的全国休闲农业与乡村旅游现场交流会上，农业部乡镇企业局局长张天佐介绍，截至2012年底，我国共有8.5万个村开展了休闲农业与乡村旅游活动，休闲农业与乡村旅游经营主体达到170万家，其中农家乐150万家；从业人员2 800万，占全国农村劳动力的6.9%，年接待游客8亿人次，实现营业收入超过2 400亿元。

根据农业部对全国13.5万家典型休闲农业经营主体的调查，农民占其从业人员的92.4%，其土地产出率每亩接近12 000元，是全国农业用地平均产出率的6.2倍，经营休闲农业的农民人均产值5.41万元，是同期全国农业劳动力人均产值的2.75倍。

张天佐表示，休闲农业的发展拓展了农业功能，提高了农业综合效益，正成为繁荣农业农村经济，促进农民就业增收，拉动国内消费和推动城乡经济社会一体化发展的重要途径。

资料来源：新华网，http://news.xinhuanet.com/xiangtu/2013-03/27/c_124507475.htm。

【思考】

作为我国170万家休闲农业与乡村旅游经营企业之一，南昌市农民熊火金刚开的农家乐如何才能在竞争中赢得顾客喜爱，创出自己的品牌呢？

基本知识

一、认识乡村旅游企业管理

（一）了解乡村旅游企业

一般来说，企业是从事生产、流通、服务等经济活动，以生产或服务满足顾客需要，实行自主经营、独立核算、依法设立的一种盈利性的经济组织。

根据企业的定义，可以这样来理解乡村旅游企业：以乡村地域上一切可吸引旅游者的旅游资源，向旅游者提供旅游产品，以满足他们在旅游活动中的各种需求的以赢利为目的的经济组织。

在我国，较早出现的乡村旅游企业是农家乐。根据游客的需要，农家乐可以提供旅游、餐饮、住宿等多种综合服务，也可以提供单一的旅游服务，如只提供乡村景点、餐饮、住宿、旅游商品、娱乐等服务中的某一项。随着顾客需求的变化，如今我国乡村旅游企业服务形式多种多样，正在朝着特色化、专业化、精品化、品牌化方向发展。例如北京市从2009年起推出了全新的乡村旅游业态，包括乡村酒店、国际驿站、采摘篱园、生态渔村、休闲农庄、山水人家、养生山吧与民族风苑等八种，整体提升了北京市乡村旅游的品质。

【资料链接】

116家企业入选京郊旅游新业态

2013年1月29日，北京市旅游发展委员会公布了2012年京郊旅游八种业态评定结果。北京康乐人家樱桃采摘园等116家企业入选。

北京市旅游业经历了景观名胜自然观光游、民俗风情体验旅游、游憩娱乐度假游、环境保护生态游4个阶段。在乡村旅游从初级观光向高级休闲、从同质开发向差异发展、从单体经营向集群布局的转变过程中，北京市于2009年制定了《北京市乡村旅游特色业态标准及评定》，率先在国内推出八种乡村旅游新业态产品，具体为乡村酒店、国际驿站、采摘篱园、生态渔村、休闲农庄、山水人家、养生山吧与民族风苑，并于2009年11月1日正式实施。相关经营者可以通过申报、评定、批复等程序最终取得"乡村旅游特色业态"资格。

2013年评定的116家新业态企业具体包括：采摘梨园52家、休闲农庄18家，养生山吧7家，国际驿站1家，民族艺苑1家，生态渔家7家，乡村酒店22家，山水人家8家。总之，培育乡村旅游新业态、创新乡村旅游产品、完善乡村旅游标准，是北京市乡村旅游产业保持先进水平的成功秘诀。

由于旅游者的需求是不断更新的，因此乡村旅游产品的创新机制也应是永久性的。只有积极收集旅游者的旅游需求信息和旅游市场变化动态，主动革新现有乡村旅游产品体系的内容、档次和类型，积极推动乡村旅游的升级换代，乡村旅游企业才能在速食化的旅游时代下始终占据一席之地。

资料来源：根据http：//www.cntour2.com/viewnews/2013/01/31/资料改编。

（二）乡村旅游企业的分类

根据有关法律、法规规定，我国企业制度主要有四种形式：个人独资企业、合伙企业、有限责任公司和股份有限公司。乡村旅游企业不管为顾客提供什么样的旅游产品，其企业制度不外乎这四种形式。

1. 个人独资企业

个人独资企业，也称"业主制企业"是由一个人出资经营、归个人所有和控制，由个人承担风险和享有全部经营收益的企业。这是最古老、最简单的一种企业组织形式。我国很多乡村旅游企业都属于这样的企业。

2. 合伙企业

所谓合伙企业是由两个或两个以上的人共同出资设立的企业，他们提供这种组织方式并共同承担相关的法律责任。合伙人之间是一种契约关系。合伙组建企业后，几个人的资源集中在一起，资本更加雄厚，合伙人可以将各自不同的经营技巧带入企业。我国有一些乡村旅游企业就属于这样的企业。

3. 有限责任公司

有限责任公司是指由一定数量的股东（我国 2～50 名）出资组建，每个股东以其所认缴的出资额对公司承担有限责任，公司以其全部资产对其债务承担责任的经济组织。有限责任公司设立条件较低，但出资人转让股权资格受到严格限制。由于出资人之间关系较为密切，他们一般都参与公司的经营管理。在我国，有限责任公司多为中小企业。有一些乡村旅游企业属于这样的公司。

4. 股份有限公司

股份有限公司，指符合法定人数的发起人按照公司法规定程序，通过向公众发行股票来筹集全部注册资本，而且其全部资本分成等额股份，股东依其所持股份为限对公司承担责任，公司依其全部资产对公司的债务承担责任的企业法人。其中，股票可以在证券交易所上市的股份公司又称为上市公司。在我国，目前还没有作为股份有限公司的乡村旅游企业。

根据我国《中小企业化型标准规定》（2011），乡村旅游企业属于"其他未列明行业"。按照其划分标准，从业人员 300 人以下的为中小微型企业。其中，从业人员 100 人及以上的为中型企业；从业人员 10 人及以上的为小型企业；从业人员 10 人以下的为微型企业。依照这一标准，我国绝大多数的乡村旅游企业为中小企业和微型企业。

（三）乡村旅游企业管理的概念

1. 了解管理的含义

管理是什么呢？其实管理就在我们身边，因为任何一个组织或机构都需要管理才能实现期望的结果。可以这样理解：管理就是在一定的社会经济环境条件下，对一个组织所拥有的资源（人力资源、金融资源、物质资源和信息资源等）以有效的方式，进行计划、组织、领导和控制，以实现组织和成员的目标[①]。

2. 乡村旅游企业管理的含义

借鉴周健临的管理主义，本书将乡村旅游企业管理的含义归纳为：在一定的环境下，对乡村旅游企业所拥有的资源（人力资源、金融资源、物质资源和信息资源等）以有效的方式，进行计划、组织、领导和控制，以实现乡村旅游企业和员工的目标。

从概念中，可进一步理解乡村旅游企业管理的内涵。

（1）乡村旅游企业管理是在特定社会、经济、生态环境条件下进行的活动。

（2）乡村旅游企业管理的对象是其人力、资金、物质、信息等资源。

（3）乡村旅游企业管理的有效性在于实现双赢，在充分利用以上各种资源的基础上，以

---

① 周健临：《管理学》，上海财经大学出版社 1996 年版。

最少的消耗高效地实现企业经营目标和员工个人目标。

（4）乡村旅游企业管理的职能为计划、组织、领导和控制，管理人员通过执行这些职能对企业进行管理。

（5）乡村旅游企业的管理由管理者来实施，一般分为高层、中层和基层，由他们来执行以上管理的职能。管理职能的系统执行也体现着管理的全过程。

3. 乡村旅游企业管理的重要性

（1）乡村旅游企业目标的实现必须要有有效的管理作保证。通过在企业运营的每个环节系统执行企业管理各个职能，支持协助员工为顾客提供满意的服务，实现好的经营业绩，以进一步实现企业长远目标。

（2）乡村旅游企业迫切需要通过管理提高质量和效率。由于我国乡村旅游企业从上世纪80年代起步，总体发展呈现"小、散、粗"状况，即规模小、相对分散、粗放式经营，未形成规模化、品牌化、集约化经营。因此应通过科学管理有效地组织生产经营，分工协作，实现低投入、高产出、高品质。

（3）乡村旅游企业需要提高管理水平适应不断变化的经营环境。乡村旅游企业面对的经营环境复杂多变，竞争激烈，必须加强管理灵活应变，出奇制胜。

（4）乡村旅游企业必须提高管理水平，才能全面提高员工素质和企业竞争力。高素质员工是企业竞争制胜的法宝，然而得到合适的员工、培养他们、用好他们、留住他们、使其甘愿为企业贡献聪明才智是一项系统工程，也考验着企业的管理水平、管理者的领导艺术。

二、乡村旅游企业管理者

乡村旅游企业的管理者是乡村旅游企业的重要角色，是企业的"领头羊"。"领头羊"是否明确自己的角色，其素质和能力很大程度上决定了他能否带领企业生存下去，是否生存得很好，也决定了该企业的品牌和服务受顾客欢迎的程度。

（一）乡村旅游企业管理者的职能

当今管理学认为，所有管理者一般执行四种管理职能，即计划、组织、领导和控制。乡村旅游企业的管理者也不例外。

（1）计划。乡村旅游企业的存在是为了实现一定的目标，所以必须有人做出决策，确定目标，并选择能够实现目标的手段。这是管理者的计划职能，它包括：确定企业的目标，明确经营理念和价值观，制订实现这些目标的总体战略；把目标分解到各个层次甚至岗位，以便对不同的活动进行整合和协调。

（2）组织。乡村旅游企业的管理者也必须设计和制定组织程序以成功地实施上述计划，这种职能叫组织。包括决定要完成什么任务，进行工作分析；划分部门和管理层次，进行企业组织结构设计；制定组织规章制度；明确谁来承担这些任务，谁向谁报告工作，在什么地方做出决策等。

（3）领导。与所有企业一样，乡村旅游企业由"人"组成，也需要由人来指挥和协调这些工作，这就是管理的领导职能。当乡村旅游企业的管理者激励下属，指导他们的工作，选择最有效的沟通渠道及解决员工之间的冲突时，他就在进行领导。

（4）控制。为了保证企业实际运作朝着预期的方向发展，乡村旅游企业的管理者必须要对企业运转的实际情况即绩效进行监控。他们要清楚企业运行的实际与预定的目标是否有偏差，如果偏差较大，就要采取必要措施使企业回到正确的轨道上来。这种监控、比较，以及对可能的偏差进行纠正的活动就是控制。

（二）乡村旅游企业管理者的角色

乡村旅游企业管理者的主要扮演三种角色，即人际角色、信息传递角色和决策角色。

（1）人际角色。乡村旅游企业管理者是乡村旅游企业的重要角色，是企业的象征。他不仅要指挥下属，负责与下属有效地沟通，指导和激励下属。此外，他还是企业的联络人，负责保持和维护与企业外部良好的关系。

（2）信息传递角色。乡村旅游企业管理者一方面要收集信息，并向员工传递相关的信息；另一方面，当与外界交往时，他代表企业向外传递企业的信息。

（3）决策角色。乡村旅游企业管理者多数也是领导者，他必须做出正确的决策。他要从企业内部和外部环境中寻找机会，推动企业的发展；对企业遇到的意外问题做出迅速的反应并采取正确的行动；以及负责分配企业重要的人力、财力、物力等资源。

（三）乡村旅游企业管理者应具备的技能

乡村旅游企业管理者应具备三种管理技能，即技术技能、人际技能、概念技能。

（1）技术技能。这项技能与履行管理职责和任务的专业知识相关，包括应用专业知识或技术的能力。具体来说就是乡村旅游企业管理者要懂行，懂得客人的心理和需求，懂得如何经营自己的农家乐、餐馆、客栈或商店等。

（2）人际技能。这项技能涉及乡村旅游企业管理者与他人相处的能力，即具有善于理解人、激励人，与他人有效沟通的能力。乡村旅游企业管理者是通过别人来完成具体工作，对人的管理极其重要。他必须具有良好的人际交往技能，这样他才能有效地沟通、激励和授权，才使工作有效而且成功。

（3）概念技能。乡村旅游企业管理者必须具有足够的智力水平去分析和诊断复杂的情况，具有与他人协作并整合整个企业利益和活动的能力。

实际上，在乡村旅游企业中，对不同层次管理者的技能要求不同。一般情况，对于高层次管理者来说，概念技能要求较高，对于较低层管理者来说，技术技能要求较高，而人际关系技能在所有层次中都同等重要。

【资料链接】

"回家办旅游我很幸福"
——贵州苗家女阿浓的创业故事

阿浓是个热情爽快、能歌善舞的女老板，在她的家乡贵州雷山县西江千户苗寨开办了一个民族特色乡村酒楼"阿浓苗家"。"阿浓苗家山腰间，竹楼木阶玉米拴。鲜红辣子一串串，帘外飘奏芦笙欢。"这是一位游客即兴做的一首打油诗，描绘阿浓苗家的苗族风情。

"旅游业特别是乡村旅游的发展，让我们这些背井离乡打工的村民能够回到家乡创业，还能与兄弟姐妹一起致富，我感到很幸福。""凡是到店的客人，我们会用苗家特有的热情来招待，就像招待自己的亲戚朋友一样。"面对来访的记者，阿浓的回答简单朴实。

"都说看西江知天下苗寨，很多游客到西江，观赏我们独特的吊脚楼群，看民族歌舞表演，吃农家饭。旅游业的发展也让我们苗家真正走上了脱贫致富的道路。"阿浓说。

"阿浓苗家"的传奇，实际上就是西江千户苗寨变迁的缩影。

阿浓跟寨子里很多人一样，也曾为了生计四处奔波，卖过豆浆油条，摆过银饰小摊，也曾到上海、广东等地打工。2001年，贵州省雷山县开始大力发展旅游，陆续有驴友、写生的师生前来西江游玩。阿浓和丈夫决定结束打工，回到家乡拿出2 000元钱开了一家苗绣坊，专门卖刺绣、蜡染、银饰等工艺品。随着游人越来越多，阿浓又在自己的两间小屋里搞起了住宿接待。同时结交了很多天南海北的朋友，在与游客交谈中不仅开阔了视野，增长了见识，也看到了西江旅游发展的大好前景。2008年4月，阿浓和家人共同开的阿浓苗家酒楼正式开业，可提供84个床位、200多人就餐。

"开始打算搞阿浓苗家的时候，周围很多人好心劝我不要冒险，我也担心赔钱。但是我看好西江的旅游，再加上饭馆的位置在公路边，我相信客人会越来越多的。"阿浓说。

2008年9月，第三届贵州省旅游产业发展大会在西江千户苗寨举办，西江知名度迅速提升，成了国内外游客竞相前往的旅游目的地。"阿浓苗家"也赚了个盆满钵满。仅旅游产业发展大会和随后的十一黄金周，"阿浓苗家"的收入就有18万元，纯利润近10万元。2009年底，阿浓还清了银行贷款，还买了一辆商务车。2011年，"阿浓苗家"接待游客达8万多人次，收入360多万元。还请了40多个员工，成了西江千户苗寨的致富领头雁。西江的一批批返乡农民工，看到阿浓开办农家乐有了甜头，大家根据自家条件，也贷款筹资修建或改造房屋，开办起了农家乐。2011年底，西江千户苗寨农家乐旅游接待户发展到138户，民族工艺品店70多户，小吃店30来户，银饰店近40户。能提供2 000多个床位，同时接待4 000多人就餐，极大缓解了西江餐饮住宿接待压力，并通过当地村民自主创业，实现当地劳动力转移600余人。

同时，当地农家乐接待所需的大米、蔬菜、土鸡、鱼等农产品都是西江当地和周边村寨生产的，极大带动了地方农产品的发展，西江旅游发展整体效益开始显现。

"没有旅游业的发展就没有阿浓苗家，没有政府的大力支持就没有阿浓苗家。阿浓苗家唯有以更好的产品和服务，让四方的宾客高兴而来满意而归，这样才能让来过的游客不忘阿浓，不忘西江。我还希望更多的兄弟姐妹在西江的旅游发展中找到致富的路，我愿意帮助他们，为家乡做更多的事。"阿浓说。

资料来源：

1. http：//www. toptour. cn/detail/info58902. htm。

2. http：//image. baidu. com/ 。

三、乡村旅游企业管理的基本原理

乡村企业管理应遵循管理的基本原理，这些原理有人本原理、系统原理和效益原理。

（一）人本原理

人本原理就是管理以人为本位，即以员工为本。

人本原理的主要思想：管理活动坚持人为核心，把人视为管理的主要对象和重要的资源，充分尊重人，强调人的主观能动性，实现人的全面、自由发展。

从企业的角度看，人本原理的本质是激励。即如何调动员工的积极性、主动性和创造性。管理者应该明白，员工如果不是发自内心对工作有热情，那么即使再简单的工作都难以干好。

人本原理的内涵

（1）人力资源开发，即对企业员工的培养和激励，发挥人的潜能，提高人的素质。

（2）引导性管理，即用引导代替权威和命令，注重情感沟通，最终有效地完成任务。

（3）民主管理，即积极采纳员工提出的合理化建议。员工参与管理会使工作计划和目标更加趋于合理，增强员工工作的积极性，培养员工的集体意识，以及对组织的自豪感、归属感和责任感，也有利于创造一个和谐的氛围，激发组织成员的工作热情。

（4）企业文化建设，即企业在所处的经济、社会、文化背景下，通过长期发展逐步形成的、为全体员工接受和认同的、日趋稳定的、独特的价值观，以及以此为核心而形成的行为规范、道德标准、群体意识等。

（二）系统原理

"系统"一词最早出现在古希腊语中，原意指由部分组成的整体。从管理的角度来看，系统是由相互依存、相互制约的若干个要素组成的，具有一定结构和特定功能的整体。乡村旅游企业也是这样的系统。

系统原理的主要思想

（1）从整体、相互关联的角度考虑问题，不从局部、孤立的角度处理问题。

（2）根据环境对企业进行科学设计，使企业的社会职能、结构职能、责权配置、运行机制等与外部环境保持动态的平衡。

系统原理的内涵

（1）任何系统均由两个以上要素组成，单个要素不能构成系统。

（2）系统中的各要素之间，要素和整体之间，以及整体与环境之间互相作用、相互影响，并形成了特殊的系统结构。

（3）系统具有不同于各组成要素独立功能的新功能，即系统不是个别要素的简单相加，而是各要素有机结合形成的一个具有新功能的整体，而且系统的整体功能大于各要素功能的简单相加，即"1＋1＞2"。

（三）效益原理

任何管理都要讲求实效，都要以取得效益为目标。

效益包括经济效益、社会效益和生态效益。这些效益有时是一致的，有时不一致。乡村旅游企业管理的目的是在保证三种效益协调的前提下，努力提高经济效益。

（1）经济效益。经济效益是最基础的效益。乡村旅游企业必须获得经营利润才能有持续生存和发展的空间。

（2）社会效益。乡村旅游企业在重视经济效益的同时，还必须关注社会效益，能够为游客提供更多的精神财富，有助于推动和形成健康积极的生活方式。

（3）生态效益。乡村旅游的可持续发展，要求乡村旅游企业的经营活动不能破坏环境，不能以牺牲环境为代价，要保护生态环境，维持生态平衡。

四、乡村旅游企业管理的基础理论

管理理论经历了古典管理理论、行为科学理论、现代管理理论以及现代管理理论的新发展等阶段。

（一）古典管理理论

古典管理理论产生于 19 世纪末到 20 世纪 20 年代，有三位代表人物，即泰罗、法约尔、韦伯。他们分别在科学管理、一般管理和行政组织理论方面做出了重大贡献，共同构建了古典管理理论的大树。

1. 泰罗的科学管理理论

泰罗（1856－1915），美国人、科学管理之父，其研究从"车床前的工人"开始向上发展，主要著作有《科学管理原理和方法》《车间管理》和《计件工资》。1903 年，他提出"科学管理思想"，标志着管理成为一门科学。

泰罗的科学管理理论主要内容如下。

（1）管理的中心问题是提高劳动生产率。

（2）操作方法的标准化。泰罗在对工人的操作动作进行研究和分析的基础上，制定出工作标准，即工具、机器、材料、作业环境的标准化。

（3）工作定额化、操作标准化。通过对时间和动作研究制定出合理的操作时间标准，定出工时定额，从而提高工作效率。

（4）实行差别计件工资。对同一工种设两个不同的工资率，对那些用最短的时间完成工作、质量又高的工人，按较高的工资率付酬；相反，则按较低的工资率支付工资。

（5）对工人进行培训。取代传统的师傅带徒弟的培训方法。

（6）职能制。实行计划与执行分离，在企业成立计划部门，负责确定标准操作方法、工具制订计划和发布指令；工头和工人负责执行。

（7）例外原则。企业高级管理人员把一般的日常事务授权给下级管理人员去处理，自己只保留对例外事项、重要事项的决策和监督权。

（8）能力与工作相适应。

泰罗的管理理论的贡献表现在：首先，其理论和实践促进了当时工厂管理的普遍改革；其次，为现代管理理论的形成和发展奠定了基础，为解决管理问题开阔了眼界。

2. 法约尔的一般管理理论

法约尔（1841－1925），法国人，其研究从"办公桌前的总经理"开始向下发展。主要著作为《工业管理和一般管理》。

法约尔的管理理论如下。

（1）把经营分为六大类：技术性活动、适应性活动、财务性活动、安全性活动、会计性活动和管理性活动。

（2）把管理性活动分为五大要素：计划、组织、指挥、协调、控制，涵盖了管理职能或管理过程。

（3）提出管理的十四条原则：劳动分工、权力与责任的统一、纪律、统一命令、统一领导、个人利益服从集体利益、职工的报酬、适当的集权与分权、跳板原则、秩序、公平、保持人员的稳定、首创精神、集体精神。

法约尔的贡献在于提出管理的一般原理，适用性强，易为人们接受和使用，对管理理论和实践的发展产生了深远的影响。

3. 韦伯的行政组织理论

韦伯（1864－1920），德国人，组织理论之父，主要著作有《社会组织和经济组织》、《经济史》和《新教伦理与资本主义精神》。

韦伯的管理理论，提出组织内部有三种不同类型的权力，对应三种不同类型的组织。

（1）超凡权力（个人崇拜式权力）：神秘化的组织。

（2）传统式权力（历史、习俗规定的权力）：传统的组织。他认为这种组织的效率最低。

（3）理性、合法的权力：合理的、传统化的组织。这种组织是他认为的理想组织，可以维持组织的连续和目标的达成，具有精确性、纪律性、稳定性和可靠性。如现代的公司制，法治国家。

4. 古典管理理论局限

（1）把组织中的人当作机器看待，忽视人、忽视人的需要和行为，是"无人的组织"。

（2）这一阶段只关注组织的内部问题，忽视组织与外部的联系，属于封闭系统的管理。

（二）行为科学理论

20 世纪 20 到 50 年代管理进入到行为科学理论阶段，理论着重研究人际关系和人的行为。行为科学管理阶段的代表人物为梅奥、马斯洛、赫茨伯格。他们分别在人际关系学说、需求层次理论和双因素理论方面做出了独特贡献。这一阶段成为管理理论发展的重要时期，使管理回到人这里，关注人，关心人，以人为本。这一理论的主要内容有以下几方面。

1. 有效激励员工

激励员工的措施除了常规的，如提供的工资、各种福利、良好的工作环境、保持良好的人际关系外，职称晋升、职位晋升、加薪、奖金、提供更有挑战性的工作、让员工参与相关决策、培训员工、赏识承认员工的努力、统一的价值观等措施更能够有效地激励员工。

2. 行为控制原理

行为控制原理，引导员工从他控到自控，实现自我管理。

3. 组织与领导原理

（1）建立灵活的组织机构。

（2）重视人力资源的开发、培训、选拔与使用。

（3）重视领导职能。

（三）现代管理理论

20 世纪 50 年代到 20 世纪 80 年代为现代管理阶段。该阶段理论较多，被管理学家孔茨称为"现代管理理论丛林"。

（1）管理过程学派。提出管理职能：计划、组织、人事、领导、控制。代表人物是哈罗德·孔茨和西里尔·奥唐奈等。

（2）行为科学学派。由人际关系学派发展而来，主要研究人的行为及其产生的原因。代表人物是马斯洛、梅奥、赫茨伯格等。

（3）决策理论学派。强调决策在管理中的重要作用。代表人物是西蒙，著有《管理决策新科学》。

（4）系统管理理论学派。该学派用系统的观念来考察组织结构及管理的基本职能。代表人物是卡斯特，著有《系统理论和管理》。

（5）权变理论学派。该学派认为，没有任何一种理论和方法适合于所有情况，管理方法要随具体情况而改变。代表人物是伍德沃德，著有《工业组织：理论和实践》。

（6）管理科学（数理）学派。重视定量分析在管理过程中的应用；各可行方案均以经济效果作为评价依据；组织、决策的人均是理性人。代表人物是伯法。

（7）经验主义学派。主要研究实际管理工作者的管理经验教训和企业管理的实际经验，强调用比较的方法来研究和概括管理经验的管理学派。代表人物和著作是德鲁克、戴尔，代表著作分别是《有效的管理者》《管理的实践》与《伟大的组织者》《管理：理论和实践》。

（四）现代管理理论的新发展

20 世纪 80 年代以来，管理思想的发展速度也日新月异，反映了现代管理思想发展的趋势。代表性理论有：学习型组织、流程再造、企业文化和网络组织等。学习型组织体现了知识经济时代对组织管理模式变化的要求；企业通过流程再造，增强竞争力；建设企业文化，通过文化来管理变得更加重要；建立网络组织来赢得竞争优势。

五、乡村旅游企业经营的基本条件和要求

经营乡村旅游服务需要必要的条件，这些基本条件包括：从业资格、环境条件、安全条件、卫生条件、服务设施和经营服务质量等方面。具体要求如下。

（一）乡村旅游企业应按相关法律法规的规定办理有关证照

乡村旅游企业的相关证照具体有：工商注册登记证、税务登记证、组织机构代码证、餐饮许可证、排污申报许可证及其他需要行政许可的证照。

（1）工商注册登记证。这是乡村旅游企业必须办理的最基本证照。乡村旅游企业要到当地工商行政管理部门办理，取得营业执照。

（2）税务登记证。乡村旅游企业经营者在取得营业执照的 30 天内，向当地税务机关申请办理税务登记证。

（3）组织机构代码证。乡村旅游企业要向当地质量技术监督部门办理组织机构代码证。

（4）餐饮许可证。经营餐饮服务的乡村旅游企业必须到当地卫生行政管理部门办理餐饮许可证。

（5）排污申报许可证。乡村旅游企业还应到当地环保管理部门办理排污申报许可证。

（6）其他需要行政许可的证照。经营住宿服务的乡村旅游企业必须办理消防许可证或消防意见书；经营餐饮服务乡村旅游企业从业人员必须办理健康合格证；经营文化项目的乡村旅游企业还得办理文化经营许可证；经营住宿服务的，还需向公安部门出示乡村旅游企业的有关文件资料以供备案；如果经营户外体育活动项目，还需取得体育行政部门的许可意见。

（二）乡村旅游企业经营服务的环境条件

（1）选址应符合当地乡镇土地用地规划的要求。

（2）区域内生态环境良好，具有浓郁的乡村风情，天然植被、绿地（含水面）面积应不小于总区域面积的一定比例，区域周围一定范围内无污染源。

（3）区域内环境整洁，无乱堆乱放现象。

（4）污水排放应符合或基本达到 GB8978 的规定，餐饮油烟排放应符合或基本达到 GB18483 的规定。

（三）安全条件

（1）建筑物结构坚固，安全设施完好有效，符合国家有关安全规定。

（2）娱乐设施完好、安全可靠，大型游乐设施应符合国家有关安全规定。

（3）供电系统保护装置和电气设备完好、安全，符合国家有关安全规定。

（4）消防设施和器材完好有效，对易燃易爆物品的储存和管理应符合安全规定。

（5）服务地域范围应远离地质灾害和其他危险区域，无安全隐患，服务区域附近可能发生危险处应设置警示标志。

（6）应有消防、医疗救护等应急处理预案。

（四）卫生条件

（1）餐饮场所卫生应符合 GB16153 的规定以及卫生部《餐饮业和集体用餐配送单位卫生规范》的要求。

（2）住宿场所卫生应符合 GB9663 的相关规定。

（3）提供的饮用水应符合 GB5749 的规定。

（4）食（饮）器具消毒应符合 GB14934 的规定。

（五）服务设施

服务设施应与提供的服务项目相适应，并满足以下要求。

（1）应具有开展游乐活动的固定场所和娱乐设施。

（2）可一次接待就餐的人数有相应的场地和设施接纳；厨房使用面积较宽敞，配有防蚊、蝇设施，冷藏、消毒设备及抽油烟设备。

（3）服务区域及其设施应按 GB/T10001.1 的规定做好图文标识。

（4）可备有电视、公用电话的游客休息室。

（六）经营服务质量

（1）按国家有关法律、法规、规章和相关规定开展经营活动。

（2）应明确管理机构、经营范围和经营方式，服务项目明码标价。

（3）应建立卫生管理制度，安全管理制度，并有专人负责检查监督。

（4）应提供消费的正式票据，使用的计量器具应准确可靠。

（5）建立健全岗位责任制，提供规范性服务。

（6）从业人员。对从业人员有以下要求：

①应遵纪守法，遵循职业道德，诚实守信，尽职尽责，服务热情周到；

②应经培训并考核合格；

③定期进行健康检查，取得健康合格证方可上岗；

④应佩戴标志，注意仪容仪表，使用礼貌用语。

六、乡村旅游企业经营管理中存在的问题

（一）同质化、程序化、都市化趋势严重

随着休闲农业与乡村旅游的深入发展，游客已不再满足于"吃农家饭、住农家屋、购农家物"的低端单一型农家乐，而是转变为以参与、体验为核心的高端休闲度假新需求。不少体验过乡村旅游的游客说，一些地方的乡村旅游特色减少了，乡村野趣淡化了，有农家特色的参与体验项目更是越来越少了。之所以出现这种现象，正是因为有些乡村旅游企业的经营者不针对本地农村资源优势和风土人情进行深入挖掘，生搬硬套外地经验，造成旅游项目千篇一律。更有甚者，大兴土木，贪大求洋，农家俨然成了城市星级饭店的翻版。现代是够现代，可是当城里人享受着这些熟悉得不能再熟悉的服务时，不免也就失去了对乡村旅游原有的憧憬与渴望。

乡村旅游的根和特色就在"乡村"二字。乡村有美丽的田野、如画的山水、淳朴的乡情，这些才是城市人向往的旅游亮点。事实上，无论哪座城市，其繁华程度都远远胜过乡村。所以，要想搞活乡村旅游，就得发挥农村自然景观和乡土文化的优势。其中很重要的一条，就是具备乡土气息。乡镇在引导、规范本地乡村旅游时，要迎合游客的尚"土"心理，在乡村风光、乡村生活、乡村文化上做足文章，把乡村特色有机地融入自然风光中，融入到民风淳朴、优雅清闲自在的山川田野之中，使人们真实体现回归自然的真谛；要突出地域特色和产品特色，防止产品同质化和雷同化。乡村旅游企业在旅游开发中，即便是为了提高旅游品位，也应当以乡土为本，切莫脱离了乡土味。

（二）管理欠规范，宰客现象频频发生

许多地方的乡村旅游，不从长远考虑，只顾眼前利益，对游客服务不热情、不周到，宰客现象频频发生。如某些地方的农家乐，原本比较便宜的饭菜，其价格随人就市，遇见熟人、本地人就低，遇见生人、外地人就高；有的还和游客发生矛盾纠纷等。这影响了乡村旅游的声誉，也阻碍了当地乡村旅游的进一步发展壮大。

游客是乡村旅游的"上帝""财神"，没有他们的光顾，乡村旅游业将无法发展。如果服务人员热情周到地为游客服务，让其有宾至如归之感，则游客对于该旅游项目就会产生好感，并将口碑向其亲朋好友传播开来，从而产生一种有益的广告宣传作用，使游客源源不断。如果只关注眼前利益，则只会产生一锤子买卖，游客的恶感也会散布开去，投资再多做广告、做宣传也于事无补。旅游管理部门已经意识到宰客现象的严重性和破坏性，出台了地方性的乡村旅游管理条例，加强对乡村旅游市场的规范。

（三）乡村旅游管理人才欠缺

目前，我国乡村旅游管理人员水平参差不齐，缺乏高水平的管理人才、经营人才；一般从业人员也因缺乏培训而服务不规范、不到位，标准不统一；相关部门对行业的管理指导也还没有完全到位，影响了乡村旅游的发展。

许多经营者对乡村旅游的特点认识不足，不懂得如何去钻研业务，不懂得去揣摩旅游者的心理，错误地认为旅游者来到这里看见了山、看见了水、看见了美丽的自然风光就行了。正是这种错误的思想使从业人员根本没有钻研和学习知识的欲望，从而导致了他们旅游业务知识的贫乏，进一步导致了旅游资源的深挖、利用，乡村旅游文化和品牌更无从谈起。

只有好的人才队伍才能产生正确的决策、独特的创意、系统的策划和高效的管理，而且只有本土旅游管理人员，才能深刻地了解本地旅游业的情况，服务于本地旅游发展。因此，乡村要培养一大批自己的乡村旅游管理人才。对于乡村旅游管理人才的培训，可以组织人员到大专院校旅游管理专业进修培训，或组织相关人员到外地成功景区参观取经，或组建专家智囊团，借脑引智。同时，可以通过培训初中及以上文化水平的农村青年成为普通导游及服务人员，持证上岗。总之，要多渠道、多措施提高整个区域的旅游经营管理水平，促进乡村旅游持续、健康发展。

【资料链接】

乡村餐饮企业经营策略

随着现代旅游业的快速发展，旅游消费市场日趋丰富和多样化。以回归自然、放松身心为目标的乡村旅游逐渐打开市场，受到越来越多城市人的追捧。但是农村的接待能力毕竟有限，这在餐饮服务方面反映得更加明显。如何以有限的承载量容纳更多的游客，就需要对餐饮行业加以引导和帮助。

1. 服务人性化。勤劳简朴、热情好客是中华民族的传统美德，特别是远离市场竞争的乡村，村民大多心地善良、淳朴憨厚。但是随着游客数量和接待次数的增加，许多开展农家乐

旅游的家庭住户的管理人员（一般是户主）服务水平不高，服务意识不足，往往会造成无论是哪位客人的要求、不管是什么要求、能不能够达到的要求都满口答应。但是由于农家住户服务人员较少，一旦忙起来，客人的要求不能够及时满足或者先满足了那些无关紧要的要求，就会给客人不好的印象。其实，农家乐的服务人员不能一味迁就客人而勉强为难自己，而要学会合理拒绝客人，尤其是在现有条件下很难满足的要求。同时在客人用餐时，服务人员不能远离，要及时为客人提供服务。

2. 器具统一化。与居家自用不同，游客用餐讲究的是协调与舒适。但许多农家乐餐馆使用餐桌、餐椅、餐具并不统一，往往在一家可以看见颜色式样各异的桌子和椅子，一个餐桌上可以看到大大小小的盘子、高高低低的碗，塑料的、搪瓷的、铁质的一起上，给人以不整洁之感。因此，农家餐馆需要根据自己的接待能力配备相应数量的餐具和器皿，如果使用具有地方特色的餐具效果会更好。

3. 卫生安全化。"农家乐"的厨房制作车间生菜与熟菜分开放置，饮用水源和清洁水分开，面粉、米、油、调料等储藏间也要防潮、防鼠、防霉变，同时仓库要禁止外人出入。

4. 自然的家庭氛围，质朴的生活方式，文明的休闲内容，是"农家乐"吸引城里人的特色。"农家乐"要吸引客人，用餐环境必须干净整洁，最好是有专门的餐厅，条件不好的也可以将自家庭院开辟出来，但庭院用作餐厅需要做好灭蝇、灭蚊、防尘、防风沙。

5. 菜肴本土化。都市人吃惯了山珍海味，到乡村旅游多为寻求绿色自然。因此农家餐馆并不是越高档越好、菜的品种并不是越贵越好。"农家乐"的菜肴应以民间菜和农家菜为主，一定要突出自己民间、农家的特色，并且要在此基础上有所发展和创新。"农家乐"的菜肴要立足农村，就地取材，尽量采用农家特有的、城里难以见到的烹饪原料。除了农村特有的土鸡、土鸭、老腊肉以及各种时令鲜蔬外，还应广泛采用各种当地土特产。

6. "农家乐"的主食也应该充分体现出农家的特色。例如，"农家乐"的米饭就不应该是纯粹的大米饭，而应该做成诸如"玉米粒焖饭"（俗称"金裹银"）、"腊肉豌豆焖饭""红苕（或南瓜）焖饭""豇豆（或萝卜丝）焖饭"等。其实，这些饭既有农家特色，又好吃，而且成本不高。"农家乐"的小吃和面点也不能搞得和城里一样，而是应当突出农家特色，搞一些诸如凉粉、凉面、锅摊（薄煎饼）、发糕、叶儿粑、粽子、土豆饼、红苕饼、玉米饼以及煮玉米、煮红苕、煮土豆之类的小吃和面点。

7. 要根据不同的消费对象和消费者的不同需求安排菜肴。来"农家乐"消费的人各种各样：有男人、有女人、有年轻人、有中老年人、还有小孩，有工人、有职员、有干部、有企业家，还有文化人等；消费者也有各种各样的情况：有一两个两三个人来的，也有十个八个甚至几十个人来的；有只点几个菜的，也有包上一桌甚至几桌的；有只吃一餐的，也有住上三五天甚至十天半月的，等等。因此，"农家乐"菜肴就应当根据不同的消费对象，并针对消费者的不同情况，灵活变化、合理安排。例如，男人一般都要喝酒，可以多安排一些大菜，女人、小孩不喝酒，则可以多安排一些小吃；工人、职员可以多安排一些经济实惠的菜，干部、企业家、文化人等可以多安排一些档次稍高且比较有特色的菜；用餐少的可以尽量安排特色菜；多的则可以面面俱到，各种菜肴都安排。对于那些要住上十天半月的消费者，所安排的菜肴可尽量做到"家常"，使人看起来像居家过日子的样子。

8. 质量标准化。农家餐馆的菜单要相对稳定，同一时期的招牌菜和特色菜量要大小多少都差不多，同一道菜不能今天用盘子装，明天用大碗装，同时口味也要尽量统一。农家餐馆要体现经济实惠意识。工薪阶层是游客的主力军，经济实惠、物美价廉是大多数游客消费的常规心理。因此，农家餐馆要多利用本地优势，多用自种的瓜果蔬菜，降低单位菜品的价格，从而让惠于游客，也给农家餐馆带来更多的客源。

资料来源：http://www.hzins.com/study/detal-31924.html。

实训环节

【实训目的】

1. 训练学生将所学的乡村旅游企业及其管理的基本知识、原理运用到企业管理实践中。
2. 培养学生观察能力、收集信息能力、分析能力、团队管理和合作能力。
3. 从调查企业的选择，调查提纲拟写及组织实施过程中发现学生理解与运用知识中存在的疑难问题，并及时帮助指导。

【实训要求】

选择当地某一乡村旅游企业进行调查，了解其经营项目、经营者如何创业、如何进行管理，了解其管理的基本环节，思考如何改进乡村旅游企业的管理？

【实训组织】

1. 将全体学生分成五个小组，并由小组成员推举一名小组长。
2. 各组根据拟调查的乡村旅游企业，写出调查提纲，并且分头组织实施调查，评价并且写出调查报告。
3. 写出调查报告后，各组指定一名成员向全班同学汇报，分享此次调查成果。

【实训成绩评定】

首先对五个小组调查提纲的拟写、调查的实施、调查报告质量和交流汇报等情况，分别进行评价，得出小组实训成绩；再根据小组成员的贡献大小确定其个人实训成绩。

思考与练习

1. 乡村旅游企业的含义是什么？其有哪些类型？
2. 乡村旅游企业管理的含义是什么？如何理解？
3. 乡村旅游企业管理者具体执行哪些管理职能？他扮演哪些角色？对其管理技能有哪些要求？
4. 乡村旅游企业管理的基本原理有哪些？如何运用这些原理？
5. 乡村旅游企业管理的基本理论经历了哪些阶段？
6. 乡村旅游企业经营应具备哪些条件？怎样进行游客安全管理？

第二节　乡村旅游企业组织管理

任务描述

通过本节的学习与训练，了解乡村旅游企业组织管理原则、程序、组织结构类型和管理制度的制定等内容，掌握并能设计中小型乡村旅游企业组织结构。

【知识目标】

1. 了解乡村旅游企业组织管理原则、程序、组织结构类型和管理制度的制订等内容。
2. 掌握乡村旅游企业组织结构类型及特点。

【能力目标】

1. 初步掌握企业组织结构设计的原则。
2. 根据组织的职能设计中小型乡村旅游企业组织结构。

【素质目标】

1. 培养抽象思维能力。
2. 培养学生系统分析、解决问题的能力和团队意识。

任务组织与实施

1. 知识讲解。通过对乡村旅游企业组织管理原则、程序、组织结构类型和管理制度的制定等内容的讲解，使学生逐渐掌握乡村旅游组织结构。
2. 组织学生实训。使学生能够将所学的乡村旅游组织结构设计的原理、程序、组织结构类型选择，运用到设计中小型乡村旅游企业组织结构中。
3. 任务评价。对学生设计的结果进行评价，指出优点和存在的不足。

案例导读

乡韵庄园的特色发展之路

吴总从小出生在贵州遵义的农村，贫困艰苦的生活磨炼出他吃苦耐劳的品格。中专毕业后在乡里工作几年后，开始经商，最先承包了一个煤矿，做了一名煤老板，凭借精明的管理，煤矿生产蒸蒸日上。几年后，他把煤矿卖了，转而办了千山石艺有限公司，开始加工销售石材，产品大到护栏、石桌、石凳、石狮、石牛、人的雕像，小到方方地板、对弈

棋盘等。市场需要什么，他就生产什么，产品销到省内及周边省份，生意还不错。但吴总年轻时热爱文学、书法，最大的愿望是开办一家文化庄园。在条件具备后，他买下当地的 40 亩土地，成立了贵州乡韵旅游文化有限公司，修建了独具黔北文化的乡韵庄园，内置乡村旅馆、篮球场、书画室、农家书屋、辞赋碑林、菜园、果园等，洋溢着浓浓的乡村文化气息。园中亭台楼阁、曲径通幽，清爽有序。迎宾楼室内外、树上、石上都或刻或贴楹联、题词、古诗词、书画等作品。石碑上还刻有散文、辞赋。主要提供乡村特色餐饮、住宿、乡村风情欣赏、民族文化表演等，员工有 110 人。公司还办了养殖场进行生态养殖，猪、羊、鸡全都放养在山坡上、丛林里，自由觅食，睡在山洞中，或者草窝里；所种的蔬菜，不用化肥、不施农药，自然美味，仅供庄园游客享用。在此基础上，吴总探索研究，独创了特色系列火锅菜品，香味奇特、回味悠长。吴总的主要精力用在管理贵州乡韵旅游文化有限公司，石材加工厂的业务主要由他的副手管理。乡韵庄园自2010 年建成投入营业至今，一直宾客盈门，生意奇好，成为黔北乡村酒店的典型代表。2013 年 5 月，该公司还承办了贵州首届乡村酒店发展论坛，乡韵庄园还被授予贵州省最美乡村酒店。

该公司以"乡韵文化"为企业内涵，"以德为先"为企业品质，形成了把文化注入乡村旅游、以乡村旅游传播乡韵文化的互动模式，提出打造贵州第一家乡村旅游文化庄园品牌，这是对乡村旅游未来前景的深刻探索。

资料来源：http://www.gztour.gov.cn/typenews.asp。

【思考】

贵州乡韵旅游文化有限公司是如何发展起来的？这家公司的组织结构经历了哪些变化？

基本知识

一、乡村旅游企业组织管理原则及程序

（一）了解乡村旅游企业组织管理

1. 了解组织

在我国古代，组织的原始意思是编织，有"树桑麻，习组织"之说。在西方，组织由动物器官引申而来，指专门人群，用于社会管理。自从出现了人类社会的集体活动，就产生了组织，可见，组织的产生和管理一样，源远流长。

组织有多种类型，有盈利性和非盈利性组织，公共组织和私人组织，正式组织和非正式组织，生产性组织和服务性组织，大型、中型和小型组织等。

组织的含义可以从静态和动态来理解。

（1）静态理解组织。组织作为实体（单位），是为了达到其目标，在分工协作基础上构

成的人的结合。其中有职务、职位结构。反映人、职位、任务及它们之间特定关系的网络。

（2）动态理解组织。组织作为过程（工作），是按预定目标的要求建立组织机构、明确职责、确定职位、交流信息和协调关系，以获得最大效率的过程。

2. 了解乡村旅游企业组织管理

乡村旅游企业是盈利性组织，它经营运作就是为了实现盈利的目标。乡村旅游企业组织管理可以理解为：根据乡村旅游企业的经营目标，建立组织机构，合理配置人员，明确责任和权力，协调各种关系，以推进乡村旅游企业经营目标实现的过程。

一方面乡村旅游企业在成立之初就应明确自己的使命与经营目标，设计合理的组织结构；另一方面，随着乡村旅游企业不断发展，其战略与目标也会随之改变。为适应这种变化，乡村旅游企业的组织也要随时进行调整或变革，以服务于企业战略与目标的实现。组织一旦组建后具有一定的稳定性。但它可以根据经营管理实际情况进行调整或变革，组织结构的变与不变取决于它是否适应企业战略与目标的实现。

3. 乡村旅游企业组织管理的重要性

（1）组织管理是实现所有者、顾客和员工价值的保证。

乡村旅游企业的主要目的是获取利润，为此就必须对乡村旅游企业的人力、财力、物力、时间等资源进行合理科学的配置，整合自身的业务流程，不断向顾客提供满足其需求的高质量的产品和服务，实现企业的持续经营，从而实现乡村旅游企业员工和所有者的价值。

（2）组织管理是调动员工积极性，激发其潜能的重要途径。

乡村旅游企业的所有服务都是员工来完成的，乡村旅游企业作为人力资源密集的服务性企业，员工的重要性更是不言而喻。有效的组织管理，其清晰的任务划分、明确的职责、充分的授权、主动协助的要求、畅通的组织沟通，可以使员工如鱼得水，忘我、高效地工作，充分发挥其潜能，为企业创造更多的价值。

（3）组织管理是提高乡村旅游企业核心竞争力的重要手段。

乡村旅游企业的竞争非常激烈，如何能脱颖而出，并保持自己的优势地位，需要提高科学的组织管理，能够优化配置乡村旅游企业的各种资源，又能以内在的组织弹性适应不断变化的外部经营环境，从而提高乡村旅游企业的经济效益和应变能力，并以此来保证和提高乡村旅游企业核心竞争力。

4. 乡村旅游企业组织管理的内容

乡村旅游企业组织管理是通过一定的组织机构和各种其他因素的作用，把乡村旅游企业组织的人力、财力、物力、时间等资源转化为特定的产品或服务，使其经营理念向现实转化的过程。乡村旅游企业组织管理具体包括四个方面。

（1）组织机构设计。

虽然乡村旅游企业规模不大，提供的产品和服务也不多，但如果没有一个科学合理的组织机构，日常的工作难以有效地展开，既无分工又无合作，经营混乱，对客服务可能一团糟，更不用说经营目标的实现。因此乡村旅游企业的经营者应该认识到，乡村旅游企业组织机构设计的目的是对其员工的职责权限、合理分工协作关系做出正式的、规范的安排，建立有效的组织结构，以实现其经营战略和经营目标。

（2）组织人员配备。

组织人员配备就是为乡村旅游企业各个岗位配备合适的员工。员工总体上可以分为管理人员、服务人员和技术人员三类。各类人员的配备，要根据乡村旅游企业经营管理的需要，不同岗位的胜任要求来招聘、配置员工，把合适的人放在合适的岗位上，这样才能在提高乡村旅游企业整体运营效率的同时，增强员工对乡村旅游企业的忠诚度。这部分内容将放在本章任务三人力资源管理来介绍。

（3）组织运作。

乡村旅游企业组织建立后，为保证组织的有效运作，促进组织的发展，必须按照职务和岗位责任的要求来建立组织管理体系，逐步建立健全各种规章制度、工作流程和标准操作规范等，并严格执行，依靠制度保证乡村旅游企业的有效运作。

（4）组织创新。

乡村旅游企业组织创新主要包括对其组织的调整、变革和再造。乡村旅游企业经营环境的不断变化，决定了其组织结构不能是被动改变，而是"随需应变"，要积极根据市场需求对企业经营的影响进行调整、变革甚至再造，这是乡村旅游企业保持竞争优势的根本途径。

（二）乡村旅游企业组织设计的一般程序

从组织管理的角度，乡村旅游企业组织设计的一般程序如图 5-2-1 所示。

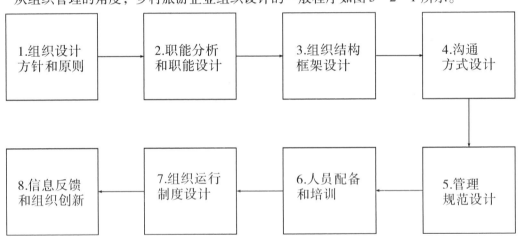

图 5-2-1　乡村旅游企业组织设计的程序

（1）明确组织设计的基本方针和原则。要根据乡村旅游企业的任务、目标以及所面临的内部条件和外部环境，确定乡村旅游企业组织设计的基本思路、主要原则等。

（2）进行职能分析和职能设计。这一步骤有三个任务：一是为了完成乡村旅游企业的任务和目标，确定需要设置的各项管理职能，并明确其中的关键职能；二是明确总管理职能及其结构，并且分级为各项具体的管理业务；三是在确定具体管理业务的同时，进行初步的管理流程设计，以优化流程，提高管理工作效率。

（3）设计组织结构框架。在第二个步骤的基础上，设计管理层次、部门、岗位及其职责权力，这是组织工作的主体。

（4）组织沟通方式设计。接着，需要设计上下管理层次之间、平行部门之间的协调方式和控制手段，这是使乡村旅游企业形成一个有机整体的关键。

（5）管理规范设计。即进一步确定各项管理业务的管理幅度、管理工作标准和管理人员应采取的管理方法。至此，组织结构本身的设计工作基本完成。

（6）人员配备和培训。由于组织结构的实施和运转需要人来完成，为各个岗位挑选合适的人员、培训他们，使他们具备胜任特定岗位工作的能力。这项工作也是乡村旅游企业人力资源管理的任务。

（7）组织运行制度的设计。这是组织结构正常运行的制度保证，包括管理部门和人员的绩效评价、考核制度、激励制度等。

（8）信息反馈与组织创新。组织设计为动态过程，在组织结构运行过程中，需要随时监控组织运行情况，如果发现组织结构不能支持企业经营战略和目标的实现，就需要适时对组织结构进行调整、变革，甚至再造。

（三）乡村旅游企业组织结构设计应考虑的因素

乡村旅游企业的管理者在进行组织结构设计时，应充分考虑一些必要的因素，以设计出适合自己的能够高效运转的组织结构。这些因素应包括：经营环境、经营战略与目标、经营规模、员工素质、同行经验等因素。

（1）乡村旅游企业的经营环境。乡村旅游企业的经营环境具体包括其所在的行业特点、原材料供应、人力资源状况、市场特点、政府政策法规、经济形势和文化背景等。若经营环境复杂，组织结构设计就要强调灵活性、适应性，以采取分权式组织形式，提高乡村旅游企业的应变能力；若经营环境稳定，组织结构设计就要强调运转的效率，可采取集权式的组织形式。

（2）乡村旅游企业经营战略与目标。它们对乡村旅游企业组织结构设计影响重大，若实行单一经营战略、提供的产品或服务类别较少，则可选择直线式或直线职能式组织结构；若实行多种经营战略、提供的产品或服务类别较多，则可选择直线职能式组织结构或事业部制组织结构。

（3）乡村旅游企业的经营规模。若乡村旅游企业的规模不大，宜采用集权式的组织形式；若其规模较大，宜采用分权式的组织形式。

（4）乡村旅游企业员工素质。如果员工素质较高，自我管理能力强，主动性和创造性强，宜采用分权式的组织形式；反之，宜采用集权式的组织形式。

（5）同类乡村旅游企业的经验。乡村旅游企业在进行组织设计时，比较简便的方法是借鉴同行在这方面的经验和教训，结合本企业实际，设计出适合自己的组织结构。

（四）乡村旅游企业组织结构设计的原则

1. 目标一致原则

乡村旅游企业组织结构设计的目的是为了保证其经营目标的实现，这是组织设计的出发点和归宿点。其管理层次的多少、部门的划分、岗位的设置等，都是服务于实现经营目标这一目的，这是设计组织结构最基本的原则。

2. 责权利对等原则

乡村旅游企业组织结构设计中，任何一个岗位的职责、职权和利益必须是协调的、平衡的和统一的，这三者是不可分割的。权力是责任的基础，有了权力才可能负起责任；责任是权力的约束；利益是激励，利益的大小决定了管理者是否愿意担负责任，以及接受权力的程度。否则，如果职权大于职责，会出现瞎指挥，滥用职权的现象；如果职权小于职责，则会出现工作无人负责，该职位形同虚设等。如果责权利不协调，不统一，会使组织结构不能有效运行，难以完成组织目标。

3. 统一指挥原则

乡村旅游企业组织结构设计中，要建立垂直的指挥系统，以保证经营指挥的集中统一。这一原则要求：

（1）上下级之间形成一条等级链，不能中断。它反映上下级的权利、责任和联系的渠道；

（2）任何下级只能有一个上级；

（3）上级不允许越级指挥下级，下级不允许越级接受指令。

当然在特殊情况下，可不遵循该原则，但需要特别授权，如"将在外，君命有所不受"，或在矩阵组织中。

4. 有效的管理幅度原则

乡村旅游企业组织结构设计时，要考虑合适的管理幅度，即上级主管能够直接而有效地管理下级的人数。首先，由于精力、能力和经验等的限制，所以管理应该遵循"窄幅度"原则；其次，下属人员越多，管理的复杂程度也就越大。因此，一名上级主管直接有效管理下级的人数是有限的。

最终确定合理的管理幅度，需要考虑企业的相关因素。这些因素包括：下属的素质、授权程度、计划工作的完善程度、标准的利用情况、环境的复杂程度、下级人员和部门的空间分布状况等。

5. 专业分工、协调原则

该原则总的要求是分工有度、协调有效。在乡村旅游企业组织结构设计中，要按专业化的要求进行合理的分工，使各块的工作更高效。同时为克服分工的弊端，有分工还必须有协调，应高度重视并且从制度上保证部门、岗位之间主动有效的协调，这些协调涉及乡村旅游企业内部横向的、纵向的和斜向的协调。

6. 集权与分权结合原则

乡村旅游企业组织设计时，应处理好集权与分权的关系，权力的集中、分散应该适度，应适应乡村旅游企业的规模、生产服务特点、管理人员和员工素质等的要求。权力适度集中可以保证统一的领导和指挥，有利于企业资源的有效配置。而适度分权会使高层领导摆脱日常事务，利于下级管理人员迅速而正确做出决策，并调动下级的积极性和主动性。权力过度集中和分散都不利于企业的发展，集权与分权相辅相成，矛盾地统一。

二、乡村旅游企业组织结构类型

（一）直线型组织结构

绝大多数的乡村旅游企业都是小型企业，都可采用直线型组织结构。这是一种常见的组织结构，适用于产品单一、规模较小、业务单纯的小型企业（如图5-2-2）。它以等级为基础，职权从最高层经理经过中间的管理人员，向下传递到企业基层员工，呈直线式流动，每一个下级人员只对他的直接上级负责。该形式重视纵向的分工。它的优点和缺点比较明显。

1. 优点

（1）指挥命令系统单一，决策迅速，命令容易贯彻到底，工作效率高。

（2）成员的责任、权限的归属非常明确。

（3）容易维持组织纪律，确保组织秩序。

（4）组织结构简单，组织费用较低。

2. 缺点

（1）下情上达和横向联系较差。

（2）要求管理者是全能，否则会出现指挥失误。

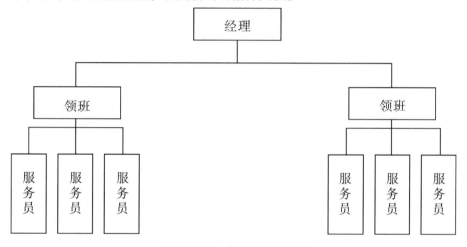

图5-2-2　直线型组织结构

（二）直线职能型组织结构

规模较大、产品或服务较多的乡村旅游企业可采用直线职能型组织结构（如图5-2-3）。当乡村旅游企业规模较大，提供的产品或服务较多时，除了设置直接创造利润的部门如餐饮部、客房部、娱乐部等直线部门外，还需要其他职能部门的间接服务，如工程部、财务部、营销部、采购部、人力资源部等。它们协助餐饮部、客房部、娱乐部等直线部门专注于具体业务。该组织集中了直线组织和职能组织的优、缺点。

1. 优点

（1）既能保持命令的统一，又可充分发挥专家的作用。

（2）直线部门管理人员可专心做自己应做的工作，其他专业问题自有职能部门的参谋处理。

2. 缺点

（1）直线部门和职能部门易产生矛盾，产生内耗，对企业不利。

（2）职能部门权力过大，会扰乱直线部门和命令系统。

（3）忽视职能部门，会引起专家的不满，影响其积极性的发挥。

（4）职能部门的设置会增加管理费。

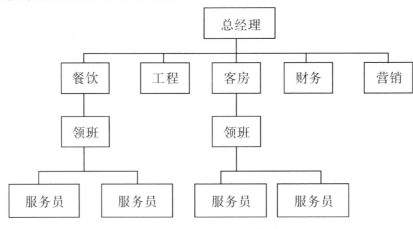

图 5 - 2 - 3　直线职能型组织

（三）事业部制组织结构

规模大的乡村旅游企业发展成为企业集团，可采用事业部制组织结构，实行集中决策下的分散经营。企业集团根据产品、地区、市场等因素，成立相应的事业部，如餐饮事业部、住宿事业部、娱乐事业部等，事业部进行独立经营以实现其利润目标，对事业部内的计划、财务、销售等方面有决策权。集团总部主要进行市场开发、新产品开发，确定事业部的盈利目标，负责筹集资金和事业部主要管理人员任免等。这种组织结构是乡村旅游企业发展壮大后的一种选择。目前在我国，采用这种组织结构的乡村旅游企业极少。

（四）网络型组织结构

乡村旅游企业根据自己的经营情况，还可采用网络型组织结构。

网络型组织结构是一种较新的组织结构形式，这种组织结构主要由管理中心和团队两大部分组成。各团队独立开发旅游市场，行使外联、内调、接待等作业功能，以在旅游市场竞争中突显竞争优势。而管理中心具有中长期战略决策、财务控制、旅游产品开发、人员最终任免调配权、绩效评价，以及信息汇总、分类、咨询、沟通等能力，从而处于各团队的核心位置，形成网络型的组织结构。联结在这一网络中的各经营单位之间并没有正式的资本所有关系和行政隶属关系，只通过相对松散的契约，或正式的协议书为纽带，以信息技术为基础，通过一种互惠互利、相互协作、相互信任和支持的机制来进行密切的合作。

其优点：一是极大地促进了企业经济效益实现质的飞跃，同时降低管理成本，提高管理效益。二是实现了企业在相当大范围内供应链与销售环节的整合。三是简化了机构和管理层次，实现了企业充分授权式的管理。这种组织结构具有更大的灵活性和柔性。

它的缺点也比较明显：一是可控性较差。这种组织的有效运作是通过契约与外部独立的供应商广泛而密切的合作来实现的。一旦组织所依存的外部资源出现如质量、提价、交货等问题，组织将陷入被动的境地。二是风险较大。如果某一合作单位因故退出，且不可替代，组织将面临解体的危险。三是员工忠诚度较低。由于项目是临时的，员工对组织的忠诚度较低。因此，网络组织要求建立强有力的企业文化来保持组织的凝聚力。

乡村旅游企业组织结构类型各有利弊，采用哪一种形式要视具体情况而定，乡村旅游企业的管理者应考虑有利于企业的经营管理，有利于提高工作效率来确定企业的组织结构。

三、乡村旅游企业管理制度的制定

（一）乡村旅游企业管理制度的作用

一般来说，企业管理制度是对企业管理活动的制度安排，包括企业经营目的和理念，企业目标与战略，公司的管理组织以及各业务职能领域活动的规定。企业管理制度是企业员工在企业生产经营活动中共同遵守的规定和准则的总称，其表现形式包括企业组织机构设计、职能部门划分及职能分工、职位说明书，专业管理制度、工作或流程、管理表单等管理制度类文件。

企业管理制度是保证实现企业目标的有力措施和手段。企业因为生存和发展需要而制定这些系统性、专业性相统一的规定和准则，要求员工在岗位工作中按照企业经营、生产、管理相关的规范与规则来统一行动。如果没有统一的规范性的企业管理制度，企业就不可能正常运行，更谈不上实现企业的发展战略。企业管理制度作为员工行为规范的模式，能使员工个人的活动得以合理进行，同时又成为维护员工共同利益的一种强制手段。因此，企业各项管理制度，是企业进行正常经营管理所必需的，它是一种强有力的保证。

成功的企业在制度管理方面有共同的特征，那就是管理制度的规范的制订或创新及实施较其他企业成功，而且在不断的、稳定的创新和优化过程中，不断提升管理制度实施质量，保持和增强企业的运转效率。在市场中拥有竞争优势的企业，其内部管理制度能够较好地体现企业文化，并结合企业实际。同时，能够得到员工的认同，具有可操作性，能够较好地实施。而企业管理制度的实施能使企业的运行更加规范和标准，用制度来规范员工的行为，员工也依据制度来执行各项工作，加强内部沟通，控制企业运行，进行绩效考核，促使员工不断改善和提高工作效率。通过制度管理使企业内部结构优化，使其在应对市场竞争和满足市场需求时能够形成快速反应机制，随时把握市场细微的变化，及时调整经营策略，从而提高企业的竞争力。

（二）乡村旅游企业管理制度的内容

乡村旅游企业管理制度的内容主要包括：基本管理制度、专业管理制度、岗位责任制度。

1. 基本管理制度

这是乡村旅游企业基础性的管理制度，包括总则（其中主要涵盖企业的远景和使命、核心价值观等内容）、员工行为规范、考勤请假制度、工资福利制度、员工培训晋升制度和奖惩制度等。

2. 专业管理制度

企业专业管理制度一般是由一些专业或职能方面的规范性标准、流程或程序、规则性的控制、检查、奖惩等因素组合而成。在很多情况下，专业管理制度 = 规范 + 程序。因此，乡村旅游企业专业管理制度包括：经营企划管理、采购管理、生产管理、质量管理、市场管理、销售管理、财务管理、会计管理、仓储物流管理、技术研发管理、人事行政管理和绩效薪酬管理等方面的制度。

3. 岗位责任制度

岗位责任制是根据企业各个工作岗位的工作性质和业务特点，明确规定其职责、权限，并按照规定的工作标准进行考核及奖惩而建立起来的制度。岗位是企业组织最基本的单位，要想管理好乡村旅游企业，必须把每一个岗位管理好。其中，最基本的就是为每个岗位编写职务说明书，它包括工作说明和工作规范两方面内容。通过其表明企业期望员工做什么，应该怎么做和在什么样的情况下履行职责等，确保企业的整体目标转化为员工的个人目标，使企业的经营压力转化为每个员工的工作动力和责任约束。

（三）乡村旅游企业管理制度在制定中应注意的问题

乡村旅游企业想要在激烈的市场竞争中站稳脚跟、持续发展，必须要有企业管理制度作保证。由于乡村旅游企业普遍规模较小，经营管理者大都是从艰辛创业开始，一路摸爬滚打过来。在这一过程中，乡村旅游企业管理制度一定要根据乡村旅游企业经营管理的实际需要来制定，并且逐步完善。可以从基本的考勤制度，或者从员工行为规范，或者从简单的绩效评价制度开始制定管理制定。根据需要，逐一制定，不断修改、不断完善。同时管理制度一旦制定，企业就必须严格遵照执行。

在管理制度的制定方面，乡村旅游企业经营者要认识到：一是务必不要贪大求全，看起来好像制度都有，但不切合实际，没法执行，成为摆设。二是企业管理制度的作用是有限的，不要指望企业管理制度是完美无缺的，可以解决企业的所有问题，这是不现实的。如果真的如此，那企业就可以不要任何层次的主管，有制度就可以了。事实不是这样，制度是否有效的关键是管理人员如何宣传并贯彻执行，而且制度只是对常规性、程序性的问题有效解决的方法，对非常规性、非程序性问题就要靠各级主管的智慧来解决。三是企业管理制度的宣传贯彻也非常重要，要让员工了解制度同他们的关系，不只是制约他们，还要让他们知道不执行制度的危害。

实训环节

【实训目的】

1. 训练学生将所学的乡村旅游企业组织结构设计的程序和原理运用到企业组织结构设计中。
2. 培养抽象思维能力和团队合作能力。
3. 从乡村旅游企业组织结构选择、组织结构设计中发现学生理解与运用知识存在的疑问，并及时引导解决。

【实训要求】

选择当地某一乡村旅游企业进行调查，了解其经营管理情况，尤其是组织结构情况，思考该乡村旅游企业组织结构是否合理，有无需要调整之处？

【实训组织】

1. 将全体学生分成五个小组，并由小组成员推举一名小组长。

2. 各组根据拟调查的乡村旅游企业，写出调查提纲，并且分头组织实施调查，并且写出调查报告，设计其组织结构图。

3. 写出调查报告后，各组指定一名成员向全班同学汇报，分享此次调查成果。

【实训成绩评定】

首先对五个小组调查提纲的拟写、调查的实施、调查报告质量和交流汇报质量分别进行评价，得出小组实训成绩；再根据小组成员的贡献大小确定其个人实训成绩。

思考与练习

1. 乡村旅游企业组织管理的含义是什么？其内容有哪些？

2. 乡村旅游企业组织设计的程序有哪些？

3. 乡村旅游企业在设计组织时应考虑哪些因素？

4. 大中小型乡村旅游企业可以选择哪些组织结构类型，请简要评价这些组织结构类型。

5. 乡村旅游企业应该制订哪些管理制度？应如何制订？

第三节　乡村旅游企业人力资源管理

任务描述

通过本节的学习与训练，了解乡村旅游企业人力资源管理的含义，员工招聘、培训、薪酬管理、激励方法等内容；主要掌握人力资源管理含义，员工招聘渠道、原则和面试技巧，培训的类型与培训的步骤、薪酬管理的步骤等；能选择合适的招聘渠道，并针对某个具体岗位设计面谈提纲，能确定乡村旅游企业的培训内容。

【知识目标】

1. 了解人力资源管理的基础内容，了解乡村旅游企业员工招聘、培训、薪酬管理、激励方法等内容。

2. 理解掌握人力资源管理的含义，员工招聘渠道、原则和面试技巧，培训的类型与培训的步骤、薪酬管理的步骤等内容。

【能力目标】

1. 能选择合适的招聘渠道，针对某个具体岗位设计面谈提纲。

2. 能针对乡村旅游企业不同岗位员工培训需求，确定其培训内容。

【素质目标】

1. 培养沟通能力。
2. 培养学生系统分析、解决问题的能力和团队合作能力。

任务组织与实施

1. 知识讲解。通过对人力资源管理的基础内容，乡村旅游企业员工招聘、培训、薪酬管理、激励方法等内容的讲解，使学生掌握人力资源管理含义，员工招聘渠道、原则和面试技巧，培训的类型与培训的步骤、薪酬管理的步骤。

2. 组织学生实训。使学生能够将所学的乡村旅游员工招聘与培训的内容，运用到选择合适的招聘渠道、某个具体岗位设计面谈提纲中，运用于培训内容的确定中。

3. 任务评价。对学生设计的结果进行评价，指出优点和存在的不足。

案例导读

"海底捞"独特的人力资源管理

这是一家吃货们愿意排上一小时也要等候的餐厅，它叫"海底捞"，其实是一家火锅店，全称是四川海底捞餐饮股份有限公司。这家民营企业的老板叫张勇，最早在四川简阳街边开了一家麻辣烫起家。公司 1994 年成立以来，已在北京、上海、西安、深圳等城市开了 80 家直营店，有近两万名员工。公司在管理上，倡导双手改变命运的价值观，为员工创建公平公正的工作环境，实施人性化和亲情化的管理模式，提升员工价值。那么，"海底捞"在人力资源管理方面是怎么做的呢？

1. 招聘与选拔

"海底捞"根据自己所处的行业特点以及外部劳动力市场的现实状况，普通员工的招聘采用推荐制，中高层员工实行内部选拔制。推荐人既可以是公司的员工，也可以是客户、供应商、经销商等。"海底捞"在普通员工招聘时充分运用了这种形式，给其带来了诸多竞争优势，获得的员工素质较高，同时员工离职率非常低。

2. 培训

"海底捞"在北京建有海底捞北方培训中心，负责新员工的入职培训，以及在职员工的再培训。培训师大部分兼职，以公司中基层管理者居多。培训中心有详尽的课程安排，对于新招聘来的员工，培训的主要内容包括：公司规章制度、各部门职责、操作流程、企业文化、如何与顾客有效进行沟通、微笑服务的强化练习、消防知识与急救知识等。新员工在培训期间，实行军事化管理，每天学习一项内容，培训期一般是 15 天。培训期满后，进行培训结业考试。企业办学式培训的成本较高，但比较正规，员工可以安心地接受培训，因此培训效率较高、效果较好，有利于多出人才，快出人才，出好人才，适应

"海底捞"未来发展需要。

导师制。新员工试用期实行导师制，即师傅带徒弟的培训方式。经理将每个新员工都分配给一位经验丰富的师傅，成为他的徒弟。在试用期间，师傅会将业务操作流程、具体的工作方法，甚至每一个动作的要领都传授给徒弟。在实际工作中，师傅也时时帮助徒弟，以避免给顾客带来不便。师傅带徒弟是一种荣耀，每月有300元的辛苦费，徒弟何时出师也由师傅决定，一般是2~3个月。在餐饮行业，无论是厨师还是服务员，其工作技能主要来自于长期实际经验的积累，因此导师制可以使新员工的实际操作技能在较短的时间内迅速提高。

3. 轮岗制

"海底捞"的大部分岗位都是单调的重复劳动，长时间工作很容易产生厌倦感。为了最大限度地避免这种情况发生，让员工"快乐工作，微笑服务"，"海底捞"推行轮岗制。员工可以在自己工作组内比较自由地调换岗位，跨组岗位调换也经常进行，但要经过店面经理的同意。轮岗制丰富了员工的工作内容，有助于让其保持工作的新鲜感，学习和掌握更多的技能，成为多面手，有利于员工精神饱满地投入工作。

4. 薪酬与福利

"海底捞"实行薪酬领先型战略，其员工的收入在同类企业中处于领先地位，整体高出平均水平10%~20%。高薪酬对外界的优秀人员具有吸引力，同时也有利于留住现有的优秀员工。

"海底捞"给员工提供了比较丰厚的福利，主要包括：员工保险、廉价员工集体公寓、免费的集体食堂、家政服务、每月的带薪假日、重大节日的公司礼品等。

如集体居住的员工都可以享受免费的家政服务。有专门的家政服务人员，负责员工宿舍卫生的日常清扫以及员工衣服、床单、被褥的清洗等。在体现了"海底捞"对员工无微不至关爱的同时，员工还享受到被人服务的感觉，感到了公司对自己的重视和自己的价值，满足了他们的自尊，提高了他们的自信，使他们有平和、平等的心态去服务顾客。

"海底捞"给每一位员工都买了保险，使员工有安全感、稳定感，同时有归宿感。

5. 考核与奖惩

考核。"海底捞"员工考核以正面激励为主，负面激励为辅；奖励为主，惩罚为辅，惩罚只是一种象征性的手段。"海底捞"的考核方法主要是关键事件法，主管将员工的平时表现记录下来作为考核的依据，记录的内容包括：（1）是否受到顾客的评价，评价内容如何；（2）同事的评价；（3）上级的评价。然后主管根据这些记录内容对员工进行粗线条的、不定期的考核。这种考核思路和方式营造了一种宽松的管理氛围，一种和谐的工作环境，是员工能"快乐工作，微笑服务"的一个基础性条件。

奖励。"海底捞"每个月评选一次先进员工，并发放奖金。在这方面，"海底捞"很注重从精神层面上对员工进行奖励，这对普通员工来说意义重大。因为"海底捞"的员工多数来自农村，他们普遍内心有骨气但又比较自卑，他们重视名誉，渴望能得到他人的认可和尊重。评选的"标兵""先进员工""优秀员工"称号满足了他们的精神需要，感觉到公司对他们的认可和尊重，有效地激发了他们的工作热情和积极性。同时，优秀员工还具有榜样效应，可以激发其他员工向榜样学习。另外，"海底捞"专门设立创新奖，鼓励员工的创新意识，奖励从 10 ～1000 元不等。创新奖持续激励员工不断进步，有利于员工发挥积极性和创造性。

惩罚。员工在工作中出现失误，会受到通报批评，以杜绝类似错误再次发生。如果屡教不改、连续出错则会被罚款，员工要上交一定数量的象征性罚金。但如果该员工之后表现有较大的进步，则会原额加利息返还。其惩罚更倾向于一种象征性的提醒和警示，以维持一个较为和谐与积极的氛围。

资料来源：

1. http://blog. sina. com. cn/s/blog_ 48dbd9310102enfs. html。

2. 黄铁鹰：《海底捞你学不会》，中信出版社。

【思考】

"海底捞"在人力资源管理方面有哪些值得乡村旅游企业借鉴的经验？

基本知识

员工是企业最重要的资源，企业的竞争归根结底是人的竞争。因此，乡村旅游企业经营的生命力在于员工，员工的素质和能力决定了乡村旅游企业的现在和未来。

只有满意的员工才能提供满意的服务，满意的服务才有满意的顾客，满意的顾客才有企业上佳的口碑，也才有企业持续的发展，任何企业的成功莫不如此。而人力资源的匮乏一直是制约我国乡村旅游企业发展的关键性问题之一，从管理人员到普通员工都如此。但这是乡村旅游企业发展中必须要迈过的一道坎。同时，管理好员工又非常难，对任何一个管理者都是极大的挑战。如何获得合适的员工，如何使他们胜任工作，如何使他们热爱工作、对工作充满激情、如何留住他们等，这些问题是管理者必须要去思考并妥善解决的，唯有如此，乡村旅游企业的发展才有坚实的支持和保障。

一、了解乡村旅游人力资源管理

（一）什么是人力资源管理

1. 什么是人力资源

人力资源是一定范围内的人口中具有劳动能力为社会创造财富的人的总和，这种劳动能力包括体力和智力劳动能力。把它放在乡村旅游企业来看，乡村旅游企业的人力资源就是它的所有员工，即它获得的所有具有一定体质、智力、品德、素养的员工。

著名的管理学家彼得·德鲁克 1954 在《管理的实践》首次阐释了人力资源概念，即"人力资源——完整的人——是所有可用资源中最有生产力、最有用处、最为多产的资源"。人力资源具有一种其他资源所没有的特性：具有协调、整合、判断和想象的能力。人力资源还有与其他任何资源都不同的一点，对于自己要不要工作，拥有绝对的自主权。因此，企业在雇用员工时，要雇用整个人，不能只是雇用"人手"，必须连双手的主人一起雇用。从中可以得出这样的认识，即人力资源是组织中由人员所发挥出的生产能力。来自人的生产能力是最重要和最有价值的能力，有待开发和利用的人力资源作用的发挥具有特殊性。

2. 什么是人力资源管理

人力资源管理本质是对人的管理，对员工的管理。即在一个组织以战略目标为导向，对人力资源通过获取、使用、保持、开发、评价与激励等进行的全过程的管理活动，以实现企业人力资源的有效配置，开发和利用，使人尽其才，事得其人，人事相宜，从而实现组织目标。在这个表述中，把"组织"二字替换成乡村旅游企业，即是乡村旅游企业的人力资源管理。其中包括对人力资源质和量的管理。

（1）对量的管理。根据乡村旅游企业的目标和任务，科学制定人力资源规划并有效执行，确保得到乡村旅游企业需要的一定数量的员工，实现对量的有效管理。

（2）对质的管理。即对人的思想、心理、行为进行管理，将乡村旅游企业的目标和员工个人目标有机结合起来，将普通的员工培养成优秀的员工，进而打造成出色的工作团队，从而实现乡村旅游企业经营目标。

3. 乡村旅游企业人力资源管理的作用

员工是最重要的资源，企业最高决策者和管理人员绝对不要忽视人力资源管理工作。这是因为：

（1）它是保证乡村旅游企业经营活动顺利进行的必要条件；

（2）它是提高乡村旅游企业素质和增强其活力的前提；

（3）它是提高乡村旅游企业服务质量，创造良好社会效益的保证。

（二）人力资源管理的内容

人力资源管理的主要内容是工作分析、人力资源规划、员工招聘、员工培训、员工使用、绩效管理、薪酬管理、员工关系管理、职业生涯管理等。也有专家将这些内容简单总结为："选、育、用、留"四方面。

1. 工作分析

工作分析是通过一系列有关工作信息的收集、分析、综合来完整地确认工作整体，确定完成各项工作所需的技能、责任和知识的系统过程。它需要对每项工作的内容进行清楚准确的描述，对完成该工作的职责、权力隶属关系、工作条件提出具体的要求。工作分析所形成的工作描述、工作规范是人力资源管理必不可少的重要基础工作，它与其他人力资源管理方面的工作有着密切关系。

2. 人力资源规划

人力资源规划是根据企业的战略目标，科学预测企业在未来环境变化中人力资源的供给与需求状况，制定必要的人力资源获取、利用、保持、开发策略和措施，确保企业人力资源在数量上和质量上的需求，使企业和个人获得长远的发展。由于企业应对内外环境变化，需人力资源的提前规划并实施，以降低不稳定性，实现企业战略目标。

3. 员工招聘

员工招聘是为实现企业目标，由人力资源部门和相关部门按照科学的方法，运用先进的手段，寻找、选拔岗位所需人员的过程。员工招聘是企业获得人力资源职能的体现，是实现企业人力资源战略，落实人力资源规划的重要环节。

4. 员工培训

人力资源培训是企业通过各种方式，使员工具备完成现在或将来工作所需要的知识、技能，并改善他们的工作态度，以改善其工作业绩，并最终实现企业整体绩效提升的一种计划性和连续性的活动。它是有组织、有计划地使员工获得或改进知识、能力、态度和行为，以达到提高组织工作绩效，促进员工与组织共同发展为目的的、系统化的教育训练活动。

5. 员工使用

员工使用是指按各岗位的任务要求，将企业招聘的员工分配到具体岗位上，给予员工不同的职位，赋予他们具体的职责、权力，使他们进入工作角色，完成工作任务。

6. 绩效管理

绩效管理是企业系统的管理活动过程，用来建立企业与个人对目标的认识及如何完成目标达成的共识，进而实行有效的员工管理方法，以提高目标完成的可能性。

7. 薪酬管理

薪酬是企业向对员工的贡献付给的报酬，用以吸引、保留和激励员工。员工的贡献可以是绩效、努力、时间、学识、技能、经验等。薪酬具体包括工资、奖金、福利等。薪酬管理是企业在经营战略和发展规划的指导下，综合考虑企业内外各种因素的影响，确定自身的薪酬水平、薪酬结构和薪酬形式，并进行薪酬调整和薪酬控制的整个过程。

8. 员工关系管理

员工关系管理其主要职责是协调员工与管理者、员工与员工之间的关系，引导建立积极向上的工作环境。其内容主要涉及：劳动关系管理、员工人际关系管理、沟通管理、员工情况管理、企业文化建设、服务与支持、员工关系管理培训、离职员工管理等内容。通过员工关系管理可以提高员工的满意度，提高员工凝聚力和归属感，加强企业文化的贯彻渗透和提高人才保留率。

9. 职业生涯管理

职业生涯管理是通过分析、评价员工的能力、兴趣、价值观等，确定双方都能接受的职业生涯目标，并通过培训、工作轮换、丰富工作经验等一系列措施，逐步实现员工职业生涯目标的过程。有不少优秀的企业将职业生涯管理作为一种战略步骤，将员工自我价值实现和企业战略发展有机结合起来，最大化地开发员工个人职业潜能，最终达到员工个人发展、自我实现与企业发展的双赢。

（三）乡村旅游企业的人力资源管理者及管理机构

绝大多数的乡村旅游企业由于经营规模较小，分工相对较粗，在其组织机构和岗位设置中，不可能有专门的人力资源管理部门和人力资源管理者来承担该职能，但并不意味着不需要重视这项工作，这项工作由乡村旅游企业的管理者或其他管理人员来承担。

对于规模稍大一些的乡村旅游企业，这项职能可以由公司行政办公室负责。根据需要，在公司行政办公室可以设人力资源专员，也可由其他办公室文员兼任这项工作。

规模较大的乡村旅游企业可以设置人力资源部门，由专门的部门和人员来承担人力资源管理职能。根据需要，人力资源部门经理下面可设置招聘主管、培训主管、薪酬主管、绩效主管等职位，分别负责人力资源管理方面的基本职能。

二、乡村旅游企业员工招聘

（一）了解乡村旅游企业员工招聘

1. 乡村旅游企业员工招聘的含义

乡村旅游企业员工招聘是为实现乡村旅游企业目标和任务，由负责人力资源管理的部门或人员按照科学的方法，选拔工作岗位所需人员的过程。

招聘是企业人力资源管理工作中的关键环节，它与人员配备、考核、晋升、奖惩和培训等密切相关。成功的招聘是企业健康发展的重要条件。

2. 乡村旅游企业员工招聘的意义

（1）为乡村旅游企业找到适合的人员，是企业发展的重要保障。持续的成功的招聘能够形成竞争优势。

（2）有利于员工的合理流动，使乡村旅游企业和员工实现双赢。招聘使企业和员工两方面都有一个双向调整和选择的机会，更好地调适企业目标与个人目标，达成一致实现双赢。

3. 乡村旅游企业员工招聘的目的

乡村旅游企业招聘的目的是找到适合乡村旅游企业的人才，实现所招聘人员与待聘岗位的有效匹配。

（二）乡村旅游企业员工招聘原则

乡村旅游企业员工招聘原则可简洁表达为：一次招对人。一次招对人即利用极少的招聘成本（人力、物力、财力），一次性招聘到能为乡村旅游企业工作的高素质技术技能服务人员。因为员工招聘是企业获得员工的重要方式，如果这个关口把得不好，进来的员工没有服务意识、素质不高、品行不好，那企业将后患无穷，又得耗费人力，时间重新招聘。因此，其具体原则有以下几方面。

1. 应聘者的价值观是否与企业价值观一致。这一点应胜过对其学历与经历的关注。

价值观简单说就是为人处世的原则。它是支撑人们生活的精神支柱，决定着人们行为的取向，决定了每个人会以什么样的态度和信念去开创自己的生活，它对于人们的生活具有根本性的导引意义。一个人的价值观一旦确立，不会轻易改变，所谓"志不同，道不合"，"道不同，不相为谋"。如某个乡村旅游企业的核心价值观是热情、爱心、诚信、责任、奉献，而某个应聘者是中职毕业生，之前在其他服务企业做过，其学历与经历与岗位要求一致，看起来是个理想的人选。但面试谈话中发现这个人比较自私、虚荣，不敢承担责任，与企业价值观相距甚远，那企业就要仔细权衡，严格把关，不能让这样的人来搅乱企业，扰乱人心，而宁愿选择与价值观一致，而其他条件稍软一些的人。

2. 关注应聘者职业兴趣胜过其从业经历

"知之者不如好知者，好知者不如乐知者"，兴趣是最好的老师。有兴趣的人以工作为乐，会自动自发地做好工作。乡村旅游企业在招聘员工时，不应过多关注应聘者过去是否从事这一行业，是否擅长这一行业里的工作，而是重点看他是否热爱服务业，是否有爱心，关注他人，乐于助人，是否真正对具体岗位的工作感兴趣。

3. 关注应聘者的人品观胜过其技能

由于一个人的人品也是一旦形成不会轻易改变的，同时也是难于短期培养的，而知识、技能稍差是可以通过强化培训来使员工达到岗位要求的。因此，乡村旅游企业的员工应该具有较好的品行，立得端、行得正，能够遵守规则、信守诺言。在招聘员工时，企业都希望招到"德才兼备"的人，但如果两者不能兼得时，一定要更关注其人品。

（三）乡村旅游企业员工的招聘渠道

1. 乡村旅游企业员工的招聘常规渠道

规模较大的乡村旅游企业可以在政府有关部门举办的人才市场招聘员工，也可通过网络招聘、报刊招聘、校园招聘、人才中介机构招聘员工，还可通过企业内部员工、客户或者合作伙伴推荐招聘。

然而绝大多数乡村旅游企业的规模较小，甚至主要由家庭成员、亲戚朋友来经营和服务，它们一般不太可能通过上述渠道招聘员工。乡村旅游企业的员工来源主要是本乡或邻近乡村的农村青年、城镇失业青年、大中专毕业生、家庭主妇及其他人员等。乡村旅游企业获得员工的渠道主要是通过员工、亲戚、朋友、业务伙伴、熟人推荐或介绍，也可到人才市场招聘员工，尤其可以鼓励员工推荐这一渠道。因为对自己工作满意的员工可以成为企业最佳招聘员，他会推荐合适的人员进来。

2. 通过网络招聘员工

目前，我国网络招聘快速发展，求职进入网络招聘时代。根据中国互联网络信息中心（CNNIC）发布的数据，截至 2012 年 12 月底，我国网民规模达到 5.64 亿，我国微博用户规模为 3.09 亿，手机微博用户规模 2.02 亿。上网、网购、微博等对于乡村旅游企业已不是新鲜事。网络招聘有不少优势，比如方便快捷，成本低、招聘的范围大、具有初选等服务功能。乡村旅游企业可以选择在专业或综合的招聘网站，也可在社交网站上发布招聘信息，可快速、准确、在更大范围内选择热爱乡村旅游、有志从事乡村旅游的人。网络招聘也是乡村旅游企业可选的有效的招聘渠道。

（四）乡村旅游企业员工招聘程序及面试技巧

一般企业员工招聘程序主要通过以下程序来进行：明确招聘的目的、拟定岗位任职要求、确定招聘计划、落实招聘组织、疏通招聘渠道、挑选录用员工、检查、评估及反馈。

乡村旅游企业员工招聘程序一般以简单实用为好，无须全部经过复杂的招聘流程。但面试和实际操作测试是必不可少的，尤其是面试环节的把关非常关键。

面试内容主要涉及工作内容的细节、以前工作经验和成绩等。重点考察应聘者的价值观、人品、与人打交道的能力、是否热爱该工作和合作精神等岗位所需的软性素质，以保证录用人员符合乡村旅游企业具体岗位要求。如果招聘岗位比较重要，可增加面试次数，确保选对人。面试时间一般 40～60 分钟。

在面试过程中，面试人员应该把握好面试的几个基本功，即"问、听、观、评"。问，指的是提问方式的选择，恰到好处地转换、收缩、结束与扩展问题和如何提问都有技巧。最好提前做一个提问提纲，或者在心里作充分的提问准备。提问方式可以采取封闭式、开放式、重复式、确认式、举例式，一般尽量少用引导式的提问方式。面试提问提纲示例见表5-3-2。

表5-3-2　面试提问提纲示例

面试项目	提问问题	提问目的
举止仪表	观察	礼貌、素养、举止仪表
应聘动机	您为何对这个工作感兴趣？	了解其应聘的动机、诚意、积极程度和工作要求
	您最喜欢或最不喜欢什么样的工作？	
	您对在这个岗位上以后发展的要求？	
工作经验	谈谈您的相关工作经验，取得了哪些成绩？	判断是否符合岗位要求
	您在工作中遇到的最大挫折是什么？您是如何克服的？	应变能力及解决问题能力
	您以前的工作有无需改进之处？如果可以从头来过，您会怎么做？	判断其自省能力
专业能力	专业能力上最擅长或最不擅长的方面有哪些？	判断是否符合岗位要求
	您认为本职岗位需具备哪些专业能力？	判断认知是否有偏差
	评价您的专业能力？	判断自我评价的准确性
工作态度	您选择工作最看重那三个因素？	了解应聘心态
	哪三种原因会促使您离职？	了解其工作动机
	若在工作中遇到不公平待遇，您将如何处理？	了解抗压心态及成熟度
个性特点	请用三个词形容您自己？	间接了解其优缺点
	您最近一次在工作中生气的原因是什么？	
	您认为自己的性格哪些方面需要改进？	
人际关系	您认为哪种人比较容易相处？	判断其与人相处的能力
	当您无法忍受某同事时，您将如何处理？	
团队精神	您在团队中通常扮演何种角色？	判断其是否合群
	描述您心目中最佳的团队组合？	
沟通能力	说明您在沟通中的优点或缺点？	判断沟通能力
	您如何说服他人与您合作完成某工作？	
	您认为如何提升沟通技巧？	

续表 5 - 3 - 2

面试项目	提问问题	提问目的
责任感	举例您做过的需要长期完成的工作？	负责、求实、恒心
	您是否当过某项目的负责人，您是如何完成的？	
	您是否遇到无法完成的工作，您是如何处理的？	
相关问题	您希望的待遇？有无其他要求？	判断应聘动机

资料来源：刘子龙，等：《人力资源管理》，机械工业出版社 2011 年版。

面试人员应是一个好的倾听者，演员是应试者，一般 70% 的时间以上是在倾听，要听信息真假。同时要仔细观察，其不同的举止（身体语言）反映出不同应聘者的内心状态，以此作为对应聘者客观评价的依据。最后将以上各项评价综合起来确定应聘者的面试成绩。

为了使面试做到规范和标准，可以通过面试成绩评价表来评定应聘人员面试成绩，面试成绩评价表见表 5 - 3 - 3。

表 5 - 3 - 3　面试成绩评价表

就每个面试项目做出评价，1 - 优秀，2 - 良好，3 - 一般，4 - 差

考号			姓名		
应聘岗位			所属部门		
面试项目	1	2	3	4	评价
外表					
举止					
语言表达					
实际经验					
态度					
责任感					
应变能力					
个性稳定性					
评定总分					
评语					
面试人员签字：　　　　　　　　　　　　　时间：					

【资料链接】

旅游企业人员测评奇招

1. 用餐速度测试

某饭店在招聘员工时，要进行用餐速度考试。主考官通知通过面试的招聘人员更加新一轮考试，应试前不要吃午饭。测试时，企业摆出几十份从饭店特意定做的夹生米饭和一看就没有食欲的菜。几位考官试吃，最快的五分钟就吃完了。然后主考官宣布："今天的考试是吃饭，10 分钟内吃完为及格。"考试结束，凡及格的，予以录用。该饭店认为，吃饭快的人，说明身体健康，精力充沛，办事效率高。

2. 眼神测试

日本一些中小旅行社招聘员工时，善于从应聘者的眼神中看出其是否具有很好的记忆力、创造力、人际交往能力和胜任工作的能力。他们认为，眼睛平视、充满信心、闪闪发光的人，能力较强；而眼睛向下看或东张西望、暗淡无光的人，比较缺乏自主能力。

资料来源：魏卫：《旅游人力资源开发与管理》，高等教育出版社 2004 年版。

三、乡村旅游员工的培训

（一）对培训意义的认识

乡村旅游企业迫切需要大量高素质的员工，而培训能使员工更加胜任工作。

对于乡村旅游企业来说，员工不仅是来打工挣钱的，他们还想有更好的生活，美好的未来，不管他们来自哪里，有无经验，要明白他们是企业最重要的资源。他们的素质关系到服务特色、服务质量，从而影响到回头客的多少和口碑的宣传等，并最终影响到经营效益。乡村旅游的开办需要接待服务人员、餐饮服务人员和客房服务人员等，通常由家庭成员担任，在旺季或规模较大企业需要雇请员工，但无论是家庭成员还是请的员工，均需要培训。要做好乡村旅游，仅靠乡村人的纯朴好客是不够的，还需要有服务意识、服务技能和服务礼仪。另外，消防、安全及卫生方面的标准，都需要学习。有的乡村旅游企业员工会说，我们边干边学不行吗？这不能说不行，但这不是一个好方法。那么培训员工对乡村旅游企业有什么作用呢？主要在以下几个方面：

（1）使企业拥有更加胜任工作的员工，提高企业的核心竞争力；

（2）有利于提升服务质量，提高员工工作效率；

（3）有利于提升员工的素质，有利于员工的发展；

（4）有利于强化企业文化，凝聚员工。

由此看出，企业充分培训员工，不仅员工有利，更是对企业有利，何乐而不为呢？

（二）乡村旅游企业员工培训类型

乡村旅游企业员工培训主要有新员工培训、岗位培训、管理能力培训。

1. 新员工培训

培训内容涉及企业概况、企业理念、对新员工的要求、企业如何对待员工、岗位培训等方面。

（1）企业概况。向员工介绍企业的创业和发展历史，企业的现状以及企业的未来，企业能够为他们带来什么，为他们的未来发展的打算，使员工认同企业，认识到在这里工作是靠得住的，不但有现在而且还有未来。

（2）企业理念。通过对企业理念讲解、讨论，让新员工了解、理解企业价值观和经营理念。让员工参与案例讨论，使员工明白企业倡导的是什么，反对的是什么，应该如何对待顾客。

（3）对新员工的要求。明确告诉新员工企业对他们的期望和要求，使其树立工作目标，企业将提供什么条件帮助实现这些目标，同时员工需要在哪些方面努力，帮助新员工尽快适应企业的要求。

（4）企业如何对待员工。企业要明确告诉员工企业的薪酬、福利、培训、提升等方面的制度，解决他们的后顾之忧，并使他们加深对企业的了解和认同，愿意安心在此工作。

企业最好能够将这些培训内容汇编成册，员工人手一册，让他们不断学习、不断琢磨，将企业理念理解并内化为日常的行为，融入到平时的工作。

2. 岗位培训

岗位培训不拘形式，不受时间地点限制，非常适合于乡村旅游企业对员工的各种技能培训。尤其是新员工安排到具体岗位后，还需强化对他们的岗位培训，尤其是技能方面、服务细节难点方面进行培训，可以给他们指派有经验的老员工进行一对一的传帮带，使他们迅速适应工作，融入新团队。

岗位培训具体有准备、示范、练习、操作四个阶段：

准备阶段。指导人讲工作的意义，与其他工作的联系。同时让受训者做好充分的思想准备，心情放松。

示范阶段。指导人亲自示范，边讲边操作，指出关键的程序、窍门和必须注意的地方。

练习阶段。受训者按练习程序实践练习，其中有难度的地方由指导穿插示范，使受训者逐步掌握操作全过程。

操作阶段。让受训者独立操作，指导者定期检查，答疑，并及时指导异常问题。

3. 管理能力培训

管理能力培训主要对拟提升到管理岗位的员工，培训方式主要以岗位培训为主，上级主管是其培训老师，培训内容涉及管理的基本常识、如何管理好自己的时间、人际技能以及如何培训、指导、激励、评价员工等，这种培训可以为企业快速培养管理人员，或者储备管理人员，打通员工向上发展的职业通道。

（三）培训的步骤

培训的步骤为：确定培训需求、提出培训目标、制定培训方案、实施培训、评估培训效果。

1. 确定培训需求。根据组织分析、工作分析、个人分析、企业实际情况分析而定。

培训需求 = 标准工作绩效 - 实际工作绩效

人力资源管理部门要对各部门提出的培训需求，按部门、培训内容、培训时间、培训费用分别统计，并召开由熟悉业务发展的高层管理团队参加的评估会议。会议主要评估需求与部门和企业年度目标的相关度、培训费用分配的合理性。

2. 提出培训目标。培训目标应当是知识的学习，或技能的提高，或态度的转变等。

3. 制订培训方案。培训目标的具体化与操作化。包括：培训项目；培训对象；培训项目的各级负责人；培训方式与方法；培训地点；确定培训形式、学制、课程设置方案、课程大纲、教材与参考资料、培训教师、教学方法、考核方法、辅助器材设施；作息时间；住宿、饮食等后勤服务。

4. 实施培训。根据培训方案，实施中要随时关注细节，如学员所学情况、作息时间安排、教材的发放、学员的生活要求等。

5. 评估培训效果。培训结束，应对培训效果进行评估，以利于企业今后培训工作的改进。培训评估的基本标准有四个：反应、检验、行为、绩效。

（1）反应。以谈话或问卷形式，获得员工对培训的直接反馈。愉快、喜欢、建议、批评等。

（2）检验。以笔试或操作，或返回工作岗位后的表现来检验。

（3）行为。培训结束后的一段时间（不少于 3 个月）观察其培训前后的行为有无差异、培训成果转化情况（学员将在培训中学到的知识、技能和行为应用到实际工作的情况）。培训成果转化受转化的环境气氛、管理者的支持、运用所学能力的机会、技术支持及自我管理等方面的影响。

（4）绩效。由培训引起的绩效改善。评估行为改进、生产效率提高、产品或服务质量的提高、事故率下降等与培训的关系。这是培训的最高标准。

（四）员工培训的内容

乡村企业培训内容包括基础知识培训、从业观念培训、从业技能培训，其中基础知识培训主要涉及：服务知识培训、旅游知识培训以及本地民俗文化和风土人情方面知识培训。

（五）培训时间

乡村旅游企业员工集中培训一般选择在旅游淡季进行，一般为 11 月到第二年 4 月期间。但培训时间的选择也不能一概而论。由于我国不少地方的冬季，盛行吃杀猪饭、观赏冬季农村独特风光、体验冬季独特民族风情，乡村旅游淡季不淡。因此，这些企业的员工培训可以灵活选择，见缝插针，也可在工作岗位上进行。

（六）乡村旅游企业员工培训的有效实施策略

（1）培训内容重实用，提高参训积极性。为使乡村旅游企业员工培训不流于形式，培训内容的选择是否实用非常重要。培训内容如何选择呢？在实施培训之前，要对乡村旅游企业员工的培训需求进行调查分析，以此作为确定培训内容的依据。参加乡村旅游企业培训的人员需求不一，文化层次不同，对掌握岗位技能的要求不同。强调培训内容的实用性、针对性，应分阶段、分类别实施培训，使参训员工学到工作中所需的知识和技能，能够举一反三，解决其工作中的难题。如餐厅服务人员可以开设餐厅礼仪、餐巾折叠、摆台、斟酒、分菜等方面的培训；客房服务人员可开设做床、卫生间清洁、清洁用品使用等单项培训。

（2）培训方式重实效，提高参训实效性。乡村旅游企业员工培训，仅仅依靠老师的理论说教是非常枯燥的，也没有多大效果。培训要重视实际操作，在培训前要提前联系好实训场地，在操作中学习。指导老师的熟练讲解和演示，如折叠餐巾花型的熟练手法、摆托盘动作的稳当敏捷，分菜斟酒的进退自如，能够很好地刺激参训人员，让他们跃跃欲试，勤学苦练，以达到操作要求。

（3）培训过程重服务，培训经费有保证。培训过程中重视为培训学员的服务，为他们排忧解难，使他们安心培训，专心培训，确保培训质量。

（4）注重培训结果考核。培训结束，进行理论考试和操作考试。合格者取得相关部门认可的职业资格证书。关注员工培训后在工作岗位上是否有改变、效率能力是否提高。

【资料链接】

东京迪斯尼乐园是如何培训清洁员的？

到东京迪斯尼去游玩，人们不大可能碰到迪斯尼的经理，门口卖票和检票的也许只会碰到一次，碰到最多的还是扫地的清洁工。东京迪斯尼对清洁员工非常重视，将更多的训练和教育集中在他们的身上。从扫地的员工培训起，东京迪斯尼扫地的员工，有些是暑假打工的学生，虽然他们只扫两个月，但是培训他们用 3 天时间。培训的内容主要包括以下四个方面：

1. 学扫地

第一天上午要培训如何扫地。扫地有 3 种扫把：一种是用来扒树叶的；一种是用来刮纸屑的；一种是用来掸灰尘的。这三种扫把的形状都不一样。怎样扫树叶，才不会让树叶飞起来？怎样刮纸屑，才能把纸屑刮的很好？怎样掸灰，才不会让灰尘飘起来？这些看似简单的动作却都应严格培训。而且扫地时还另有规定：开门时、关门时、中午吃饭时、距离客人 15米以内等情况下都不能扫。这些规范都要认真培训，严格遵守。

2. 学照相

第一天下午学照相。十几台世界最先进的数码相机摆在一起，各种不同的品牌，每台都要学，因为客人会叫员工帮忙照相，可能会带世界上最新的照相机来这里度蜜月、旅行。如果员工不会照相，不知道这是什么东西，就不能照顾好顾客，所以学照相要学一个下午。

3. 学包尿布

第二天上午学怎么给小孩子包尿布。带小孩的妈妈可能会叫员工帮忙抱小孩，但如果员工不会抱小孩，动作不规范，不但不能给顾客帮忙，反而添乱。抱小孩的正确动作是：右手要扶住臀部，左手要托住背，左手食指顶住颈椎，以防闪了小孩的腰，或弄伤颈椎。此外，还要会为小孩换尿布。换尿布时要注意方向和姿势，应该把手摆在底下，尿布折成十字形，最后在尿布上面别上别针，这些都要认真培训，严格规范。

4. 学辨识方向

第二天下午学辨识方向。有人要上洗手间，"右前方，约50米，第三号景点东，那个红色的房子"；有人要喝可乐，"左前方，约150米，第七号景点东，那个灰色的房子"；有人要买邮票，"前面约20米，第十一号景点，那个蓝条相间的房子"……顾客会问各种各样的问题，所以每一名员工要把整个迪斯尼的地图都熟记在脑子里，对迪斯尼的每一个方向和位置都要非常明确。

训练3天后，发给员工3种扫把，开始扫地。如果在迪斯尼里面，碰到这种员工，人们会觉得很舒服，下次会再来迪斯尼，这就是所谓的员工面对顾客。

为期三天的培训结束后，清洁工几乎都能够"独当一面"了。熟练地掌握了各种技能的他们，会让游客感到莫名的舒适。除了清洁工，对会计等任何一个岗位的员工都会有针对性地培训。比如与小朋友说话时要蹲下，与他们的眼睛保持同一高度，不能让小朋友仰望员工等。

培训目的："使迪斯尼乐园的员工成为顾客最可信任的人"。

在迪斯尼乐园诸多员工中，与游客接触最多的清洁工是游客公认的明星。他们对园内设施了如指掌、礼貌亲切、精神抖擞、仪表干净整洁、工作勤恳认真且工作方式富有表现力，充分体现了迪斯尼的文化。

点评："细节决定成败"，在培训上也注重细节让迪斯尼走在了同业者的前面。为游客提供如此细心、周到的服务，是迪斯尼站在娱乐之巅的直接动力。而宗教式的培训，让所有员工形成相同的信仰，是迪斯尼发展的直接动力的基础和前提。

培训是一个系统工程，是支撑企业发展的一根强大支柱。切忌因为经过培训的员工流失而终止培训，或者认为培训是企业最大的成本。培训注重细节，持续培训，不断提升员工的专业能力，形成统一的价值观，这是乡村旅游企业值得借鉴的。

资料来源：中国人才，2010年5月。

四、薪酬管理

（一）了解员工薪酬管理

1. 什么是员工薪酬

薪酬不就是工资吗，大多数人都会这么认为。其实薪酬不仅仅指工资，还包括其他如奖金、各种福利等。薪酬即是乡村旅游企业对员工的贡献所付给的货币或非货币形式的报酬。这些报酬可以是货币形式，如基本工资，奖金等；也可以是非货币形式，如提供住宿、免费午餐、带薪休假等。薪酬分类形式很多，常见的薪酬根据付薪的周期，分为时薪、日薪、周薪、月薪和年薪。乡村旅游企业大部分员工实行月薪制，也有实行时薪制，还有少量高级管理人员实行年薪制。

2. 薪酬的构成

乡村旅游企业的薪酬主要由工资、奖金、福利等构成。

（1）工资。工资也称基本薪酬，是乡村旅游企业薪酬体系的主要组成部分。根据法律、法规规定和劳动合同，以货币形式支付给员工的劳动报酬。从计量形式来看，可分为计时工资和计件工资；从工资的内容来看，乡村旅游企业可以采用结构工资制，综合考虑工作内容和工作能力两个方面制定，工资可由基础工资、技能工资、岗位工资和工龄工资等组成。基础工资一般较低，主要为员工提供最基本的生活保障；技能工资是以员工个人所掌握的知识、技术和所具备的能力为基础来支付的报酬；岗位工资是以岗位责任、劳动强度、劳动条件等为基础来支付的报酬；而工龄工资是根据员工在企业工作时间长短所支付的报酬。

（2）奖金。奖金也称激励薪酬，是乡村旅游企业对员工在达到一定工作目标，或绩效水平，或创造了某种赢利后所增加支付的薪酬，目的是鼓励员工提高劳动效率和工作质量。它可以灵活奖励员工个人、团队或组织做出的突出业绩。相对于工资而言，奖金具有一定的可变性，确定奖金前需要进行业绩评估，奖金的多少和业绩完全挂钩，因此对员工的激励作用也更强。

（3）福利。乡村旅游企业为了吸引员工，或维持员工队伍的稳定，通常会提供工资、奖金之外的补充性报酬，包括各种保障计划、补贴、服务及实物报酬等。如各种保险、工作餐、工作服、工作鞋、带薪休假、奖励旅游、交通车、住房补贴、文体设施、培训、晋升或锻炼的机会等，这些都是福利。

福利在传递企业的文化和价值观，在吸引和保留员工、解决员工后顾之忧、增强企业凝聚力方面有特殊的作用。乡村旅游企业在设计薪酬体系时，不要忽视发挥福利的作用，重工资奖金、轻福利而留不住员工，因小失大。

例如有的企业实行自助式福利计划，即企业根据员工需求提供自助餐式的福利供员工选择，以提高员工对福利的满意度。这是一种新式而灵活的福利形式，使员工的需要得到满足。因其使福利效用最大化，它越来越受到企业的青睐。

3. 薪酬管理

薪酬管理是确定报酬总额、报酬结构和报酬形式的过程。乡村旅游企业薪酬管理水平的高低直接决定了员工工作积极性的高低。薪酬管理的目的是为了让员工满意，并进一步激发他们的工作积极性，企业所给的报酬并不是越多越合理，越多越能够激励员工，真正合理的报酬取决于员工的理解，是否满足他们的需求。

传统薪酬管理将工资作为激励员工的唯一手段已经有些不合时宜了。随着员工需求的多元化，他们有的看重自己的长远利益有没有保障，如企业是否交"五险一金"（养老保险、医疗保险、失业保险、工伤保险和生育保险；住房公积金），是否提供工作餐，在租房、住房方面有没有补贴等；有的看重奖金够不够诱人；有的看重周末有没有正常休息；有的看重有无持续培训；有的看重有没有升职空间；有的看重有没有奖励旅游等。员工需求的变化要求乡村旅游企业不断关注并适应这些变化，并确定合理的薪酬水平，设计薪酬结构和薪酬形式，不断提高薪酬管理水平，来吸引员工，留住员工，赢得他们的心，收获他们对工作的敬业和成就感。

（二）建立合理的薪酬制度体系

1. 选择可行的薪酬制度

（1）技能型。以员工个人的技术、知识和能力为依据来决定员工薪酬水平的制度就是技能型薪酬制度。不少乡村旅游企业发现，员工的技能水平决定了企业的竞争力。如不同等级的大厨决定了乡村餐饮企业的菜品质量，顾客的满意度差别会很大。而要留住厨师，其工资需要与其技能挂钩才行。

（2）绩效型。这种薪酬制度是乡村旅游企业主要根据员工工作绩效来决定其薪酬水平的制度。将员工的工作绩效与报酬直接挂钩，如计件工作制就是典型的绩效薪酬制度。根据员工完成工作的数量和质量来支付劳动报酬，如客房服务员按清洁客房的数量支付报酬。

（3）资历型。按照员工的年龄、工龄以及专业工资年限等决定其薪酬就是资历型薪酬制度。这种制度鼓励员工对企业的忠诚，但是容易造成论资排辈，排挤年轻有为的员工或者绩效较好的员工，导致打击这些员工的积极性。

（4）年薪型。这种薪酬制度主要针对企业高级别的管理人员，支付薪酬以年为单位，年薪总额为基本年薪、绩效年薪、风险年薪和福利的加总。

（5）综合型。如果将以上方式加以综合而形成的薪酬制度，即是综合型薪酬制度。如有的乡村旅游企业采用这种薪酬制度，其员工薪酬构成包含基本工资、岗位工资、工龄工资、奖金等。

具体选择哪一种薪酬制度，乡村旅游企业要根据企业的情况和员工的需求来决定。总之，其薪酬制度要能够充分发挥薪酬满足和激励员工的功能。

2. 薪酬管理的原则

（1）公平性原则。公平是薪酬设计的基础，薪酬设计分配全面考虑员工的绩效、能力及劳动强度、责任等因素，考虑外部竞争性、内部一致性要求，达到薪酬的外部公平、内部公平和个人公平。首先，乡村旅游企业外部公平，指企业中的某职报酬与同行业、同地区或同规模的其他旅游企业类似的职位薪酬相比基本一致。其次，乡村旅游企业内部公平，指企业中的每个员工得到的报酬与其他员工的报酬相比，应该是公平合理的。其三，乡村旅游企业员工个人公平，指企业应根据员工完成的业绩水平、知识和技能水平等，结合影响绩效完成的不可抗力等，对同一部门内完成类似工作的员工报酬基本一致。

（2）激励性原则。要求薪酬与员工的绩效挂钩，不同绩效的员工薪酬水平应适当拉开距离，而且员工心理上能够感觉到这个差异，产生激励作用。

（3）竞争性原则。要求薪酬有利于吸引和留住人才。如果薪酬标准过低，不但吸引不住人才，而且很难留住已有的员工。

（4）经济性原则。要求在制定企业薪酬水平时，要综合比较投入和产出，考虑企业实际能力。切不可一味提高薪酬水平，大幅度提高企业人力成本，而影响企业长远发展。

（5）合法性原则。要求企业薪酬制度不违反国家法律法规。

（三）薪酬管理的基本程序

乡村旅游企业薪酬管理的基本程序如图5-3-1所示。

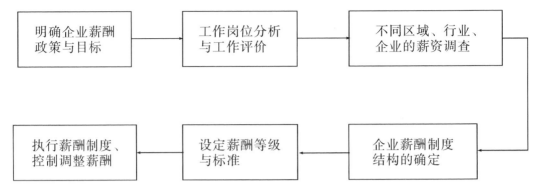

图 5 - 3 - 1　薪酬管理基本程序

1. 明确企业薪酬政策与目标

乡村旅游企业首先要明确薪酬政策及目标，应当确定企业是采用高新、低薪，还是介于两者之间的薪酬政策。

2. 工作岗位分析与工作评价

这是科学合理制定薪酬制度的前提和依据。通过工作岗位分析与工作评价，明确岗位的工作性质、工作强度、工作环境和应具备的工作经验、专业技能等具体要求，采用科学方法，对企业内各个层次和职位的工作岗位的相对价值做出评价，并按照其价值的重要性由高到低进行排序，以此作为确定企业薪酬制度的依据。

3. 不同区域、行业、企业的薪资调查

通过薪酬调查，了解不同区域、行业、不同类型企业各岗位的薪资状况，确保乡村旅游企业的薪酬制度有一定竞争性，对内有一定公平性。

4. 企业薪酬制度结构的确定

根据岗位评价和薪酬调查，结合乡村旅游企业的实际情况，确定本企业各级员工的薪酬结构，划分各个职级的薪酬幅度、薪酬的上下限等指标。

5. 设定薪酬等级与标准

确定乡村旅游企业岗位的具体薪酬范围，由于每一等级可能分为不同档次，不同薪酬等级的岗位薪酬可能相同，属于同一岗位的薪酬也可能由于档次的不同也有很大差别。

6. 执行薪酬制度、控制和调整薪酬

薪酬制度在执行中，会遇到企业内外诸多因素的变化，乡村旅游企业要根据需要，及时调整薪酬策略、薪酬水平或薪酬结构，从而达到薪酬管理的目标。

五、有效激励员工的方法

如何激励乡村旅游企业的员工呢？激励就是调动员工积极性的过程。这对管理者领导艺术是很大的挑战。心理学家们认为，首先要满足员工的生存、安全、情感方面等基本需求，消除他们的不满；其次还要采取有效的激励手段，激发他们内在的工作激情，才能调动他们的主动性、创造性，挖掘其潜能。除了常见的奖金、物质奖励办法外，还有很多有效的激励方法可以选择。

（一）目标激励法

员工的行为都是由特定的动机引起的，并且都指向一定的目标。这种动机是行为的一种诱因，是行动的内驱力，对员工的劳动起着强烈的激励作用。管理者通过设置适当的目标，可以有效诱发、导向和激励员工的行为，调动员工的积极性。共同目标可以引领全体员工，让其对企业前途充满信心。在让员工参与工作目标的制定中，要把握"跳一跳，摸得着"的原则。目标要具体而清晰，有明确的实施步骤。

（二）授权激励法

重任在肩的人更有积极性。有效授权是一项重要的管理技巧。不管多能干的领导，也不可能把工作全部承揽过来，这样做不仅使管理效率降低，还让下属成长过慢。通过授权，管理者可以丢开琐事，更加专注于自己应做的事，同时也培养下属的工作能力，极大地激发他们的积极性和主人翁精神。

（三）文化激励法

企业文化是推动企业发展的原动力。它用企业价值观来凝聚员工，这种激励持久，深入员工内心。它对企业发展的目标、行为有导向功能，能有效地提高企业生产效率，对员工有强大的凝聚功能。优秀的企业文化可以改善员工的精神面貌。

（四）尊重激励法

给人尊严胜过给人金钱。尊重是一种人性化、有效的激励手段。以尊重、重视自己的员工的方式来激励他们，其效果远比物质上的激励要来得更持久、更有效。可以说，尊重是激励员工的法宝，其成本之低，成效之卓，是其他激励手段都难以企及的。

（五）宽容激励法

宽容是一种管理艺术，也是激励员工的一种有效方式。管理者的宽容品质不仅能使员工感到亲切、温暖和友好，获得安全感，还能化为启动员工积极性的钥匙。激励员工自省、自律、自强，让他们在感动之中甘心情愿地为企业效力。有容乃大，管理者的宽广胸怀会让员工甘心效力。宽容员工的错误，允许员工犯错误，前提是下次不再犯同样的错误，因为允许失败就等于鼓励创新。

（六）赞美激励法

这是一种效果奇特的、不需成本的激励方法。每个员工都期望得到上级的赞美和肯定。需要管理者用心发现，才能找到员工的闪光点。真诚及时的赞美能够极大地激发员工的工作热情。

（七）情感激励法

让员工在感动中奋力工作。情感激励贵在真诚、持久，管理者要时常与员工交流情感、尊重员工、关心员工、爱护员工。想员工所想，急员工所急，将关爱延伸到员工家人中，定能赢得员工的心，这种意想不到的激励往往有奇妙效果。

（八）竞争激励法

竞争是增强组织活力的无形按钮。人人都有好胜之心。在企业内部建立良性的竞争机制，是一种积极、健康、向上的引导和激励。管理者摆一个"擂台"，让下属分别"上台"较量，充分调动员工的积极性、主动性、创造性和争先创优意识，全面地提高组织活力。

（九）榜样激励法

为员工树立一根行为标杆。在任何企业里，管理者都是下属的榜样。可以说，只要看一看这个企业的管理者是如何对待工作的，就可以了解整个企业员工的工作态度。"表不正，不可求直影"，要让员工充满激情去工作，管理者就先要做出一个样子来，员工可以就近对照学习赶超。

（十）惩罚激励

惩罚仅仅是一种手段，而不是目的。惩罚的作用不仅在于教育员工本人，更重要的是让其他人引以为戒，使他们产生趋避意识，与企业的目标方向一致。这是一种不得不为的方法。采用惩罚时应注意公正、公平，不要掺杂个人恩怨。对于情节严重的恶意者要做到除恶必尽；惩罚不要打击面过大，不要以罚代管；惩罚要把握时机、注意方式，就事论事，不要全盘否定被罚者，要注意保护其自尊心；少惩罚，多鼓励，惩罚与"怀柔"相结合更有效果。

【资料链接】

企业管理者管理员工的技巧

技巧之一：摆正心态，放低姿态

1. 有句俗话说得好："低头的稻穗，昂头的稗子。"有道是："人格无贵贱，人品有高低。"作为管理者老把自己看作好大一品官，摆在"高人一等"的位置上，逞威风，实则是把自己的人品降了三等。反之，低调一点，看似质朴，像个老实巴交的老农，实则提升了自己的人品和威信。管理者应该敏而好学，不耻下问，虚怀若谷，时刻学习别人包括下属的长处，不断提高和充实自己。

2. 作为一个管理者，不要认为自己比别人高明多少。事实上比你高明的人有很多，要放下"身架"把自己的言行举止融于常人当中，并始终把自己看做是团队中普通一员。永远与下属保持良好的沟通平台。放低姿态等于抬高自己的身价，每一个人都不是完人，都有不足和错识，要多看别人的优点和长处，多肯定和包容部属。

技巧之二：以身作则，履行领导职责

1. 柯林斯在《从优秀到卓越》中说："言行一致，坚定不移、正直并且强有力的领导人才是优秀的领导人，才能攀越高峰。"孔子曰："政者，正也。君为正，则百姓从政矣。"律人必须先律己，作为管理者，必须注意自身修养，要以身作则，己不正，焉能正人？榜样的力量是无穷的；正如"村中有个好嫂嫂，满巷姑娘齐学好"。

2. 管理者对于任何一个组织来说，其观点、力量、信心和忧虑，都会影响组织，你必须在你所说和所做中为员工树立一个标准。管理者不在于你做了多少而是在于你带领部属完成了多少工作，在完成工作过程中有没有以身作责，起模范带头作用。

领导就是榜样，行动比诺言更响亮，说得好不如做得好。领导者只有身先士卒，做出榜样，才有强大的号召力，才有资格说教别人，才有资格领导群众前进。

美国西点军校一位上校关于"生死时刻的领导力"发人深省。其核心是，领导者要在平时建立"说真话、讲诚信"的文化，并且以身作责。在极其危急时刻，领导者要营造一种"镇定、细致"的氛围，并且身先士卒，让同伴们感受到"我们同甘共苦"。

技巧之三：识人于微，用人于长

1. "防微杜渐，见微知著"。微的意思是事态的微细变化。君子见到微，就应有领悟，有所作为。人的一举一动，一言一行，无不折射出其人的学识修养。作为一个管理者，应该有叶落而知天下秋，饮一瓢而知河所在的本领。在细微之处来识别一个人的品性才华，为企业的人才选择把好脉。

2. 用人以长，适才适所。用人就是要用员工的长处和强项，把合适的人才放至最合适的地方，发挥员工最大的价值。一个不会用人的管理者，不会成为一个好的管理者，因此他与员工的关系也处理得很紧张。

资料来源：《百度百科》，《员工关系》。

实训环节

【实训目的】

1. 学以致用，将课堂上学到的乡村旅游企业人力资源管理方法运用到具体的员工招聘、员工培训工作中。

2. 培养学生沟通能力、分析能力和团队合作能力。

3. 从招聘渠道选择、面谈提纲设计、培训内容的确定过程中发现学生存在的疑难问题，并进行及时指导解决。

【实训要求】

选择当地某一乡村旅游企业进行调查，帮助其选择合适的员工招聘渠道，针对某个具体岗位设计面谈提纲；调查乡村旅游企业某一岗位员工的培训需求，确定其培训内容。

【实训组织】

1. 将全体学生分成五个小组，并由小组成员推举一名小组长。

2. 各组根据拟调查的乡村旅游企业员工招聘、培训方面的情况，选择合适的招聘渠道，设计面谈提纲，根据培训需求确定培训内容。分头组织实施调查，分析讨论并写出调查报告。

3. 写出调查报告后，各组指定一名成员向全班同学汇报，分享此次调查得失。

【实训成绩评定】

首先对五个小组调查的实施、调查报告质量和汇报质量分别进行评价，得出小组实训成绩；再根据小组成员的贡献大小确定其个人实训成绩。

思考与练习

1. 乡村旅游企业人力资源管理的含义、内容有哪些？
2. 乡村旅游企业员工招聘渠道如何选择？你如何理解招聘原则？
3. 乡村旅游企业面试提纲如何设计？面试时应关注应聘者哪些方面？
4. 乡村旅游企业员工培训的类型和步骤的内容是什么？培训需求如何确定？
5. 乡村旅游企业薪酬管理的内容有哪些？员工福利项目应该如何设计？
6. 你认为乡村旅游企业如何才能有效地激励员工？

第四节　乡村旅游企业服务质量与安全管理

任务描述

通过本节的学习与训练，了解乡村旅游企业旅游服务质量，及其服务质量管理的具体内容，了解乡村旅游企业安全管理的内容，能够进行基本的乡村旅游企业服务质量控制，并把握住其关键点。

【知识目标】

1. 了解乡村旅游企业旅游服务质量及其服务质量管理的内容，了解乡村旅游企业安全管理的内容。
2. 掌握乡村旅游服务质量管理的具体内容及控制关键点。

【能力目标】

能够进行基本的乡村旅游企业服务质量控制，把握预防控制、过程控制、反馈控制的关键点。

【素质目标】

1. 培养学生"一次把事情做对"的行为习惯。
2. 培养学生系统分析解决问题的能力和团队合作能力。

任务组织与实施

1. 知识讲解。通过对乡村旅游企业服务质量及其质量管理、乡村旅游服务质量控制过程、乡村旅游企业安全管理内容体系的讲解，使学生逐渐掌握乡村旅游服务质量控制方法。

2. 组织学生实训。使学生能够将所学的乡村旅游服务质量控制理论和方法运用到实际的服务质量管理中。

3. 任务评价。对学生实训的结果进行评价，指出优点和存在的不足。

案例导读

乡村酒店老板的生意经

"曲主任，你是专家，再帮我规划一下后院那三亩地吧，我想再盖些客房，增加床位，多接待些客人，你看行不行?"

"一进你这后院就能看到山、看到水，游客的情致会更好。这么好的地方，要是盖了楼就可惜了。不如搞个体验式的田园餐馆，种些蔬菜，游客喜欢什么自己摘，不但放心还增加了乐趣。坐在这里吃饭，还能看看山光水景，多好呀!"

提问的是河北保定市涞水县三坡镇刘家河村村民刘春京，是当地颇有名气的百里峡假日酒店的老板。回答的是野三坡风景名胜区管理委员会副主任曲宝军，老刘喊他是"专家"，确有来历。

原来，一直在北京打工的刘春京看到越来越多的外地人来到野三坡旅游，就回家找到了当时还是野三坡景区市场科业务员的曲宝军，跟他商量想搞个农家乐，请见多识广的他给规划规划。

2001 年，老刘的百里峡假日酒店正式开业，老刘自己当起了老板。发展到现在，酒店已有 60 张床位，百十来个餐位，还有雅间，每年收入二三十万元。

"每年一到四月份，旅行社、驴友们就开始通过网络、电话预订，简直是一房难求，提前一个礼拜都很难订到，一张床位就能卖到一百多。"老刘告诉记者。

老刘今年 50 多了，姑娘在大学上学，儿子现在上高中，还都帮不上忙。今年五一的时候，老刘把上大二的外甥女喊来帮忙照顾生意。老刘还雇了厨师、服务员，这些人大部分也是亲戚。老刘说，他每个月光支付工人工资就要两三万元。

"做生意就得先有规划，还要会管理，会营销。"老刘说。

老刘管理得好。他在客房装了太阳能热水器，24 小时都有热水；房门的钥匙锁也换成了高档的智能锁，跟星级酒店一样，插卡取电。

"去年我出去旅游，在旅行社安排的地方吃午饭，可能是餐标不高，饭店赚不了多少，所以服务员的态度很差。桌子脏乎乎的，我让他给擦一下，都不擦。"老刘说，回来后他就组织员工培训，还专门从外地请了老师来讲酒店服务的标准。

老刘的酒店经营得好，酒店门口挂着"景区二级宾馆""文明经营单位""保定市模范旅馆"的牌子。他也被涞水县政府评为"优秀经理"。为了发展，他还购置了竹筏、皮筏，搞起了漂流。

"现在只是吃住游，下一步我还想开发些特色旅游商品呢。"老刘还在计划着。

"老刘现在也是搞旅游的专家啦！"曲宝军也很赞赏老刘的发展思路。

老刘这些年也去了很多地方。他说出去学习不光看别人的长处，别人做得不好的地方也是他们的反面"教材"。现在，老刘热情、周到、标准的服务赢得了越来越多的回头客，网络上的点评也是好评如潮。

"曲主任，我们这些人真的是沾了景区的光啦，原来想都不敢想啥时候能旅游一回，你看，咱现在在家门口就能旅游，还是世界地质公园，咱也发了旅游的财，你还得再帮我规划规划，我不能落后。"老刘看着曲宝军，笑得合不拢嘴。

资料来源：第一旅游网，中国旅游报，2012－05－09，www.toptour.cn。

【思考】

为提高百里峡假日酒店的服务质量，老刘采取了哪些措施？请你帮老刘出出主意，以进一步提升其酒店的服务质量。

基本知识

没有质量，乡村旅游企业无法保证顾客得到满意的服务，则谈不上塑造顾客乡村旅游品牌；而没有安全，就没有乡村旅游。有了质量和安全保障，游客才会从了解、信任、喜爱到忠诚于乡村旅游企业，乡村旅游企业才能持续发展，乡村旅游行业才能健康发展。所以质量和安全是乡村旅游企业应高度重视的问题。

一、认识乡村旅游企业服务质量管理

（一）乡村旅游服务质量的含义

质量是乡村旅游企业的生命，是其品牌的重要支撑，也是其诚信经营的重要体现。

根据 ISO9000：2005《质量管理体系 基础与术语》的定义，质量是一组固有特性满足要求的程度。由此乡村旅游服务质量可以这样理解：乡村旅游企业所提供的一组固有特性满足顾客要求的程度。这些固有特性是不变的、永久的特性，是最基本的质量要求。由于顾客在整个旅游活动中，对旅游服务质量随时进行感知并且做出评价。所以，乡村旅游质量特性要特别关注是否满足顾客的需求。如乡村旅游活动是否满足顾客陶冶性情、回归自然、令人愉悦的需求；乡村旅舍是否满足顾客舒适、卫生、安全的需求；餐饮是否满足顾客干净和美味的需求等。

（二）乡村旅游服务质量特点

1. 整体性

乡村旅游服务是一个整体，要帮助游客解决好旅游过程中的一系列现实问题，包括吃、住、行、游、购、娱等各个环节，其中的每个服务环节都很重要。乡村旅游服务质量是一个整体的结果，每个部门、每个服务人员的表现都会影响游客对服务质量的感知。这一特点决定了游客是否会选择特定的乡村旅游企业，是否会成为回头客，是影响乡村旅游服务质量的最为关键因素。

2. 主观性

游客对旅游服务质量评价往往根据其主观的感受，会受到他期望、心情等因素的影响，也就是凭感觉判断。即使乡村旅游企业已按标准向游客提供了相应服务，但由于游客抱的期望较高，其服务就很难让游客满意；如果游客心情较差，即使面对高质量的服务，他也不见得会认可。而如果心情好，即使服务出现失误，他也可能并不在意。这也使得乡村旅游企业提高服务质量变得更加困难和复杂。

3. 过程性

旅游服务质量涵盖了结果质量和过程质量。游客除关注结果质量之外，还关注过程质量。在旅游过程中，游客参与并享受了整个服务过程。旅游的每一个环节，以及其中的任何一个细节问题，都会影响游客对乡村旅游服务质量的感知。这一特点决定了乡村旅游企业在对游客提供旅游服务时，必须关注游客从接受服务到结束，对服务是否满意的整个过程。

4. 差异性

与实物产品能够保证质量合格不同，由于受主观因素的影响，乡村旅游的服务产品要实现同质性的服务质量相当困难。一方面受到游客因素的影响，游客的情绪不同、期望不同、需求不同、经验不同、能力不同，对同一服务的感知会存在差异。另一方面，受到员工因素的影响，由于员工的素质、态度、技能和经验等的差异，服务质量也会有所不同。即使是同一员工，也往往很难做到始终如一的服务。这一特点对乡村旅游企业保持服务质量的稳定提出了较高要求。应在关爱员工、培训员工、融洽服务氛围的营造、员工与顾客保持良好关系等方面提供有效的支持。

（三）乡村旅游服务质量管理的含义

乡村旅游服务质量管理是乡村旅游企业通过建立质量管理体系，明确其质量方针和目标，并采取质量设计、质量保证和质量改进等手段使其实施全部管理职能的所有活动。

乡村旅游企业要组建其质量管理体系，提供该体系履行质量管理方面的活动。乡村旅游企业质量管理体系包括组织机构、人员、质量方针、质量活动计划、质量控制措施、质量改进要求等内容。该体系要遵循传统的程序化、标准化和规范化的质量控制，更要重视生产服务过程中的质量评价、质量控制、质量保证和全面质量管理，重视过程与结果的质量控制，重视服务提供过程中的主客互动和顾客关系管理。

二、乡村旅游服务质量的构成

乡村旅游服务质量是一个综合体，主要包括服务项目质量、服务人员质量、实物产品质量、设施设备质量和服务环境质量五个方面（如表5-4-1）。

表5-4-1 乡村旅游企业服务质量的构成

无形产品质量	服务项目质量
	服务人员质量
有形产品质量	实物产品质量
	设施设备质量
	服务环境质量

（一）服务项目质量

服务项目质量主要涉及乡村旅游服务提供的内容和提供的方式。从服务内容来看，乡村旅游企业应该满足顾客多样化的需要。从服务方式来看，乡村旅游企业的服务流程应当合理化、人性化。

（二）服务人员质量

大部分乡村旅游服务由服务人员向顾客面对面提供，因此服务人员成为服务质量的决定性因素。服务人员质量包括服务人员的文化素质、礼仪礼貌、工作态度和综合素质等。

（三）实物产品质量

乡村旅游企业的实物产品质量是其服务质量极其重要的一个方面。因此，如餐饮产品质量、客房用品质量、旅游商品质量等必须要达到相应的质量标准。

（四）设施设备质量

设施设备质量会直接影响服务的效果。游乐场所、乡村旅舍、乡村餐饮、乡村商店和交通等设施设备质量要和所提供的服务等级相适应。乡村旅游企业要保证各类设施设备运转良好，干净整洁。如果出现问题，要及时进行维修或更换。

（五）服务环境质量

顾客对服务质量的第一印象就来自服务环境。良好的服务环境会让顾客感觉更加舒适，产生好感。相反，糟糕的服务环境不仅会让顾客感到不适，还会引起顾客对其他服务质量的怀疑，甚至丧失接受服务的信心。服务环境质量包括服务场所的规模、布局、装饰装潢、灯光、音乐、安全和卫生状况等。

三、乡村旅游服务质量控制过程

乡村旅游服务质量控制是一个复杂的系统。乡村旅游企业内部之间、企业和顾客之间对服务质量的认识会存在一定的差距，这会直接影响顾客的满意度，也会影响乡村旅游企业经营目标的实现。要缩小这种差距，必须对服务传递系统的各个阶段进行有效的控制，发现偏差，及时纠正、补救，使服务效果能达到顾客的需求。乡村旅游服务质量控制体系包括预防控制、过程控制和反馈控制三部分。乡村旅游企业管理者应处理好它们的关系，以预防为主，重视过程控制，辅以反馈控制。

（一）乡村旅游服务质量的预防控制

乡村旅游服务质量的预防控制指在旅游服务交付之前，通过质量观念的树立、服务传递系统的设计、服务设施的规划、服务设备的配备、服务标准的制定、人员的配置和培训制度体系的建立、管理职能的发挥等方面，来保证服务质量，满足顾客期望和需求的控制。这一过程也就是建立乡村旅游企业服务质量体系的过程，通过预防控制可为服务质量的实现提供基础。以下重点讨论服务质量观念、管理者质量职责和服务设计等方面。

1. 树立全面服务质量管理观念——第一次就把服务做好

顾客若有1%的不满意味着什么？意味着他有99%的满意吗？结论其实不然。它意味着顾客100%的不满，即所谓"一着不慎满盘皆输"。所以，质量不是经验出来的，也不是监督出来的，是靠员工用心服务得来的，是靠员工与员工之间、部门与部门之间，上级与下级之间相互配合、协调、支持得来的。

有正确的观念才会有正确的行动。乡村旅游企业应树立全面质量管理观念。也就是说，乡村旅游服务质量不只与质量管理人员有关，而是与提供旅游服务的乡村旅游企业的每个方面、每个员工、每个过程有关。每个环节都应该树立质量意识、承担质量责任，以全面服务质量为导向来处理问题，第一次就把服务做好，这样才能真正赢得顾客的满意，甚至赢得顾客的忠诚。

2. 管理者的质量职责

管理者必须要承担质量责任。如果企业高层都不重视服务质量并且身体力行，那员工怎么会重视服务质量，并提供令顾客满意的服务呢？乡村旅游企业管理者的质量职责主要体现在制定质量方针、建立服务质量目标的主要目的、明确质量的职责和权限这几方面。

（1）制订质量方针。

乡村旅游企业的管理者要制定质量方针，并通过有效的实施确保顾客满意。在质量方针中，应明确乡村旅游企业所提供的服务等级、质量形象和信誉、服务质量的目标、标准服务质量实现的措施、全体员工的作用等。

（2）建立服务质量目标的主要目的。

建立服务质量目标的主要目的包括：顾客需求与职业标准相一致、不断改进服务质量、考虑社会和环保方面的要求、提高服务效率等。这些主要目的可以转化为一系列的质量目标和质量活动。如：适当量化顾客的需求；优化质量成本；采取预防措施以免顾客不满；在服务组织内形成共同承担义务的机制；不断评审服务要求和成绩以改进服务；预防本企业对社会和环境的不利影响等。

（3）明确质量的职责和权限，并规定一般或专门的职责和权限。

这些职责和权限包括乡村旅游企业内部和外部各个接触面上，顾客与服务提供者之间的相互关系。分解、细化质量责任，将其一一对应分配到各部门、各岗位、最终落实到每个员工头上。同时，管理者还需要对质量管理体系进行正式、定期和独立的评审，以便确定质量体系在实施质量方针和质量目标中是否持续和有效。

3. 服务设计

服务产品与工业产品一样需要设计。服务设计是服务质量高低的第一决定因素。如果服务设计不合理,服务质量就会出现问题。而对服务过程合理科学系统的设计,是保证服务质量的重要环节。服务设计是对服务过程的系统设计,是对服务过程中所涉及的人、财、物、信息等各种要素在时间、空间上进行合理高效整合的过程。

(1) 服务设计的基本过程。

①企业研究与顾客研究。乡村旅游企业首先要研究顾客的需求,确定自己要服务的目标顾客。深入研究目标顾客的需求特点和行为方式,然后根据自己的资源条件和服务质量目标,确定服务设计的要求。

②完整服务产品的设计。完整服务产品的设计就是确定提供什么样的服务。在企业研究与顾客研究的基础上,明确服务的内容。如为满足目标顾客的需求,乡村旅游企业要确定是提供游乐体验服务、住宿服务、餐饮服务、旅游商品销售服务,还是综合服务等。

③服务提供系统的设计。乡村旅游企业在明确服务的内容后,即可对整个服务提供系统进行设计,涉及从顾客接受服务到结束,对服务进行评估的整个过程及其具体细节,包括提供服务的地点、时间、服务流程、协助要求、后台保障等。在设计服务提供系统时,应平衡好顾客和乡村旅游企业的利益,全面、系统、综合考虑服务提供中任何影响服务质量的环节,使其相互协调配合,才能保证服务质量。

(2) 服务设计的基本方法。

服务设计方法很多,常用的方法有服务蓝图法、质量功能展开法和田口方法。乡村旅游企业可借助这些方法设计出操作性强的服务提供系统,更好地满足顾客需求。

4. 服务承诺

承诺就是说到做到,言而有信。服务承诺是乡村旅游企业以促销宣传等方式向顾客作出的服务质量或服务效果预示,并对其进行保证。当其向市场发布乡村旅游产品信息时,就已经开始对顾客作出某种承诺。质量承诺是件严肃的事,承诺了就必须做到,如果因为不可抗力或客观原因而不能履行,则要对未实现的承诺作出赔偿。

乡村旅游企业要认识到服务承诺对于提升服务质量的好处。服务承诺能够帮助树立企业品牌形象,促使企业随时关注并响应顾客需求,有助于顾客和社会公众的监督。企业不能为了自己的利益而随意承诺,甚至虚假承诺,否则会失去顾客的信任,最终将搬起石头砸自己的脚。

有效的服务承诺主要包括三方面的内涵:顾客满意度的承诺、承诺条款要具体和对未实现的承诺作出赔偿。

(1) 顾客满意度的承诺。

有效的服务承诺是对顾客满意度的承诺,承诺顾客的满意度不受损害。虽然因为某些不可抗力的原因,乡村旅游企业不可能保证所有服务项目都按照标准提供。

(2) 承诺条款要具体。

承诺条款从工作标准而来,要具体明确,尽可能加以量化。这样顾客能准确理解服务承诺的内容,而员工也清楚其工作的目标和职责。如客人点餐后,不超过10分钟开始上菜。

(3) 对未实现的承诺作出赔偿。

乡村旅游企业一旦没有实现服务承诺，就要对顾客进行合理的赔偿。而且赔偿手续简单，授权一线员工及时处理，及时挽回对顾客的伤害。赔偿方式应多样化，如免费赠送、调高服务等级、下次免费服务等。

【资料链接】

著名的丽思卡尔顿酒店在阐述其黄金标准之一的信条中，明确承诺："丽思卡尔顿以客人得到真诚关怀和舒适款待为最高使命。我们承诺为宾客提供细致入微的个人服务和齐全完善的设施，营造温暖、舒适、优雅的环境。丽思卡尔顿之行能使您愉悦身心、受益匪浅，我们甚至还能心照不宣地满足客人内心的愿望和需求。"

资料来源：（美）约瑟夫·米歇利：《金牌标准》。

（二）乡村旅游服务质量的过程控制

对服务传递过程的有效监控可以全面改善服务质量。但由于乡村旅游服务生产与消费的同时性，使得服务过程的监控变得十分困难，管理者很难介入服务过程对服务质量进行控制。总的来说，过程控制可以从两方面着手进行。一方面乡村旅游企业可将服务质量控制视为一个反馈系统，乡村旅游企业可以采用统计过程控制方法对其服务质量进行间接控制。对关键服务绩效进行统计，将服务过程关键绩效与质量标准进行比较，判断是否有偏差，进一步分析原因。根据偏差的大小，确定是否采取措施进行改进。如某酒店质量标准：客人进店入住，从开始服务到离开柜台，不得超过 5 分钟；客人结账要在 3 分钟以内完成；客人用餐，从点菜到上菜不得超过 15 分钟。通过明确的标准，可以在服务过程中进行有效的检查、考核和控制，确保质量达到顾客期望。另一方面乡村旅游企业可结合服务过程中对顾客的满意度测评，来控制服务质量。乡村旅游企业顾客满意度的调查表可见表 5-4-2。顾客满意度测评不应给顾客带来麻烦，几分钟内能够完成，操作简单明了。如有的旅游企业提供自动触摸屏设施，在顾客结账时请其回答衡量服务质量的相关问题，参与度高，可信度也较高。

表 5-4-2　乡村旅游企业顾客满意度的调查表

尊敬的顾客：

我们将赠送一个小礼物，以回报您对我们的大力支持，请您仔细阅读后，在以下四个选项中选择一个合适的选项，请在括号中打"0"。谢谢您！

注：A-很满意；B-满意；C-一般；D-不满意

评价项目	满意度评定选项
1. 旅游预订服务	A（　　）；B（　　）；C（　　）；D（　　）
2. 游乐活动服务项目数量	A（　　）；B（　　）；C（　　）；D（　　）
3. 游乐活动服务项目质量	A（　　）；B（　　）；C（　　）；D（　　）
4. 提供给孩子的活动	A（　　）；B（　　）；C（　　）；D（　　）
5. 客房周围环境	A（　　）；B（　　）；C（　　）；D（　　）
6. 房间面积大小	A（　　）；B（　　）；C（　　）；D（　　）
7. 房间清洁程度	A（　　）；B（　　）；C（　　）；D（　　）

续表 5 - 4 - 2

评价项目	满意度评定选项
8. 房间装修	A （　　　）；B （　　　）；C （　　　）；D （　　　）
9. 空调及卫浴设施	A （　　　）；B （　　　）；C （　　　）；D （　　　）
10. 客房服务质量	A （　　　）；B （　　　）；C （　　　）；D （　　　）
11. 饮食设施	A （　　　）；B （　　　）；C （　　　）；D （　　　）
12. 饮食卫生	A （　　　）；B （　　　）；C （　　　）；D （　　　）
13. 饮食服务质量	A （　　　）；B （　　　）；C （　　　）；D （　　　）
14. 旅游商品的种类	A （　　　）；B （　　　）；C （　　　）；D （　　　）
15. 旅游商品的乡村特色	A （　　　）；B （　　　）；C （　　　）；D （　　　）
16. 价格水平	A （　　　）；B （　　　）；C （　　　）；D （　　　）
若您还有建议，敬请写出。再次感谢您！	

（三） 乡村旅游服务补救

1. 服务补救的含义

服务补救是乡村旅游企业在提供服务过程中，出现失败和错误的情况时所采取的行动和反应，以确保顾客的信心和满意。服务补救也是乡村旅游服务质量的事后控制。

对于乡村旅游企业来说，如果其服务质量出现差错，不能像实物产品一样通过维修或更换加以解决。只能通过服务补救来消除顾客的不满。希望顾客重新评价服务质量，避免不利的口碑宣传，最终与顾客建立良好关系，并留住顾客。通过补救，把赢得顾客满意从成本层面转变为价值层面。

2. 服务补救的原则

服务补救要坚持及时性和主动性原则。当服务人员在服务过程中意识到有服务失误时，要立即在服务失误现场进行补救，切记不要等到顾客抱怨后再进行，那样补救的成本会大幅度上升而效果并不如意。同时即使顾客没有抱怨和投诉，甚至顾客还没有发现服务失误时，服务人员就应该主动做出补救，表达真诚的歉意和主动姿态，重新赢得顾客的信任和好感。

3. 服务补救策略

（1） 树立零缺陷的服务理念。

乡村旅游企业应树立零缺陷的服务理念，坚持第一次就把事情做对，尽量避免因服务失败带来的各种损失。

（2） 欢迎并鼓励抱怨。

乡村旅游企业要建立机制欢迎并鼓励积极抱怨。通过对顾客抱怨的追踪，企业可发现服务系统中存在的问题，在全面分析的基础上进行纠正，确保不发生同样的错误。乡村旅游企业鼓励并追踪抱怨常用的方法有：顾客满意度调查、服务事件的研究、顾客流失分析、员工对顾客信息的反馈机制等。另外，乡村旅游企业还要明确告诉顾客如何进行抱怨，方式尽量简单以方便顾客抱怨。

（3）把顾客至上的理念真正落到实处。

顾客至上，说起来容易做起来难。员工是最先发现服务问题的人，但往往认为这不是他的责任，或者顾客不会发现而不去主动补救。所以，乡村旅游企业要充分培训员工，使每位员工真正理解服务质量满足顾客需求的重要性，不追究员工服务失败的责任，而是鼓励他们一旦出现服务失误要及时、主动进行服务补救。

（4）给员工充分授权。

及时主动进行服务补救的前提是员工有权在服务现场决定如何进行补救，而不必请示上级引发的补救延误。乡村旅游企业与其不停去追究员工服务失败的责任，不如充分授权给员工及时主动进行服务补救。如授权一定数额的金钱给员工，自主决定采取有效的方式进行服务补救；或者服务补救需要，可暂时离开岗位等。

（5）采取适当的补救措施。

这些措施包括道歉、解释、经济补偿、再次服务承诺等。当出现服务失误或顾客抱怨时，员工首先要向顾客道歉和解释，并保证顾客的问题一定会及时处理好，以降低其不满意程度。如果有必要，要考虑进一步的经济补偿，如送小礼物、折扣、免费、退款等。此外，还可以向顾客作出再次服务承诺，提高顾客的忠诚度，使其成为回头客。

四、乡村旅游企业安全管理

【资料链接】

食物中毒　农家乐吃翻91人

2006年8月的一天中午，某农家乐内一派喜气洋洋。19岁的小杨刚刚拿到一所重点大学的录取通知书，父母非常高兴，特地在农家乐内宴请亲朋好友。小杨的奶奶、姨妈等都来了，亲戚朋友坐了五六桌。中午吃了牛肉、鸡块等。因为恰好是周末，许多人吃了午饭就在农家乐玩，晚上又聚了一餐才各自散去。

晚上8时许，小杨回家后不久，感觉有些腹胀，随后还出现了头昏、呕吐等症状。很快，父亲、奶奶等也出现了类似的症状。父母连夜赶往广汉市人民医院救治。他们赶往医院时，许多有类似症状的人正排队等候救治。这些人近日都曾在该农家乐吃过饭。昨日凌晨，刚刚做了新郎的付伟同样感觉很不是滋味。据他的朋友称，另一家的付先生新婚，特地在该农家乐办了5桌邀请一些亲朋好友前来吃饭。他们也出现了与小杨的家人类似的症状，大家预感不妙，纷纷赶往医院救治。截至第二天上午，发病人数为91人，除一人病情较重，其他人病情较轻，正逐步好转，所幸无死亡病例发生。

事件发生后，当地市县立即启动了突发公共卫生急救预案，全力救治伤者。紧急组成了急救小组，当天夜里即赶往现场组织救治、统计、调查、取样工作。经当地卫生执法监督所、疾病预防控制中心卫生学和流行病学调查，初步判定此次事件为细菌性食物中毒，可疑食物为香辣蟹、泡菜江团、卤鸭翅等，致病因素为致病性细菌污染所致；中毒原因初步判定为原材料不新鲜，加工制作不彻底所致。

调查结束，当地卫生执法监督所对该农家乐下达了控制决定书，责令其立即停止经营活动，并对食品用工具、餐具进行消毒处理。事后，该市对全市大中型餐饮企业展开拉网排查，以防类似事件发生。

资料来源：http：//news. sohu. com/20060808/n244674030. shtml。

乡村旅游企业的安全管理与质量管理一样，应该形成预防控制、过程控制、反馈控制的体系。以预防为主，重视过程控制，辅以反馈控制。对各类安全问题，要制定预防方案，制定相应的安排管理制度。具体有：安全教育培训制度、安全生产责任制度、安全检查整改管理制度、设备安全管理制度、消防安全制度、安全用电管理制度、防火防爆管理制度、禁火禁烟管理制度、工伤制度、工伤保险制度和事故管理制度。

以下主要涉及食品安全、游客安全管理等。

（一）食品安全管理

1. 了解食品安全管理

俗话说"民以食为天"，百姓如此，游客更是不会虐待自己的胃。餐饮是乡村旅游非常重要同时也是吸引游客的体验项目。而要留住游客的胃，食品安全是基础，是餐饮活动的底线。

食品安全指食物的制作或食用活动符合国家标准和要求，即食物无毒、无害，符合应当有的营养要求，对人体健康不造成任何急性、亚急性或者慢性危害。安全的食品应该做到：一是不含可能损害威胁人体的有毒有害的物质或因素；二是不导致游客急慢性中毒或感染疾病；三是不产生危及游客及其后代的健康隐患。

2. 几种主要的食品安全问题

（1）食品污染。

人们吃的食物特别是新鲜果蔬等，因为各种原因，容易出现腐烂变质。食品污染就是食物在生产、运输、包装、贮存、销售、烹调过程中，混进有害物质或病菌。食用受污染的食物会对人体健康造成不同程度的危害。食品污染主要由生物污染、化学性污染、物理性污染等原因引起。

（2）食物中毒。

食物中毒是指食用了被污染的食品或含有有毒有害物质的食品后出现的疾病。变质食物、污染水源是主要的传染源，不洁的手、餐具、带菌昆虫是主要的传播途径。食物中毒分为几种：细菌性食物中毒、动物性食物中毒、植物性食物中毒、化学性食物中毒等。

3. 食品安全的控制

只有当食物的制作或食用活动完全达到国家标准和要求，食品安全才有保证。食物的生产、运输、包装、贮存、销售、烹调等过程均要达到相关要求。具体来说有：食品处理区及其附属设施要达到卫生要求，包括该区域的地面与排水、墙壁与门窗、屋顶与天花板等；食物库房等要达到卫生要求；食品原料采购要达到要求；餐饮用具的清洁消毒及保洁要达到要求；食物的贮存要达到要求；食物的加工过程要达到卫生要求；食物添加剂使用要按规定要求。

【资料链接】

餐饮食品安全量化分级，提高百姓健康指数

我国国家食品药品监督管理局，于2012年1月11日发布《关于实施餐饮服务食品安全监督量化分级管理工作的指导意见》，将对餐饮服务单位的食品安全情况进行量化评级。其中动态等级分为优秀、良好、一般三个等级，分别通过大笑、微笑和平脸三种卡通形象向消费者公示。

餐饮服务食品安全等级评定的范围为餐馆、快餐店、小吃店、饮品店、食堂、集体用餐配送单位和中央厨房等。评定项目包括许可管理、人员管理、场所环境、设施设备、采购贮存、加工制作、清洗消毒、食品添加剂和检验运输等。

资料来自：http：//www. sda. gov. cn/WS01/CL0050/68356. html。

（二）游客安全管理

1. 游客的自我安全保护

乡村旅游企业在经营中，除了做好自身的安全防范外，有责任加强对游客安全知识的宣传和教育。游客安全知识主要有以下方面。

（1）搭乘交通工具，应系好安全带，不带危险品或易燃品。勿任意更换车位，头手勿伸出窗外，上下车时注意来车方向。

（2）贵重物品请存放总台或放在保险箱。如随身携带，请注意保管，勿在公共场所露财。

（3）入住客房，请牢记紧急出口位置。听到紧急铃声，由紧急出口迅速离开，切勿搭乘电梯。出入时请随手关门，勿将衣服搭在灯上，勿在床上吸烟。

（4）搭乘快艇，漂流艇，参加水上活动，必须按规定穿救生衣，并听从工作人员指导。

（5）海边戏水，勿超越安全警戒线，水性不好者，切勿独自下水。

（6）刺激性活动项目，身体状况不佳者勿参加。

（7）搭乘缆车时，依次上下，听从工作人员指挥。

（8）行走雪地、湿地、陡峭山路，注意防滑。

（9）注意饮食卫生，切勿吃生食、生海鲜，不吃无照排挡食物。多喝开水，多吃蔬果。少喝酒，少抽烟。

（10）团体旅行不擅自脱队。夜间或自由活动自行外出，需告知导游或团友，应特别注意安全。

2. 常见安全事故的处理方法

乡村旅游发生的安全事件，无论责任在哪一方，首先应该及时解决。企业可制定预案，及时根据预案进行处理。

（1）动物伤害的处理方法。

①猫狗等家畜家禽以及特种养殖动物的咬伤。如果只伤到皮肤表面，没有出血，可马上用清水、肥皂或过氧化氢清洗伤口，然后用无菌纱布覆盖伤口2～3天；如果伤口出血，应

该在伤口处用无菌纱布或清洁手帕按压止血，尽量使含有病毒的血液流出，同时马上带游客到医院进行处理。为避免狂犬病或破伤风，必须要在24小时内带游客到医院打相关的预防针或疫苗。

②蛇咬伤。如果被蛇咬伤，马上让游客平躺安静下来，立即进行自救处理。用手紧压咬伤部位的上端，然后用布带或手帕迅速扎紧伤口，防止毒液继续进入血液循环。伤口包扎完后，马上用清水、过氧化氢或高锰酸钾溶液冲洗伤口。立即用吸奶器或火罐等器具把伤口的毒汁吸出，必要时将伤口挑开扩大，尽量多排除毒汁。同时立即内服、外用有效的解毒药物。紧急自救处理后，火速送游客到医院急诊救治。路上注意要游客平躺，不要移动被咬伤部位，让此部位高于心脏。毒蛇咬伤24小时内，可以通过冷敷伤口缓解肌体对毒汁吸收。

③蜂虫蜇伤。要尽快安抚游客惊恐情绪，仔细检查伤口，观察毒刺是否留在皮肤里，小心用小镊子将其取出，但切记不要挤和按摩，以免毒液进入体内。也可用胶布粘在伤处，然后用力一撕将小刺带出来。如果还是未能拔出，用手指绷紧皮肤，让毒刺尽量暴露，再用镊子拔出，拔出后用炉甘石洗液或肥皂水擦洗伤口。如果还是处理不了蜇伤，则应尽快送至医院救治。

（2）遇到自然灾害的处理方法。

当遇到不可预料的自然灾害，如水灾、地震、泥石流、龙卷风、暴风雪等，服务人员应以轻松、平静的心态来安定游客，同时做好相关安全对策的实施。

①明确各部门及各岗位在发生自然灾害时的职责与任务。

②应具备各种应对自然灾害的设备器材，并定期检查，保证其处于完好使用状态。

③及时进行紧急疏散。

（3）其他意外伤害及应急处理程序。

①外伤的止血处理。若游客因外伤出血，应尽快止血。止血方法很多。小伤口出血，且伤口内无异物，可采用局部按压法。用纱布、手帕直接盖在伤口上用手压住，把肢体伤口放在高过心脏的位置，能很快止血。或者用药止血，云南白药较好。如果是四肢较大面积伤口出血，可采用止血带或手帕、围巾等。有力绑在伤口靠近心脏的一侧，每隔一小时松开几分钟，再绑扎。在止血过程中，要保证肢伤高于心脏。

②踝关节扭伤的急救。踝关节扭伤，要高抬患肢，先用冷水或冷毛巾敷，以减轻疼痛和皮下出血，然后用活血散瘀的药膏贴于患处。如果在旅行途中无药又无胶布，可用一只手手握扭伤的脚踝，另一只手抓住脚趾，由外向里摇晃，反复多次，会有所好转。如果是严重的扭伤，如韧带撕裂，严禁乱按乱揉，应立即送医院。

③旅途中骨折的急救。若伤员休克，应立即让其平躺，骨折处要保暖防凉，并给伤员服用止痛药和镇静剂。开放性骨折应先止血。脊椎骨折时，要防止因移动不慎损失脊椎引起瘫痪。四肢骨折后，要防止骨折端错动，不要勉强去复位，可找固定材料如木板、竹板或塑料板等为伤肢进行固定。

④对溺水者的抢救。在旅游过程中发现有人溺水，不要慌乱。由救生员紧急下水救人，或者会游泳的人脱掉厚重衣服下水救人；不会游泳的人，应赶快将木板、竹筏等物体抛向溺水者，溺水者被救上岸后，要立即进行人工呼吸。

（4）正常客人死亡的处理方法。

①正常客人死亡的处理规定。

a. 正常死亡需公安机关对尸体做出检验才能定论。

b. 国内人员可根据死亡者留下的证件、电话等与其亲属联系，并根据中国法律进行处理。

c. 国外人员除与大使馆或领事馆取得联系外，还要尽可能根据各国的民族风俗进行妥善处理。

②非正常客人死亡的处理规定。

a. 立即报告公安机关。

b. 保护死亡现场，必须保护尸体和死亡现场的各种痕迹、物证不受破坏。

c. 遇悬挂着的尸体，检查是否还有体温，是否还有脉搏、呼吸，应首先考虑抢救。

d. 死者的遗留物应及时进行整理、清点和记录，作为遗留物品妥善保存，待死者有继承权的亲属或委托人认领并做好领取签收的手续。

e. 死者的死因统一由乡村旅游企业指定的人士解答，不随意猜想和解释。

f. 请卫生防疫部门严格消毒客房，客人用过物品和卧具进行焚毁处理。

（5）紧急疏散处理方法。

①所有员工熟悉本工作区域安全通道、安全梯、安全门的所在位置。

②疏散原则：先近后远，先上后下；先老妇孺，后青壮年男子。按区域和线路有序进行，需根据具体情况，确定疏散集中地点，并在其设明显标志。

③当接到疏散客人命令时，要将所有安全门打开，按照就近疏散原则，指挥客人沿最近的安全出口、安全梯、安全通道进行疏散。

④服务员在疏散前，要有明确分工，分别负责通知、引导、检查等工作。客房服务员在检查完毕后，要在每间客房门加注记号，避免重复。

⑤前台服务员要迅速打出客人名单，以便清点核对。

⑥安保人员在进行抢险救灾的同时，要迅速设置警戒标志，疏导无关车辆、引导无关人员，加强巡视，控制无关人员进入。

⑦销售部和大堂副经理要做好疏散客人的集中、安抚、清点、安置等工作。

⑧所有紧急疏散不准使用电梯。

实训环节

【实训目的】

1. 学以致用，将课堂上学到的乡村旅游企业服务质量控制方法运用到实际服务质量控制中。

2. 培养学生调查、分析能力和团队合作能力。

3. 从服务质量评价表设计过程发现学生存在的疑难问题，并进行及时指导解决。

【实训要求】

选择当地某一乡村旅游企业进行调查，对其服务质量进行评价，并分析如何有效改进其服务质量。

【实训组织】

1. 将全体学生分成五个小组，并由小组成员推举一名小组长。

2. 各组根据拟调查的乡村旅游企业，设计相应的服务质量评价表，并且分头组织实施调查，评价并且写出调查报告。

3. 写出调查报告后，各组指定一名成员向全班同学汇报，分享此次调查得失。

【实训成绩评定】

首先对五个小组服务质量评价表的设计、调查的实施、调查报告质量和汇报质量分别进行评价，得出小组实训成绩；再根据小组成员的贡献大小确定其个人实训成绩。

思考与练习

1. 乡村旅游企业旅游服务质量的特点和构成内容有哪些？

2. 有人认为有些乡村旅游企业服务质量不高的原因是由于员工素质较差，你怎么看？

3. 要求员工第一次就把事情做对，应满足什么前提条件？

4. 乡村旅游服务质量控制的具体内容有哪些？应该如何进行？

5. 应该如何进行乡村旅游质量补救？

6. 乡村旅游企业如何进行食品安全管理、游客安全管理？

主要参考文献

[1] 唐代剑，池静．中国乡村旅游开发与管理．杭州：浙江大学出版社，2005．

[2] 杨永杰，耿红莉．乡村旅游经营管理．北京：中国农业大学出版社，2011．

[3] 唐德荣．乡村旅游开发与管理．北京：中国农业出版社，2011．

[4] 李海平，张安民．乡村旅游服务与管理．杭州：浙江大学出版社，2011．

[5] 贺小荣．我国乡村旅游的起源、现状及其发展趋势探讨．北京第二外国语学报，2011（1）．

[6] 盘晓愚．中国乡村旅游的发展阶段和新趋势．河北农业科学，2009，13（9）．

[7] 杨艳．我国乡村旅游发展现状与对策研究．现代企业文化，2008（35）．

[8] 查芳．对乡村旅游起源及概念的探讨．安康师专学报，2004（12）．

[9] 魏敏．乡村旅游研究综述．安徽商贸职业技术学院学报，2010（1）．

[10] 吴彩云，夏家勇．乡村旅游专题研究．北京勇先创景规划设计院，2012（9）．

[11] 张学根．乡村旅游的类型探析．管理观察，2009年（9）．

[12] 贾志雄，崔建良．乡村旅游发展问题探析．大众商务，2009（7）．

[13] 于成国．基于新一轮农村改革基础上的乡村旅游发展新探．中国论文下载中心，2009（11）．

[14] 王娟，李文岳．浅析发展乡村旅游在社会主义新农村建设中的作用．浙江旅游职业学院学报，2006（4）．

[15] 杨金丹，方益群．论乡村旅游与农村经济的可持续发展．安徽农业科学，2011，39（15）．

[16] 彭丽芳．广西阳朔——乡村旅游绽放异彩．中国产经新闻报，2012（8）．

[17] 赵长华，吴本．旅游概论（第3版）．北京：旅游教育出版社，2008．

[18] 贵州省旅游局，贵州广播电视大学．贵州导游基础知识．北京：中国旅游出版社，2010．

[19] 李炳昌．旅游资源概论．北京：中国财政经济出版社，2008．

[20] 喻玲．保护乡村旅游环境促进乡村旅游可持续发展．资源与人居环境，2008（10）．

[21] 丁妍妍．中国乡村旅游发展模式探析．中国旅游报11版，2012年8月1日．

[22] 郑群明．我国西部乡村旅游开发研究——参与式乡村旅游开发的意义与模式．乡村旅游理论研究与案例实践．北京：中国建筑工业出版社，2010．

[23] 谭小芳．策动旅游——旅游企业行销实战圣经．北京：中国经济出版社，2010．

[24] 杨首乐，张淑萍，史慧俊．乡村旅游服务员培训教程．北京：中国农业科学技术出版社，2012年3月．

[25] 周建明，宋涛，蔡晓霞．试论我国乡村旅游标准化发展历程及体系架构．旅游学刊，2011（2）．

［26］周永博，谢雨萍．乡村旅游标准化研究．桂林旅游高等专科学校学报，2005（8）．

［27］李海平．农家乐旅游与管理．杭州：浙江大学出版社，2006（4）．

［28］蒋炳辉．现代导游讲解技巧．上海：上海交通大学出版社，2010．

［29］孟庆杰，唐飞．前厅客房服务与管理．大连：东北财经大学出版社，2010．

［30］郑向敏．旅游服务概论．北京：旅游教育出版社，2007．

［31］斯蒂芬．P．罗宾斯．组织行为学．北京：中国人民大学出版社，2005．

［32］周健临．管理学．上海：上海财经大学出版社，1996．

［33］李屹兰，李静轩．农家乐经营与管理．中国农业科学技术出版社，2011．

［34］吴中超．小企业经营管理．北京：中国人民大学出版社，2009．

［35］刘子龙，张颖昆．人力资源管理．北京：机械工业出版社，2011．

［36］牟昆，王林峰．饭店管理概论．北京：电子工业出版社，2009．

［37］蔡小于．乡村旅游经营宝典．成都：西南财经大学出版社，2008．

［38］刘志发，等．如何创办你的乡村旅游企业．长沙：湖北科学技术出版社，2012．

［39］夏林根，等．旅游企业管理．上海：上海人民出版社，2012．

［40］稻盛和夫．经营十二条．北京：中信出版社，2011．

［41］约瑟夫·米歇利．金牌标准．北京：中信出版社，2009．

［42］许剑伟，杨从海．车削加工．成都：西南交通大学出版社，2012．